新编对缅投资指南

邹春萌 等 / 编著

社会科学文献出版社
SOCIAL SCIENCES ACADEMIC PRESS(CHINA)

本书得到一流大学建设周边外交研究中心和区域国别研究项目的资助

序　言

　　自 20 世纪 80 年代以来，缅甸与中国的关系，尤其是经贸关系总体上越来越密切。另外，缅甸国内的形势也发生了很大的变化，中缅关系包括经贸关系尤其是中国对缅投资出现一些新情况、新问题。近年来，中缅双方都在为新形势下继续推进双边关系尤其是经贸合作做出新的努力，"一带一路"倡议尤其是建设中缅人字形经济走廊倡议在中缅两国引起了热烈的反响，为扩大和深化两国经贸合作尤其是拓展在投资领域的合作，提供了新的历史机遇、广阔天地。因此，如何认识缅甸与中缅关系的新发展，如何适应中缅经济合作的新形势和缅甸经济社会发展的需要，更好地开展对缅投资，也引起了越来越多的关注。

　　在这样的背景下，云南大学缅甸研究院、云南大学周边外交研究中心的邹春萌、李晨阳两位研究员与李清祖先生合作撰写的《新编对缅投资指南》可以说恰逢其时，顺应了社会关注、中缅投资合作的新发展和工商界对缅投资的需求。

　　从内容来看，这本书的主要特点就是新，这一方面是说这本书的内容新、资料新，对涉及对缅投资相关情况的介绍、分析和资料的引用，包括经济发展与环境、政治与社会环境、产业政策、投资政策与法规、金融政策、税收政策以及中国（云南）鼓励企业"走出去"的政策，都给人以新的感觉，引用、反映和分析的主要是近 5 年尤其是昂山素季领导的民盟政府上台执政以来的情况和资料，一些资料截至 2018 年 3 月。

　　另一方面这本投资指南之新，表现为它是专门论述、介绍对缅投资的一部新的专著。作为对缅甸这样的投资环境变化相当大的转型中国家，是需要根据其政治、经济形势的发展变化，隔几年就要推出一部新的投资指南的。实际上，在过去的 1/4 世纪中（1992~2017），国内已出版的有关缅甸的著作虽然不是专门的投资指南但都涉及对缅投资。这些著作主要有《当代缅甸》（贺圣达主编，四川人民出版社，1993）、《走进缅甸》（郭宽主编，云南美术出版社，2004）、《列国志·缅甸》（贺圣达、李晨阳编著，社会科学文献出版社，2005，2009）、《缅甸概论》（钟智祥等编著，中国出版集团，2012）、《缅甸社会文化与投资环境》（张哲、齐林编著，中国出版集团，2012）。这些著作最新的是在2012年也就是缅甸民盟政府执政前出版的，虽然在当时对中国对缅投资不乏参考价值，介绍缅甸历史和基本情况的内容仍有参考价值，但涉及对缅投资的部分因为缅甸国内形势和中国对缅甸投资情况的变化，大多时过境迁，对于现在中国对缅投资，可以说已经没有多大参考价值了。而专门论述、介绍新形势下对缅投资的环境、政策、法律法规以及具体的手续、流程等，正是这本《新编对缅投资指南》的基本内容。

这本投资指南的另一个特点，是切实可用。说它实，一是这部著作对于涉及对缅投资有关情况的介绍和缅甸政治、经济、社会环境的分析，实事求是；二是引用的政策文本和统计资料，出自政府机构，真实可靠；三是对如何对缅投资的介绍，切实可用，包括对缅投资的准备与申请投资许可和认可程序、缅甸方面涉及外国投资的相关政策与中国（云南）的鼓励政策、对缅投资服务机构与经常性手续的办理等，都有具体的介绍。该指南的附录提供的涉缅投资相关机构，包括中国（国家、云南）投资机构、缅甸的投资服务机构，中国驻缅甸公司、办事机构，缅甸主要商会、宾馆的地址、电话等，都是对缅投资的有用资料。

因此，这本《新编对缅投资指南》的出版是值得祝贺的，相信这部著作对关注中缅经贸关系尤其是对缅投资的读者，一定会发挥指南作用。

贺圣达

2018年8月8日

目　录

第一章　缅甸的投资环境与国情

第一节　缅甸的资源环境

缅甸位于亚洲东南部、中南半岛西部，南临安达曼海，西南濒孟加拉湾，东部与老挝接壤，东南部、南部与泰国毗邻，东北部、北部与我国云南、西藏相连，西北部和西部与印度、孟加拉国为邻。缅甸的国土面积为676581 平方公里，占中南半岛总面积的 1/3 以上，是中南半岛上面积最大、东南亚面积第二大国家。

一　地理气候

缅甸地处北纬 9°32′~28°31′、东经 92°10′~101°10′之间，国土轮廓南北狭长，东西突兀，南北延伸 2000 多公里，东西最宽处有 930 多公里，最窄处仅为 80~90 公里。缅甸陆上边界线总长约 5760 公里，其中缅中边界线长 2186 公里，占其陆上边界总长的 2/5；缅老边界线长约 238 公里；缅泰边界线长约 1799 公里；缅印边界线长约 1460 公里；缅孟边界线长约 72公里。缅甸海岸线约有 2655 公里，海岸线虽长，但切割得很厉害，特别是在若开和比劳山脉沿岸附近，散布着许多岛屿和暗礁，给航运带来很大困难。

（一）地形

缅甸地形较为复杂，地势北高南低，东、北、西部有 3 条平行的山脉，均呈南北走向，并由西向东延伸，即西部山脉、勃固山脉和东部山脉。缅甸的主要河流如伊洛瓦底江、萨尔温江均为南北走向。这些山脉和河流把缅甸大致分为四部分，即西部的山地、东部的高原地区、若开沿海地区和中部的伊洛瓦底江河谷地区（平原）。

1. 西部山地

西部山地与西藏高原南部喜马拉雅山脉相连，北部海拔一般为 2400～3000 米，最北面卡格博亚济峰为缅甸第一高峰，也是东南亚地区最高峰。西部山地自北向南绵延由葡萄山脉、八拐山脉、那加山脉、曼尼坡高地、钦山及若开山脉构成。海拔较高的崇山峻岭地区，农业生产条件很差，交通非常不便。山里的少数民族居民主要是那加族、钦族，历史上长期处于很封闭的状态，不但与平原上的人民很少接触，就是住在同一山谷的人也有不同的风俗习惯和服饰，甚至相距几十里路的居民之间，语言也有差异。

2. 东部高原

东部高原是缅甸最大的单独的地质构成单元，也是一个大的断层地区。海拔一般在 900～1300 米。东部高原包括伊洛瓦底江和萨尔温江之间的山脉、掸邦高原、克耶高原及南部的德林达依地区。东部高原的山脉大致作南北走向，以俯视伊洛瓦底江谷地的西部边远山地以及伊洛瓦底江和萨尔温江的分水岭脉络最为显著，而以腊戍东南的莱岭（海拔 2676 米）为最高。高山之间，是起伏的山地，也有一些平坝和古代湖泊（例如著名的因莱湖）盆地。这些平坝和盆地，是东部高原经济较为发达的地区。东部高原的东北部与中国云南西部相连。高原向南绵延的德林达依山脉，由许多平行山脉组成，构成了缅甸与泰国之间的天然屏障。

3. 中部平原

东部高原和西部山地之间的中部地区虽有勃固山脉，但主要是河谷和平原，包括伊洛瓦底江中游平原和锡唐河流域平原及著名的缅甸南部伊洛瓦底江三角洲。中部平原土地肥沃，是缅甸的中心地区，过去通常称为缅甸本部。在习惯上，缅甸本部又划分为上缅甸和下缅甸。上下缅甸的分界线是卑谬—东吁一线。上缅甸以缅甸古都蒲甘—曼德勒为中心，是缅族的发祥地。由于伊洛瓦底江的灌溉和交通上的便利，自 11 世纪起到 19 世纪中叶，这一地带一直是缅甸经济的中心地区，为缅甸历代王朝建都之地。由于伊洛瓦底江和锡唐河的冲积作用和灌溉作用，加上充沛的降水，下缅甸的土地松软而肥沃，19 世纪中叶以后又开发了三角洲，成为缅甸主要农业区域和经济最为发达、人口最为稠密的地区。

4. 若开沿海地区

由于若开山脉把若开地区与缅甸本部隔开，以及这一地区临孟加拉湾，若开地区构成了缅甸相对独立的一个地理单元，在山脉与大海之间形成狭长的沿海地带。若开地带的平原较少，而且支离破碎，不成整片。只有北部实兑附近由于卡拉坦河和莱茂河等河流冲积，形成比较广阔的平原，是若开沿海区经济较为发达、人口较为集中的地区。

（二）气候

缅甸的气候与东南亚各国略有不同，全境基本属于热带季风型气候和亚热带季风型气候。北回归线穿过缅甸北部，因北部高山地区地势高耸，气候近似温带；5000 米以上的高山则又具有寒带风光。在东南亚各国中，缅甸国土最为偏西，北背辽阔的青藏高原。冬季亚洲大陆的寒冷空气，由于喜马拉雅山脉的阻挡，侵入不到缅甸境内；东部重叠的高山、高原又使太平洋气团抵达缅甸时成为强弩之末，影响很小。由于北高南低、东西两翼高耸而中央低平以及面向印度洋敞开的地形特点，缅甸气候深受印度洋的影响。缅甸全境约有半年时间（6~12 月）处于印度洋西南季风的控制下。沿海地区全年炎热、湿润、多雨；内地则因气候关系，差异很大。海拔 1000~3000 米的高山、高原可谓是"终年无寒暑，一雨便成冬"，而海拔 3000 米以上的山地一年有三四个月可见霜雪。在缅甸境内，除了 1000 米以上的高山、高原外，大部分地区终年炎热，年平均气温 27℃。1 月最凉，平均气温为 20℃~25℃。最热的月份在少雨的 4 月或 5 月，4 月全国的平均气温为 25℃~30℃。各地气温年均差为 10℃左右。

从缅甸各月降雨量的情况来看，1 月到 5 月是缅甸的干燥月份，盛行东北信风，降雨很少；6 月西南季风来到，雨季开始；7 月西南季风盛行，降雨最多；8 月到 10 月西南季风逐渐衰弱，雨量减少；11 月、12 月盛行东北信风，天气干燥凉爽。降雨量在全缅各地分布极不均匀。纬度低而又迎西南季风的山坡地带雨量十分丰富。雨量最大处为若开山脉和比劳山脉，其次是伊洛瓦底江三角洲地区、掸邦高原和北部山地的边缘地带。伊洛瓦底江中游的曼德勒和蒲甘一带由于深居内陆，两侧为山地和高原，西南季风被若开山脉所阻挡，是缅甸的干旱地带。

二　行政区划

缅甸全国现有行政区划分为 7 个省、7 个少数民族邦和内比都联邦直辖区，省和邦级别相同。省、邦以下辖县，县下辖镇区，镇区辖村组（街道）。14 个省邦共辖 65 个县，330 个镇区，13747 个村组。依照 2008 年宪法，在掸邦境内设立佤族自治州和德努族、勃欧族、崩龙族（德昂族）、果敢族自治县；在实皆省设立那加族自治县；内比都作为首都是总统直接管辖的联邦直辖区。缅甸省、邦一级行政区域的命名比较简单。省名基本实行"省市（作为省会的城市）同名"原则（德林达依和伊洛瓦底两省例外）；邦名全部实行"邦族"（该邦的主体民族）同名原则。

缅甸的 7 个省，自北而南依次为实皆（Sagaing）省、曼德勒（Mandalay）省、马圭（Magway）省、勃固（Bago）省、仰光（Yangon）省、伊洛瓦底（Ayeyarwady）省、德林达依（Taninthatyi）省。缅甸的 7 个邦，分布在缅甸东、西两侧。东侧 5 个，自北而南彼此连绵相接：克钦（Kachin）邦、掸（Shan）邦、克耶（Kayah）邦、克伦（Kayin）邦、孟（Mon）邦；西侧两个：北为钦（Chin）邦、南为若开（Rakhine）邦。有的邦的名称，1974 年之前曾有变化，如若开邦曾名阿拉干（Arakan）邦、克耶邦曾名克伦尼（Karenni）邦、克伦邦曾名哥都礼（Kawthule）邦等。1974 年缅甸宪法规定了上述 14 个省、邦的名称。

1989 年 6 月 18 日，缅甸政府宣布更改国名、首都名以及其他某些重要地名的罗马字母拼写词形，把国名的罗马字母转写词形从 Burma 更改（其实是更正）为 Myanmar；国名全称"缅甸联邦"的英语名从过去的 The Union of Burma，更改为 The Union of Myanmar；仰光的罗马字母拼写词形，由长期使用的旧式 Rangoon，更改为按缅甸语原名转写的标准词形 Yangon。其他更改的重要地名有：萨尔温（江名）由 Salween 更改为 Thanlwin，马圭（省名，又城市名）由 Magwe 更改为 Magway，勃固（省名，城市名）由 Pegu 更改为 Bago，德林达依（省名）由 Tenasserim 更改为 Tanintharyi，克伦邦（邦名）由 Karen 更改为 Kayin，勃生（城市名，伊洛瓦底省省会）由 Bassein 更改为 Pathein，土瓦（城市名，德林达依省省会）由 Tavoy 更改为 Dawei，帕安（城市名，克伦邦首府）由 Pa-an 更改为 Hpa-an，毛淡棉（城市名，孟邦首府）由 Moulmein 更改为 Mawlamyine。这些地名变动，实际上是依据缅甸语名的更正确的读音和拼写，原名并没有变动。2008 年 5 月通过的缅甸新宪法，确定了缅甸新的国名为"缅甸联邦共和国"，仍保留了上述 14 个省、邦，但在实皆省、掸邦新设置多个少数民族自治县和一个佤族自治州。主要是：实皆省拉依稀镇区、拉赫镇区及楠荣萨甘镇区组成那伽族自治县。掸邦耶岸镇区和班达亚镇区组成德努族自治县。掸邦和榜镇区、锡森镇区及平朗镇区组成勃欧族自治县。掸邦南散镇区和曼栋镇区组成崩龙族自治县。掸邦的贡冈镇区和老街镇区组成果敢族自治县。掸邦的霍班、孟冒、班歪、那坊、万曼、邦桑（邦康）等 6 个镇区组成两个县，这两个县组成佤族自治州。缅甸 14 个邦、省的首府、面积和人口见表 1-1。

表 1-1　缅甸各邦、省的首府、面积和人口

邦（省）	首府	面积（平方公里）	人口（人）（截至 2017 年 10 月 1 日）
克钦邦	密支那	89041	1829849
克耶邦	垒固	11753	310213
克伦邦	巴安	30383	1593053
钦邦	哈卡	36019	508359
孟邦	毛淡棉	12297	2010427
若开邦	实兑	36778	3300039
掸邦	东枝	155801	6188689
实皆省	实皆	94625	5491170
德林达依省	土瓦	43343	1459953
勃固省	勃固	39404	4918821

续表

邦（省）	首府	面积（平方公里）	人口（人）（截至 2017 年 10 月 1 日）
马圭省	马圭	44820	3941239
曼德勒省	曼德勒	37024	6389391
仰光省	仰光	10171	7936637
伊洛瓦底省	勃生	35138	6271070
内比都直辖市	—	—	1238038
合计		676597	53386948

注：人口数据是缅甸劳工、移民与人口事务部在 2014 年人口普查的基础上计算出的全国各省邦人口。

资料来源：缅甸劳工、移民与人口事务部；《世界行政区划地图》，中国地图出版社，1993年，第 27 页。

（一）掸邦

掸邦位于缅甸东部，在北纬 19°17′~24°13′、东经 96°10′~101°11′之间。北部与东北部与中国接壤，东部与老挝交界，东南部毗邻泰国，南部与克伦邦、克耶邦相连，西部与曼德勒毗邻，西北与克钦邦、实皆省相邻，面积 155801 平方公里，约占全国总面积的 1/4。掸邦下辖 11 个县，有 55 个镇区，首府为东枝市。为了管理方便，缅甸政府将掸邦分为东掸邦、北掸邦、掸邦本部 3 部分。东掸邦治所景栋，下辖景栋、大其力、孟别、孟萨 4 个县，有 11 个镇区。北掸邦治所腊戍，下辖腊戍、木姐、皎脉、滚弄、老街 5 县，有 23 个镇区。掸邦本部治所东枝，下辖东枝、莱林 2 县，有 21 个镇区。掸邦的主要民族有掸族（38.58%）、勃欧族（10.58%）、缅族（9.65%）、勃劳族（7.06%）、达努族（5.18%）、拉祜族（4%）、茵达族（3.06%）、克钦族（2.35%）、佤族（2.12%）、果敢族（1.65%）、傈僳族（1.18%）。

（二）克耶邦

克耶邦位于缅甸东部，在北纬 18°30′~20°01′、东经 96°50′~97°50′之间，北接掸邦，东与东南部毗邻泰国，西南与克伦邦相连，面积 11753 平方公里。全邦下辖垒固和波勒克 2 县，有 7 个镇区，首府为垒固市。主要民族为克耶族（42.86%）、掸族（9.52%）、克钦族（9.52%）、缅族（14.29%）、克伦族（4.76%）。该邦原称克伦尼邦，1951 年 10 月改为现名。

（三）克伦邦

克伦邦位于缅甸东南部，在北纬 15°15′~19°30′、东经 96°26′~98°55′之间，面积 30383 平方公里，东接泰国，北连克耶邦，南和西南部与孟邦相接，西北与曼德勒省、掸邦交界，西与勃固省接壤。下辖巴安、妙瓦底和高加力 3 个县，有 7 个镇区，首府为巴安。邦内主要民族有克伦族（50.04%）、孟族（17.46%）、缅族（13.49%）、勃欧族（5.55%）、掸族（2.38%）、克耶族（0.08%）。

（四）孟邦

孟邦位于缅甸东南部，在北纬 14°55′~17°50′、东经 96°50′~98°15′之间，北连勃固省，东接克伦邦，南与比劳山脉相连，西临莫塔马湾，东南角与泰国交界，面积 12297 平方公里。下辖毛淡棉和直通两个县，有 10 个镇区，首府毛淡棉。主要民族有孟族（37.86%）、缅族（36.89%）、克伦族（12.62%）、勃欧族（2.91%）、掸族（0.05%）。

（五）德林达依省

德林达依省位于缅甸东南部，在北纬 9°32′~15°05′、东经 97°40′~99°40′之间，东部和南部与泰国接壤，北部与孟邦相连，西临安达曼海。海岸沿线共有 800 多个近海岛屿，西部近海的岛屿称为丹老群岛。德林达依省面积 43343 平方公里。下辖土瓦、丹老和高东 3 个县，有 10 个镇区，省会为土瓦。省内主要民族有缅族（83.93%）、克伦族（6.25%）、孟族（1.78%）。

（六）克钦邦

克钦邦位于缅甸北部，在北纬 23°45′~28°31′、东经 95°45′~98°45′之间，其东部、北部分别与我国的云南省和西藏自治区交界，西与实皆省接壤，西北与印度相连，南与掸邦相依，面积 89041 平方公里。下辖密支那、八莫和葡萄 3 个县，有 18 个镇区，首府为密支那市。主要民族为克钦族（32.4%）、缅族（28.7%）、掸族（23.15%）、傈僳族（4.62%）。

（七）实皆省

实皆省位于缅甸西北部，在北纬 21°30′~27°30′、东经 94°~97°之间，东邻克钦邦、掸邦，南、东南接曼德勒省，西南连马圭省，西邻印度和钦邦，面积 94625 平方公里。下辖实皆、瑞波、望濑、杰沙、格礼、达武、莫莱和坎迪 8 个县，有 37 个镇区，省会为实皆市。主要民族有缅族（90.11%）、掸族（3.87%）、钦族（3.22%）、那加族（1.5%）。

（八）曼德勒省

曼德勒省位于缅甸中部，在北纬 19°30′~23°45′、东经 94°50′~96°50′之间，东接掸邦，南连克伦邦、勃固省，北与西北部和实皆省相邻，西与马圭省交界，面积 37024 平方公里。下辖曼德勒、彬乌伦、皎色、敏建、央米丁、密铁拉和良宇 7 个县，有 31 个镇区，省会曼德勒市。主要民族有缅族（95.13%）、掸族（0.9%）、傈僳族（0.36%）、勃劳族（0.18%）。

（九）马圭省

马圭省位于缅甸中部，在北纬 18°55′~22°30′、东经 93°55′~95°50′之间，东接曼德勒省，南连勃固省，北邻实皆省，西靠钦邦、若开邦，面积 44820 平方公里。下辖马圭、敏布、德耶、木各具和甘高 5 个县，有 25 个镇区，省会马圭市。主要民族有缅族（96.65%）、钦族（2.32%）。

（十）勃固省

勃固省位于缅甸中南部，在北纬 16°50′~19°30′、东经 94°45′~97°15′之间，东接克伦邦，东南连孟邦，南与西南部与仰光省、伊洛瓦底省相邻，西北部、北部与马圭省、曼德勒省毗连，西与若开邦接壤，东南部濒临莫塔马湾，面积 39404 平方公里。下辖勃固、卑谬、沙耶瓦底和东吁 4 个县，有 28 个镇区，省会为勃固市。主要民族有缅族（88.88%）、克伦族（4.76%）、孟族（1.23%）、钦族（0.68%）、掸族（0.45%）、勃欧族（0.45%）。

（十一）仰光省

仰光省位于缅甸南部，在北纬 16°20′~17°50′、东经 95°45′~96°50′之间，北部与东部紧靠勃固省，西与伊洛瓦底省相连，南濒莫塔马湾。面积 10171 平方公里，是全国面积最小的省邦。下辖仰光东部县、仰光西部县、仰光南部县和仰光北部县 4 个县。有 45 个镇区，其中 33 个镇区设在仰光市内。可可岛镇区包括大可可岛、小可可岛、色白岛和其北面的巴以巴以岛。省会仰光市。该省为各民族聚居的地区，主要民族有缅族（83.5%）、克伦族（4.8%）、若开族（1.04%）、孟族（0.63%）、掸族（0.42%）。

（十二）伊洛瓦底省

伊洛瓦底省位于缅甸南部伊洛瓦底江三角洲地区，在北纬 15°40′~18°30′、东经 94°15′~96°05′之间，北部、东部与勃固省、仰光省相接，西北部与若开邦接壤，西部、南部临孟加拉湾和安达曼海，面积 35138 平方公里。下辖勃生、兴实达、苗妙、马乌彬和壁磅 5 个县、有 26 个镇区，省会勃生市。省内主要民族有缅族（75.9%）、克伦族（20.37%）、若开族（1.03%）。

（十三）钦邦

钦邦位于缅甸西部，在北纬 20°35′~24°05′、东经 92°20′~94°05′之间，东与实皆、马圭两省相接，南部与若开邦相邻，北和西北部与印度接壤，西部与孟加拉国交界，面积 36019 平方公里。下辖法兰、巴列瓦和敏达 3 个县、9 个镇区，首府为哈卡市。该邦主要民族有钦族、若开族、那加族、缅族。

（十四）若开邦

若开邦位于缅甸西部，在北纬 17°30′~21°30′、东经 92°10′~94°50′之间，东与东南部与马圭省、勃固省、伊洛瓦底省相连，西濒孟加拉湾，北接钦邦，西北部与孟加拉国毗邻，面积 36778 平方公里。下辖实兑、孟都、布帝洞、皎漂和山多威 5 个县，有 17 个镇区，首府为实兑市。邦内主要民族有若开族、钦族、缅族、帖族。

三　自然资源

缅甸是自然资源相当丰富的国家，其森林面积很广，一向有"森林之国"的美称，以出产柚木而著名；矿产资源种类繁多，石油和天然气的储量大。

（一）动植物

2010 年缅甸森林覆盖率为 41%，主要分布在北、西、南部。中部勃固山脉是柚木储量最大的地区，国际市场上 75% 的柚木产自缅甸。柚木成材需 80 年至 150 年，质地坚固，耐腐蚀，膨胀和收缩系数极小，花纹美观，可用其造船、建桥梁、修码头、造房屋、制家具等。缅甸可供采伐的柚木面积约 610 万公顷。缅甸还盛产檀木、灌木、鸡翅木、铁力木、酸枝木、花梨木等各种硬木和名贵硬木，硬木潜在年产量约 130 万吨。缅甸每年主要向印度、泰国、马来西亚和日本出口共 20 多万吨的柚木，其中约 50% 被印度购买；近 1 万吨柚木原木直接被欧洲购买，其中以意大利、瑞士、法国、瑞典和德国为主要买主。自 2014 年 4 月起，缅甸政府禁止原木出口。此外，缅甸还有丰富的竹类和藤木资源。竹类品种 97 种，竹林面积 9630 平方公里，主要分布在若开、缅中地区。藤木 32 种，年产量约 7600 万根，主要分布在克钦邦、掸邦，有水藤、红藤，只有小部分出口。

在缅甸茂密的森林中，还栖息着无数的飞禽走兽。鸟类中以孔雀最为名贵，动物以猿猴为最多。食肉动物，如老虎、豹子、狼等也很多，爬行类动物有蛇、蜥蜴、鳄鱼等。缅甸最具特色的动物是亚洲象。缅甸是东南亚著名的产象国，缅甸人民很早就学会了驯象。古代缅军中有专门的象兵；近代象则被用作林区运送木材的主要工具。

缅甸对野生动植物的保护起步较早，从 1856 年起，当时的下缅甸就开始了野生动植物的保护工作，1879 年制定并开始实施《大象保护法》，1912 年制定了第一部《野生动物保护法》，1918 年开始建立第一批禁猎区、动物保护区和植物园。1948 年独立后，为保护森林和动植物，又建立了一些国家公园和保护区。1997/1998 年度，缅甸森林保护区面积已达41038 平方英里，占森林总面积的 30%。缅甸的保护区和国家公园的详细情况见表 1-2。

表 1-2　动植物保护区和国家公园

序号	建立年代	名称	面积（平方公里）	所属的邦/省
1	1918	比当动物保护区	724.42	克钦邦
2		卡嘎勃拉国家公园		克钦邦
3		因道基野生动物保护区		克钦邦
4	1928	卡希路保护区	160.06	克伦邦
5	1994	纳玛山国家公园	367.23	钦邦
6	1942	格拉达保护区	24.48	孟邦
7		格希路保护区		孟邦
8		若开邦野象训练基地		若开邦
9	1930	东枝保护区	16.06	掸邦
10	1985	因莱湖保护区	642.32	掸邦
11		瓦萨自然区		掸邦
12		莱梅自然区		掸邦
13	1918	瑞当保护区	209.79	曼德勒省和掸邦
14	1918	康道基（彬乌伦）国家花园（眉苗植物园）	127.25	曼德勒省
15	1985	布波山公园		曼德勒省

续表

序号	建立 年代	名称	面积 （平方公里）	所属的邦/省
16		劳康纳达保护区	126.91	曼德勒省
17	1936	莫拉力保护区		克伦邦
18	1939	威梯甘湿地保护区	138.56	马圭省
19	1940	瑞珊陶野生动植物保护区	4.53	马圭省
20	1941	奎顶野生动植物保护区	552.70	实皆省
21	1984	阿隆陶卡达帕国家公园	268.19	实皆省
22	1972	敏温陶保护区	1605.79	实皆省
23	1974	特曼迪保护区	205.88	实皆省
24	1982	劳加野生动物公园	2150.74	仰光省
25	1982	仰光野生动物园	3.63	仰光省
26	1986	莫庸基湿地保护区		勃固省
27		盛耶森林野营	103.60	勃固省
28		迈赫翁野象营		勃固省
29	1970	特米拉海龟保护区		伊洛瓦底省
30	1994	曼玛拉岛野生动植物保护区	0.88	伊洛瓦底省
31	1927	莫斯考斯岛保护区	131.25	德林达依省
32		兰皮海洋国家公园	49.21	德林达依省

资料来源：Myanmar, Facts and Figures, 2002, Yangon, p. 10. Myanmar, the Study of Processes and Patterns, 2003, p. 181。

（二）矿产

缅甸矿产资源主要有锡、钨、锌、铝、锑、锰、金、银等，宝石和玉石在世界上享有盛誉。因缅甸缺乏地质通盘勘查的能力，因此对整个矿藏的储量及分布情况不完全清晰，可能还有其他未知的矿藏。

缅甸是世界闻名的翡翠矿石开采地。缅甸翡翠矿区位于北部密支那地区，在克钦邦西部与实皆省交界线一带，亦即沿乌龙江上游向中游呈北东—南西向延伸，长约 250 公里，宽 60~70 公里，面积约 3000 平方公里。缅甸翡翠玉石矿床，按其地理位置和行政区划，习惯上划分为 8 大场区（这种所谓的场区，只是行政管理的划分，不是翡翠成因类型的划分），即龙肯场区、帕敢场区、香洞场区、达木坎场区、会卡场区、后江场区、雷打场区、南其-小场场区。每个场区又再划分为许多小的"厂口"。

缅甸铜矿点约 45 处，主要位于曼德勒以西 105 公里的望濑及望濑以东 11 公里处的礼勃东，已探明矿石总储量约为 9.55 亿吨。

缅甸铅、锌、银储量分别为 30 万吨、50 万吨、750 万吨，分布在东部掸邦高原以西的铅-锌-银矿带中。该矿带向北延伸到中国云南省，向南延伸到泰国，全长 2000 多公里。最大的矿床是掸邦北部的包德温矿，储量约 1000 万吨。

缅甸镍矿位于曼德勒以北，主要有达贡山镍矿和莫苇塘镍矿。达贡山镍矿拥有 4000 万吨镍矿储量、80 万吨镍金属储量。莫苇塘镍矿有 6 个镍矿区，其中第四矿区预计产量为 3000 万吨，镍平均含量为 1.19%；第六矿区预计产量为 8000 万吨，镍平均含量为 1%。

在缅北克钦邦有一个帕敢铁矿，属大型褐铁矿，矿带面积为 9.92 平方公里，储量约 2.23 亿吨，综合品位 50.65%。

缅甸金矿主要集中在缅甸中北部实皆地区，金矿品位平均为 10~20 克/吨。缅甸最大的国有金矿山是 Kyaukpathto 金矿，位于实皆省，金矿储量 40 吨，远景储量 100 吨，平均品位 3.6 克/吨。另在曼德勒省中部的 Yamethin 金矿，探明金矿储量 45 吨，平均品位 38 克/吨。

（三）能源

1. 油气资源

缅甸石油与天然气资源主要分布在缅甸中部和沿海地区，石油开采有百余年历史，1853 年仁安羌油田的石油开始出口到欧洲。据亚洲开发银行能源评估报告，缅甸共有 104 个油气开采区块，其中内陆开采区块 53 个，近海开采区块 51 个。根据 2007 年世界能源理事会的资料，缅甸拥有石油 2.069 亿桶（陆上 1.06 亿桶，海上 1.009 亿桶），拥有天然气 447.7 万亿立方英尺（海上428万亿立方英尺，陆上19.7万亿立方英尺）。2013/2014财年，缅甸已探明的天然气储量在全球排名第41位，已探明石油储量排名第78位。

2. 水资源

缅甸国内河流密布，主要河流有伊洛瓦底江、萨尔温江、钦敦江和湄公河，支流遍布全国。其中伊洛瓦底江、萨尔温江和湄公河均发源于中国。

伊洛瓦底江为缅甸第一大河，是缅甸的"母亲河"，发源于中国西藏察隅地区，称吉太曲，在中国云南称独龙江，全长3244公里。在云南贡山县中缅边境41号界碑附近出境后，在康兰普汇入恩梅开江。从恩梅开江和迈立开江汇合口起算，伊洛瓦底江在缅甸境内全长2714公里，由北向南纵贯缅甸，流经北部山区、中部干燥地区和南部三角洲，还有30多条支流。其流域面积达43万平方公里，包括了缅甸的克钦邦、钦邦、曼德勒省、实皆省、马圭省、勃固省、伊洛瓦底省和仰光省8个省（邦）、32个县、90个镇区的广大地区，最后从仰光注入印度洋。伊洛瓦底江总落差4768米，全河平均比降为2.13‰，入海口平均流量为13600立方米/秒。萨尔温江是缅甸的第二大河，发源于中国西藏东部唐古拉山脉，由云南潞西边境进入缅甸，在西藏境内称那曲，在云南境内叫怒江，缅甸人把它称作丹伦江（缅甸的掸族称之为南孔河），萨尔温江系英文音译。萨尔温江流经掸邦、克耶邦、克伦邦、孟邦，在毛淡棉附近注入莫塔马湾。怒江—萨尔温江全长2816公里，在缅甸境内长1279公里。由于萨尔温江奔腾在万山丛中，江水落差很大，水流湍急，流入克伦邦后，地势较为开阔，越接近入海口，水流越平稳，最后由莫塔马湾归入印度洋。湄公河由西双版纳进入缅甸，主要流经缅甸掸邦与老挝及泰国的边境线。缅甸水力发电潜力很大，据西方国家和国际组织勘测，缅甸蕴藏水力的装机容量为1800万千瓦。

（四）农作物

缅甸的农作物根据土壤和气候条件分布在不同的地带。常绿林和季风林地带的农作物主要有稻谷；干旱地带的农作物主要是花生、芝麻、玉米、旱稻、豆类、棉花等；草地和山林地带的农作物主要有棉花、茶叶、小麦、土豆、花生等。稻米是缅甸最主要的农作物，也是国家经济的主要资源。第二次世界大战前缅甸是世界上最大的稻米输出国，占世界稻米总输出量的40%以上。稻米主要产地为年降水量在2000毫米以上的伊洛瓦底江三角洲平原及其他沿海平原地区。这些地区利用天然降水灌溉农田，稻谷一年一熟。另一产地是伊洛瓦底江中游的干旱地区，主要依靠灌溉。芝麻是缅甸重要的油料作物，全国种植比较普遍。一般分为早熟和晚熟两种，早芝麻在4月、5月间播种，经60~100天收获，晚芝麻在10月播种，经100~120天收获。花生于20世纪初传入缅甸，是缅甸的重要油料作物。由于花生喜欢干燥的气候和沙土，多产于缅甸中部干旱地区。豆类是缅甸人的主要副食之一，多产于伊洛瓦底江三角洲及干旱地区北部，种类繁多，主要有豇豆、鸽子豌豆、白豆、红豆、印度豆、绿豆等。小麦主要产区在掸邦高原、实皆和曼德勒地区。棉花是缅甸的重要输出品之一，主要产地在实皆、第悦茂、敏建等地区。甘蔗喜欢潮湿的气候，主要产地在彬文那、东吁及密支那地区。

（五）渔业资源

缅甸海岸线漫长，内陆湖泊众多，渔业资源丰富，因受资金、技术、捕捞、加工、养殖水平等条件限制，对外合作开发潜力大。缅甸海岸线长2832公里，专属经济区48.6万平方公里，适宜捕捞海域22.5万平方公里，平均年捕捞量105万吨。缅甸沿海鱼虾500多种，具有经济价值的石斑鱼、鲳鱼、龙虾、黄鱼、带鱼、鲨鱼、比目鱼、鲥鱼、虎虾、琵琶虾等约105种，820万公顷的内陆江湖也有大量淡水鱼虾。缅甸水产档次高、品质优，适宜海水、淡水养殖。缅甸现有淡水鱼塘18.24万英亩，虾塘20.5万英亩，海水养殖主要养虾。1990年缅甸政府颁布《缅甸海洋渔业法》，1993年颁布《缅甸海洋渔业法修正案》，1994年撤销国家渔业公司，所有鱼塘、冷库、加工厂转让个人，国家只保留示范鱼塘、苗塘。水产已成为仅次于农业、工业的第三大经济产业和重要创汇产业。

四 基础设施

缅甸的交通运输方式可分为公路、铁路、水路和航空运输 4 种，以水运为主，铁路多为窄轨。

（一）公路

近年来，缅甸政府大力修筑公路和铁路，陆路运输有了较大发展。缅甸交通和铁道部门数据显示，缅甸全国公路里程为 34177.6 公里，在建 2922.2 公里。连接中国与缅甸的公路主要有腾密公路。腾密公路缅甸段起点为云南腾冲与缅甸接壤的中缅南四号界桩，终点是缅甸北部重镇密支那，公路全部由中国援建。印度政府也将提供 5 亿美元经济援助，部分援款将用于修建连接印度、缅甸和泰国的三边公路，公路全长 3200 公里。

（二）铁路

截至 2016 年，缅甸铁路全长约 5762.2 公里，在建约 2862.6 公里，有 926 个站点和 436 列火车。拥有蒸汽机车 43 台、柴油机车 270 台，客车厢 831 节、火车厢 3906 节。

（三）空运

缅甸有大小机场 73 个，主要机场有仰光机场、曼德勒机场、内比都机场、黑河机场、蒲甘机场、丹兑机场等。仰光机场、内比都机场和曼德勒机场为国际机场。主要航空公司有缅甸航空公司、缅甸国际航空公司、曼德勒航空公司、仰光航空公司、蒲甘航空公司、亚洲之翼航空公司、金色缅甸航空公司、甘波扎航空公司等。截止到 2015 年底，缅甸已与 20 多个国家和地区建立了直达航线，主要航线可达曼谷、清迈、北京、昆明、广州、南宁、香港、台北、新加坡、吉隆坡、达卡、暹粒、金边、河内、胡志明市、珀斯、伽雅、加尔各答、首尔、多哈、法兰克福等城市。目前，中国前往缅甸的主要航线有：中国国际航空公司的北京—仰光、昆明—仰光航线，东方航空公司的昆明—仰光、昆明—曼德勒、南宁—仰光、昆明—内比都航线，南方航空公司的广州—仰光航线。缅甸国内航线共 17 条，国内主要城市和风景名胜地均已通航。

（四）水运

缅甸主要港口有仰光港、勃生港和毛淡棉港，其中仰光港是缅甸最大的海港。缅甸交通部数据显示，内河航道约 14842.6 公里，国内码头 111 个，船坞 6 个，可供远洋货轮停靠的港口 28 个，远洋轮船 25 艘，集装箱码头 3 个。目前仅有缅甸五星轮船公司经营远洋运输。

（五）通信

据缅甸邮电通信部公布的数字，截至 2016 年，缅甸全国共有邮局 1379 个、电报局 515 个和电话交换台 992 个。电话交换台中 392 个为自动交换台，296 个为人工接线台；缅甸移动电话用户占 33%、座机电话用户占 4.8%、电脑用户占 3.5%。在国际通信方面，缅甸不仅开通了国际卫星电话，而且可以通过亚欧海底光缆 2 万条线路与 33 个国家直接连通，并能通过这些国家与世界其他国家进行通话。

五　生态环境

缅甸全境可以划为 7 个有相同地貌特征、气候类型和植被环境的自然地理区域。它们是伊洛瓦底江三角洲地区、中部干旱地区、掸邦高原、德林达依山脉沿海地区、北部山区、西部山区、若开沿海地区。伊洛瓦底江三角洲地区位于掸邦高原和中部干旱地区以南，大体为伊洛瓦底江下游流域地区。这里雨量充沛，冷热适中。干旱地区位于缅甸中部，年降水量少于 1000 毫米，气候干燥，温差较大。掸邦高原位于缅甸东部，包括掸邦的全部和掸邦邻近省邦的一部分。德林达依山脉沿海地区位于缅甸东南部，这里降水充足，植被丰富，雨水多于伊洛瓦底江三角洲地区。北部山区为伊洛瓦底江和亲敦江上游地区，有小块河谷平原，其大部地区在北回归线以北，气候寒冷，地势由北向南倾斜。西部山区和若开沿海地区以若开山脉为界，若开山脉以北为西部山区，西部山区高山多，气候较为寒冷。若开山脉以南至海滨为若开沿海地区，若开沿海地区北宽南窄。从气候上来看若开沿海地区炎热潮湿。在这 7 个自然地理区域中，伊洛瓦底江三角洲地区和中部干旱地区为缅甸最重要的自然地理区域。这两大区域内的人口数量也多于其他地区。七大自然区域中人口最少的是西部山区，其次是北部山区。

（一）伊洛瓦底江三角洲地区

伊洛瓦底江三角洲地区位于伊洛瓦底江流域南部，为三角洲类型的冲积平原。本区域是缅甸降雨量最多的地区，年温差较小。本区域由 3 个小区组成：南部伊洛瓦底江流域及三角洲肥土区、勃固山区、锡唐河流域地区。南部伊洛瓦底江流域及三角洲肥土区位于勃固山脉和若开山脉之间，为低地平原区，其上抵卑谬下至河口，年降水量 1000~2000 毫米，盛产柚木、铁木等贵重木材。河口地区为冲积土壤，肥力极高，稻米产量居全国之首。这里河道纵横，交通便利。加之濒临大海，渔业发达，出产鱼酱、干鱼、干虾等特产。主要农作物有水稻、大豆、芝麻、玉米、花生等。本区城市大多依伊洛瓦底江而建，伊洛瓦底江是联系本区乃至全国各大城市的一条纽带。区内各城市间有公路、铁路、水路相连，交通便利、商业发达，人口也居其他各区之首。勃固山区一般海拔在 1000 米以下，年降水量2000~2500 毫米，这里雨水充足，气候适宜，很适合热带乔木生长。木材以柚木和铁木最为著名。勃固山脉地区是缅甸的森林保护区，主要居民是克伦等少数民族。锡唐河流域地区位于掸邦高原和勃固山脉之间，面积小于伊洛瓦底江流域地区，区内交通主要依靠铁路，仰光—曼德勒铁路纵贯其中。该区气候不像中部干旱区那样干燥，也不如伊洛瓦底江三角洲地区那样潮湿，年降水量为 1500~2000 毫米。由于本区沙土较多，烟草种植较为普遍。其他经济作物有橡胶、椰子、咖啡等。

（二）中部干旱地区

中部干旱地区位于掸邦高原与西部山区之间，伊洛瓦底江和亲敦江在区内汇合。本区属平原地区，东南部因处勃固山脉北端，地势略高，区内年温差大，降水稀少，年平均降水量在 1000 毫米以下。植被多为针叶林，盛产石油，是缅甸最重要的石油产地；出产大米、玉米、烟草及各种蔬菜；土特产有芝麻油、花生油、豆类等。

（三）掸邦高原地区

掸邦高原地区位于伊洛瓦底江流域与中国、泰国之间，南部有大片平坦的地面，其他地区地面侵蚀剧烈，起伏颇大，一般高度为 900～1200 米，西部边缘最高，向东逐渐降低。掸邦高原以萨尔温江为界，可以分为东西两部，东部比西部低 200～300 米。本区气候有随地形而发生垂直分布的现象，因纬度影响，南北略有差异。本区气温较低，年降水量一般为 1000～2000 毫米，且分布不均匀。大部分地方的自然植物为森林及草原混合型，以橡树等组成的亚热带、温带森林以及夹杂其间的大片草地为主。在萨尔温江、恩梅开江下游以及迈立开江下游低谷中热带雨林生长茂密。少数海拔 3000 米以上的高山地带垂直分布有寒带森林、高山灌木林、高山草原以及苔原植物等植物群落。主要矿产资源有银、铅、锌、锡、钨、沙金、煤、宝石。

（四）德林达依山脉沿海地区

德林达依山脉沿海地区位于缅甸东南部，是缅甸最南的一个自然区域，其地貌基本与若开沿海地区相似。本区南部海岸线与德林达依山脉相距不远，故沿岸平原颇为狭窄，土瓦至高东一带多群岛；北部为冲积平原，是本区的主要粮食产区。本区在地形上比较破碎，山脉呈南北向，区内有许多源短流急的河流，航运困难。本区域是缅甸最暑湿的地区，年温差不大，降水量在 5000 毫米以上。主要资源为锡矿石以及钨铁矿，是缅甸最重要的锡钨矿地带，其他矿藏有锑、钼、锌、煤及油页岩等。自然植物基本为热带雨林，森林较缅甸其他地区热带雨林更为高大、茂密，海拔150米以下的海滨地带为沼泽森林滋长地区。在山地的若干背风坡年降水量只有2000毫米，为季风林地带，生产少量柚木。本区橡胶种植园较多，是缅甸唯一生产橡胶的地区。

（五）北部山区

北部山区位于中部干旱区以北，是缅甸最北的自然地理区域。本区域北部为山脉高地，南部为低地，包括伊洛瓦底江河谷、亲敦江河谷和模河谷地。地势自北向南倾斜，河流也由北向南流入大海。东部为恩梅开江和迈立开江汇合处，也是伊洛瓦底江的上游支流流域区，西部有亲敦江谷地，亲敦江和模河的分水岭为济飘山。模河与伊洛瓦底江之间有低矮山地相隔，这些低矮山地向南延伸成为实皆山脉。本地区北部多雨、潮湿，年降水量3000毫米左右，山谷和低地夏季气温较高，山地气温则较低。植被也根据气候及地形情况而多变异。多雨的山地为常绿林，南部主要为季风林，盛产柚木，为缅甸最大的柚木林地带。海拔1000米以上地区多产松木，南部有些地区还可见到草场。主要矿产有琥珀、绿宝石、金、煤、石油。本区以自给自足的定居农业及迁徙农业为主，农业耕作方式与民族分布有密切关系，最主要的作物为水稻。居民往往以狩猎、畜牧及采集贝母、黄连等药材为副业。另有林业、制糖业等。

（六）西部山区

西部山区位于中部干旱区以西，若开沿海地区以北，区内多险峻山峰。该区北宽南窄，也叫若开山地。西部山区似一巨剑，从北到南，插入若开海岸及伊洛瓦底江谷地之间，构成东西交通之一大屏障，山体高度自北而南逐渐降低。整个山体最宽处达250公里，东西两旁分别为户拱谷地和阿萨密平原，河流大部分与山脉平行。区域内地形崎岖，森林茂密，交通十分不便。本区气候特征为潮湿、多雨。西坡迎风多雨，年降水量在3000毫米以上；东坡背风少雨，年降水量为1000~3000毫米。植物垂直变化显著，而且东西坡迥然不同。西坡植物皆为茂密的森林，其中，海拔

1000 米以下为热带雨林，海拔 1000~3000 米为亚热带及温带森林；东坡山麓为柚木林，是缅甸主要柚木产地之一，山体因有森林覆盖，山峰形状多成浑圆，少有水土流失现象。主要矿产有铬、铜、铂、硫铜矿、石棉、滑石。区内居民从事自给自足的迁徙农业。主要农作物有豆类、玉米、荞麦、大麦等。

（七）若开沿海地区

若开沿海地区西临孟加拉湾，东为若开山脉所紧束。区内平地甚少，只有在北部实兑市附近有由加拉丹河、莱谬河冲积的平原较为宽广。沿岸多岛屿，海岸线曲折，多良港，较为有名的有实兑港、皎漂港。本区气候属热带季风性气候，热带雨林茂盛，年降水量在 3000 毫米以上，植被为热带季风林。实兑、皎漂、兰里岛（延别岛）一带盛产石油。本区陆路交通不发达，主要依靠水路交通。主要行业有种植业、渔业和林业。

第二节　缅甸的经济环境

现代缅甸经济脱胎于英国殖民统治时期的殖民地经济，当时外国资本尤其是英国资本垄断了缅甸的经济命脉。1948 年独立后，缅甸恢复了经济主权，但到 1962 年经济还没有恢复到二战前的水平。1962~1988 年奈温政府实行中央计划统制的"缅甸式社会主义"。1988 年新军人集团执政，实行以市场为导向的经济改革。2011 年，缅甸民选政府上台，实行民主政治，对经济进行更大程度的改革与开放。

一　经济发展简史

（一）独立之前的缅甸经济

1824 年前，缅甸人口稀少，经济以自给自足的封建农业经济为主，稻谷是最主要的农作物，手工业和加工业尤其是官营手工业和加工业，已具有一定的水平，其中造船、石油开采、铜器铸造和采矿等部门发展较快，沿海的煮盐业、家庭棉纺业和丝织业以及陶器、漆器和木刻工业也有一定的发展。不过，当时缅甸的整体经济水平非常低，不仅落后于当时的中国和日本，在对外贸易和商品经济的发展方面还不如邻国暹罗。经济落后的具体表现是国内外贸易均不发达，没有统一的货币，国内没有形成一个作为经济中心的地区或城市。都城只是政治中心而非经济中心，当时最大的城市仰光和卑谬也不过万余人口，基本不具备经济辐射能力，各个地区之间发展极不平衡，更没有连接主要城市和地区的铁路和公路。①

1824~1885 年的三次英缅战争以及随之而来的英国对缅甸的殖民统治，对缅甸的经济发展产生了复杂的影响。它一方面使得缅甸近代经济有所发展；另一方面，形成了畸形的殖民地经济。② 1852 年第二次英缅战争英国人占领了整个下缅甸，之后逐渐在这一地区建立以水稻为主的单一种植制度，并发展以铁路、内河航运为代表的近代交通和以碾米为主的加工工业。1885 年第三次英缅战争结束后，英国占领了整个缅甸，并将其纳入了英国殖民地经济体系。1886~1929 年的 40 余年间，缅甸经济获得迅速的发展，其发展水平超过了当时的泰国和法属印度支那三国。到 1914 年，缅甸铁路总里程达 2500 公里，超过法属印度支那的 2043 公里，是泰国 1120 公里的两倍多。20 世纪 20 年代末，英资伊洛瓦底江轮船公司已成为世界上最大的内河航运公司之一，拥有大小船只 622 艘，每年的客运量达 900 万人次，货运量为 125 万吨。1921 年缅甸的石油产量已达 2960 万加仑（相当于 100 万吨），铅、锌、铜的产量在亚洲也名列前茅。1925~1929 年，缅甸年平均生产大米 500 万吨，年平均输出大米 300 万吨，是世界上最大的大米输出国。缅甸对外贸易得到快速扩展。1937 年对外出口额达 1.95 亿美元，是泰国同期出口额的近 3 倍。③ 在日本入侵之前缅甸是东南亚殖民地国家中经济发展水平较高的国家，被誉为"东南亚富庶之国"。但是，在英国的殖民统治下，缅甸经济走上了畸形发展的道路，农业单

---

① 李晨阳：《军人政权与缅甸现代化进程研究（1962—2006）》，香港社会科学出版社有限公司，2009，第 92 页。
② 贺圣达、李晨阳：《列国志·缅甸》，社会科学文献出版社，2010，第 236 页。
③ 陈明华：《当代缅甸经济》，云南大学出版社，1997，第 5 页。

一、片面发展，基础工业落后，只有那些对英国殖民主义者有利可图的稻作业和石油、矿业才获得较快发展，各经济部门之间没有有机的联系，整个经济缺乏自我运转的能力，对外贸易和资本都完全依赖于国外尤其是宗主国，缅甸沦为英国的粮仓、原料供应地和其工业产品的销售市场。

第二次世界大战重创了缅甸殖民经济。许多城镇成为废墟，16000 个村庄遭到破坏，油田和炼油设备几乎全部被摧毁，矿井由战前的 601 个减少到 82 个，85% 的船只被毁，50% 的铁路和桥梁遭到破坏，稻田由战前的 500 万公顷减少为不到 250 万公顷，1944 年的大米出口只相当于战前的 2%。[①] 研究缅甸经济的著名英国学者安德鲁斯认为，经过这场战争，"无论在国内运输或对外贸易方面，缅甸都倒退了一个世纪"。[②] 到 1947 年独立前，缅甸经济千疮百孔，百废待兴，缅甸不但没有恢复到战前的水平，且落后于邻国泰国。

（二）1948 年至 1988 年的缅甸经济

从 1948 年 1 月缅甸独立到 1988 年，缅甸经济发展大致可分为 1948~1962 年吴努执政的多党议会民主政治时期和 1962~1988 年奈温执政的以军人为核心的缅甸社会主义纲领党统治时期。

独立后严峻的现实使吴努政府把发展经济作为当务之急。吴努政府采取一系列措施发展经济，制定和实施了一系列的经济发展规划；实行土地国有化，发展农村经济；实施企业国有化，发展民族工业；有条件地接受外援，推动对外经济关系发展；等等。[③] 尽管吴努政府制定的经济发展规划都没有能够完成，但缅甸恢复和发展民族经济的行动取得了一定的成效。殖民统治时期的生产关系有了一定的改变，民族资本在主要的国民经济部门已居于统治地位，民航、铁路、邮电和多数大型厂矿均由国家控制。在 1952/1953 年度以后的固定投资中，国家的投入占到了 40% 以上，个别年份高达 60%。土改使大土地所有者被削弱，农民的生产积极性有所

---

① 贺圣达、李晨阳：《列国志·缅甸》，社会科学文献出版社，2010，第 237~238 页。

② J. Russell Andrus, *Burmese Economic Life*, Stanford University Press, 1947, p. 335.

③ 贺圣达、李晨阳：《列国志·缅甸》，社会科学文献出版社，2010，第 239 页。

提高。从 1948~1962 年，缅甸 GDP 年均增长率约为 4.5%，这个发展速度在当时的发展中国家中处于中等水平。但吴努政府时期未能从根本上改变缅甸经济落后的面貌。农业仍然是以稻谷种植为主的单一作物制，农作物生产恢复缓慢，一直没有恢复到二战前的水平；工业从装备、技术到大部分原料都依赖发达资本主义国家，加工制造业在 GDP 的比重还低于战前，出口额仅为战前的 60%，急需的外汇收入锐减。

1962 年 3 月 2 日，以奈温为首的军人政权上台，开始实行由中央统制的计划经济，走缅甸式社会主义发展之路。1962 年 4 月 30 日奈温政府公布《走向社会主义的缅甸道路》，规定缅甸要"有计划按比例地发展国家的生产力"，并宣称"为了实行社会主义计划经济，属于国家命脉的生产资料，应由国家控制"。1974 年 1 月奈温政府颁布了《缅甸联邦社会主义共和国宪法》，以国家根本大法的形式，再次规定了"缅甸社会主义"的经济制度。尽管 20 世纪 70 年代以后奈温政府做了一些政策调整，但这一套以国有化、民族化和国家统制的计划经济为主要内容和主要目标的经济政策，一直推行到 1988 年 9 月。① 在工商业领域，奈温政府采取了大规模的国有化行动，投资发展国有经济，严格限制私人经济。政府每年把 2/3 以上的投资用于发展国有企业，还接受了大量外援。外国帮助援建的炼油、发电、汽车装配、化肥、农机、采矿、矿山机械、玻璃、砖瓦、纺织、制糖等企业，成为缅甸国有企业的重要组成部分。在激进的国有化过程中，私营经济发展受到严格限制，中小型的私人工商业受到严重冲击，私人资本的发展在经营范围、资金、设备、技术等方面受到种种限制，发展极为缓慢，大多是小规模经营，且主要在商业流通领域，绝大部分私人企业不过是 10 人以下的手工作坊和商店。80 年代初，在全国 680 家 50 人以上的工厂中，私营的仅 45 家，占 7%。在农业领域，政府加强对农业、农村和农民的控制。政府以土地国有化为基础，在农村推行土地改革，成立没有地主参加的租佃委员会，作为出租土地的唯一权力机构，并规定了佃农无须向地主交纳地租。这种农村土地关系的调整，实际上是以土地国有为基础，由国家重新分配农户耕种的土地并确定其义务，国家也因此把

① 贺圣达、李晨阳：《列国志·缅甸》，社会科学文献出版社，2010，第 241~242 页。

农业经济纳入其计划和控制的范围之内。在对外经济领域，政府先是采取闭关锁国的政策，不接受附有条件的经济援助，禁止引进外国私人资本和直接投资。70 年代初调整了经济政策以后，政府开始较多地接受外国和国际金融组织的援助和贷款，恢复向世界银行借贷，加入亚洲开发银行，直接接受发达国家的援助（主要是低息贷款），1982~1988 年平均每年接受的援助额超过 4 亿美元。

奈温军人政权统治缅甸期间，缅甸经济发生很大变化，政府完成了经济的缅甸化，国民经济的命脉，石油、电力、航空、铁路、银行、外贸、电信等重要经济部门已经完全由国家掌控，政府也通过土地的国有化和规定农民所种植的农作物品种与农产品价格，控制了农业的生产和流通。缅甸经济在很大程度上已成为由国家统制的经济。但这一时期缅甸经济陷入更深的衰退，经济发展停滞不前，大批被国有化的企业和新建的国有企业经营不善，效益不佳，长期处于亏损状态，缅甸经济的整体发展水平远远落后于东南亚地区的其他国家。尽管 70 年代初经济政策有所调整，1976~1985 年经济发展状况略有好转，但由于阻碍经济发展的根本原因未能消除，1985 年后缅甸经济状况又急剧恶化。农业生产不景气，国际收支状况恶化，外债高筑，通货膨胀严重，走私盛行，政府无端三次废除大面额钞票更是引发经济混乱、社会动荡。缅甸社会经济陷入了全面停滞，从"世界粮仓"变为"捧着金饭碗的乞丐"，人均 GDP 下降到仅 190 美元，1987 年 12 月联合国公布缅甸为世界上最不发达国家。

（三）1988 年 9 月至 2011 年 3 月的缅甸经济

在经历了 1988 年剧烈的政治动荡后，缅甸新军人集团于 1988 年 9 月 18 日接管政权。新军人集团上台后改弦更张，废除了缅甸式社会主义经济制度，推行以市场经济为导向的经济改革，实行对外开放政策。

第一，颁布了一系列以市场经济为导向的政策法规。1988 年 10 月 31 日，缅甸政府在新闻发布会上向国内外记者明确宣布，缅甸将实行"市场经济体制"。1994 年国民大会制定的新宪法明确规定"国家的经济制度是市场经济制度"。自 1988 年 9 月到 2001 年，缅甸政府先后颁布了具有市场经济导向的经济法律法规和命令共计 93 个。① 这些法律法规包括《缅甸联邦外国投资法》等 8 个有关投资方面的法律；《缅甸私营企业法》《缅甸国营企业法》等 10 多个有关企业的法律；《缅甸矿业法》等 10 多个有关资源开发方面的法律；《缅甸金融机构法》《缅甸商业税法》等 20 个有关金融、财税、保险等方面的法律；《缅甸国家医药法》等 8 个有关医药、食品方面的法律。

第二，颁布《外国投资法》，大力吸引外资。1988 年 11 月，缅甸新军人政府制定并公布了首个《缅甸联邦外国投资法》及其实施细则。依照该法，在缅甸的外国投资必须遵循"促进和扩大出口，开发需要大量投资的资源项目，发展高科技技术，有助于需要较大资金的生产和服务业的开展，创造更多的劳动就业机会，开发节约能源的经济项目，发展各地区的经济项目"等原则。外国人既可以按 100% 的股权进行独资，也可以与缅甸人合资或成立有限公司，但外国人股份不能低于 35%，外资企业在头三年可以享受免所得税、将利润汇出国外等优惠政策。同年 12 月，缅甸政府成立了外国投资委员会，具体负责促进、接受、审查和批准外国投资项目，并按照缅甸公民投资法审批缅甸国民公司，承担依法保护经该委员会审批的项目。1989 年 5 月 30 日缅甸外国投资委员会颁布第一号令，规定了允许外国投资的项目，范围涉及农业、林业、渔业、畜牧业、矿业、工业、建筑业、运输和通信业、贸易业等广泛领域。

第三，放宽对私人企业的限制，鼓励和扶持私营经济的发展。缅甸政府 1989 年 3 月颁布的《国营经济企业法》规定了私营企业可以投资经营的范围，1990 年 11 月又颁布《私人企业法》。该法规定，使用 3 马力以上电力或不满 3 马力但拥有领取工资的 10 名工人以上的企业须向政府登记注册，登记造册的有助于国家经济发展的私人企业可在所需的土地、水、能源、通信、运输、免税或减税、固定资金、周转资金等方面向政府提出申请，在贷款、原料、机器和零件及技术力量方面均可获优惠。此后，新军人政府还允许私营经济进入旅游、金融、林业、矿业等过去只能由国营企

① 李晨阳：《军人政权与缅甸现代化进程研究（1962—2006）》，香港社会科学出版社有限公司，2009，第 329 页。

业经营的行业，尤其是向私商开放了玉石开采业。1995 年 1 月，缅甸成立了私有化委员会。缅甸国有企业私有化的方式包括拍卖、租赁或者与当地及外国投资者建立合资企业等形式，允许外国公司拥有 100% 的股权。

第四，改革金融体制，大力发展私营银行。为了适应市场经济建设的需要，1990 年 7 月以来，新军人政权对金融体制进行了重大改革。新的银行体系由中央银行、国有专业银行、私人银行以及外国银行驻缅办事处组成。允许私人银行营业，这是 20 世纪 60 年代初以来破天荒的事情。1993年 7 月，据新颁布的《缅甸保险法》，国营保险公司不再垄断保险业，外国保险公司可以经营，1996 年 7 月又允许本国私营企业从事保险业。为了解决缅币与美元官方汇率严重偏离实际价值并影响外资和外国游客的进入问题，军政府在 1992 年出台了关于使用外汇券的政策，外汇券与美元的比价是 1∶1，这在一定程度上减少了外国投资者的损失，也方便了国外游客和需要使用外汇的缅甸百姓。后来缅甸军政府改变了过去只许国有银行经营外汇业务的规定，先后批准了 7 家私营银行从事外汇业务，以加大金融机构对外汇的调控能力。

第五，开放边贸，扩大对外贸易。1988 年 10 月，军人政权宣布边贸为合法贸易，规定除国家明令禁止的武器、毒品、易制毒化学品和黄色淫秽制品外，其余商品都可以通过边境进行自由贸易，缅甸政府的关税收入也随之迅速增加。边贸的开放使得原来以走私和黑市形式存在的非法贸易获得了合法性，使缅甸的商品流通趋于活跃。到 1992 年，缅甸国内市场上约 2/3 的日用品是通过边贸流入缅甸的，而缅甸大宗的农副产品也以边贸的方式销往周边国家。1997 年 11 月，缅甸政府又将边贸纳入正常的贸易轨道。从 1997 年 11 月 26 日开始，缅甸政府根据 "以出定进、进出平衡、等值进出" 的原则，开始在边贸中实行许可证制度，并由用邻国货币结算改为统一用美元结账。在开放边贸的同时，缅甸军政府努力扩大对外贸易规模，尤其是注重增加出口，以获取紧缺的外汇。

第六，大力发展农业、工业和旅游业等主要部门的经济。新军人政权上台后，将农产品统购政策改为收取农业税，并允许农民把剩余的农产品拿到自由市场上出售，这在一定程度上调动了广大农民的积极性。从 1999年 1 月开始，政府把全国 6 个邦/省共 46.74 万公顷的荒地、沼泽地免费租赁给私人种植，并提供了相关的诸多优惠政策。为了促进民族工业的增长，新军人政府通过建立工业区，给予企业在一个期限内对某类产品免税或减税的优待。1995 年政府成立了缅甸工业发展委员会和缅甸工业发展工作委员会，主要职责是发展以农业为基础的工业、提高工业产品的数量和质量、增加机器设备等新型产品的产量、向工业化国家过渡创造合适的条件等。为发展旅游业，1990 年军政府将国外游客在缅甸停留时间由原来的 7 天延长到 14 天，之后又延长到 28 天，并将曼德勒开辟为缅甸第二个航空入境口岸，将各使领馆办理旅游签证的时间缩短为 24 小时。私人被允许投资办旅馆和经营旅游业，在外资的帮助下一批星级饭店建立，从而大大改善了缅甸的旅游接待能力。

在新军人政权执政时期，缅甸经济改革取得一定成效，经济社会有所发展，重要的农产品、石油天然气产量、电力生产、外资外贸总量以及外汇储备等都获得了较好的增长。但由于这一时期缅甸经济改革的基础不深，加之西方制裁、国内政局不稳等因素的影响，缅甸经济积贫积弱的状况没有得到改变，缅甸仍然是东南亚最为贫困和发展水平最低的国家之一。

（四）民选政府上台后的缅甸经济

2010 年 11 月，缅甸举行 1990 年以来的再次大选，实现了从军人政府向民选政府的成功过渡。2011 年 4 月 1 日，缅甸吴登盛领导的巩发党政府正式开始运转，在推进政治民主化进程的同时，对经济进行大刀阔斧的改革。2015 年，杜昂山素季领导的民盟在大选中以压倒性优势获得胜利，并于 2016 年 4 月 1 日上台执政。民盟上台后，在推动民族和解的同时加快推进经济改革，积极改善投资环境。

1. 巩发党执政时期

巩发党政府上台以来对经济的改革力度前所未有，改革成效也十分明显，GDP 保持 6%～8% 的增长速度，是缅甸独立以来最好的增长水平；西方逐步放松对缅制裁，并显示出对缅投资的较高热情。

（1）实行国家宏观调控的市场经济政策，强化工业发展的重要性，引导外资从资源领域转向生产领域。2011 年 8 月吴登盛总统在国家经济发展改革会议上指出，缅甸经济发展战略由"以农业为基础全面发展其他产业的经济政策"向"进一步发展农业，建设现代化的工业国家，全面发展其他经济领域"的方向转变。为促进工业发展，政府将第一工业部和第二工业部合并为工业部，并制定"第五个经济发展五年规划"，把从 2011/2012 财年开始的年均经济增长率定为 10.5%。

（2）大规模推行国企私有化，增强经济活力。新军人政府从 2010 年上半年开始实施 1995 年以来最大规模的私有化行动。民选政府掌权后继续加快私有化，采取出售、租赁等方式，推进国企的私有化。政府允许私营企业经营棕榈油、液化天然气、仰光市环城铁路等项目；向私人拍卖仰光约敏基路上的 Imperial Jade 酒店、勃固的瑞瓦吞酒店和皆梯约的皆梯河酒店等。2011 年民选政府已将 100 多个（块）建筑和土地向私人拍卖。①

（3）注重改善民生，减少贫困。巩发党政府十分重视农村贫困问题，强调加快农村地区的发展是减贫的根本途径，通过稳定粮食价格、开展乡村小额贷款、吸引外资开发土地等方式加快农村发展。同时，政府提高最低工资标准，增加公务员工资。2012 年政府将最低工资标准确定为 2 美元/日，2013 年增加至 3 美元/日。2013 年 4 月起，政府为全缅公职人员月均增加工资 2 万缅币，政府聘用的临时工则每天增加 700 缅币，加薪范围包括 120 万国家公职人员、7.4 万聘用的临时工和 76 万退休公职人员。2013 年 6 月，政府出台最低工资法，并计划制定最低工资标准。

（4）改革汇率制度，促进金融体系发展。2012 年 4 月 1 日，缅甸政府开始实施有控制的汇率浮动制，建立了中央银行能够介入并影响汇率的银行间外汇市场。外汇交易基准价被定为 820 缅元兑 1 美元，采用 800 缅元兑 1 美元的汇率对公共账目进行重新计算，对部分外汇业务和保险业务向私营的银行和保险公司开放，并出台了新的《外汇管理法》，建立由外国银行和私人银行组成的合资银行研究委员会，以进一步推动和规范金融市场的发展。

---

① 《缅甸将推动国有企业私有化》，中国驻缅甸大使馆经济商务参赞处，2017 年 3 月 24 日，http://mm.mofcom.gov.cn/article/jmxw/201703/20170302540175.shtml。

（5）放宽外贸限制，促进对外贸易发展。政府撤销了权力很大的贸易委员会，将进出口许可证审批权移交给商务部。商务部对公司注册等业务提供一站式服务，加快贸易许可证审批，提高对外贸易行政效率。政府发布多项降税计划，将8%的出口税下降为5%，拉动农、林、渔产品的对外出口；并减少边贸的进出口限制，从1999年的33种禁止边贸出口商品和15种禁止边贸进口商品分别减至13种和3种，即花麻油、棉花与棉制品、黄金、钻石、石油、象牙、珍稀动物、武器、文物等13种禁止边贸出口商品和酒、啤酒、香烟等3种禁止边贸进口商品。

（6）改善投资环境，积极吸引外资。政府重组投资委员会，要求以快捷的一站式服务方式，在短期内办结外资审批，提高投资审批效率。政府出台新的《外国投资法》及其实施细则，为外资提供了更多优惠。新法规定外国企业可享受5年免税待遇，比原有政策延长了两年，第2个5年所得税减半，对于产品出口的外资企业，商业税可适当减免；外国企业可向缅政府或政府许可的组织机构租用土地，租赁期50年，可申请2次续租，每次10年，法律保证不对外资企业进行国有化。

（7）加大环保力度，重视项目的环境影响评价。2012年3月，政府首次颁布了《环境保护法》，成立了由19个部级领导组成的部长级环保委员会，加大环境保护力度，搁置污染环境的发电厂等项目，由环保部重新修订环境质量标准，并对环境影响评估进行规范。《环境保护法》规定，对环境有影响的项目，需向环保部提出项目许可申请，环保部对申请进行审查后决定是否发放项目许可；项目获得许可后，需对可能的环境污染风险进行投保。

2. 民盟执政时期

民盟政府上台后，以民族和解为首要任务，继续加快经济改革，推出了12项经济政策和新的《缅甸投资法》等政策法规，并加大私有化改革步伐，大力扶持中小企业的发展。民盟执政一年以来，缅甸经济取得一定程度的发展，西方国家进一步放松对缅制裁，重新赋予缅甸贸易普惠制待遇。

首先，出台12项经济新政策。2016年7月29日，民盟政府上台近4

个月后发布未来 5 年经济发展的 12 项政策，明确经济发展的首要任务是实现以人为本的可持续发展、平衡省邦之间的自然资源利用，支持民族和解与和平事业。同时，也指出未来经济发展的重点是加强对私营部门的支持，实行市场化导向制度；实施透明稳健的财政政策，稳定宏观经济；致力于基础设施发展，优先建设电力、农村道路交通和港口等关键性基础设施；支持农作物和畜牧业的发展，重振农业；增加就业机会，减少贫困和收入不平等；创造稳定的商业环境，吸引外国投资；发展职业教育，提升人力资本；改革国企，支持中小企业发展。

其次，继续加大私有化改革。2016 年，民盟政府对缅甸现有的国有企业进行审查，确定对经营不善的国有企业实行私有化，以减轻政府财政负担。2017 年 3 月，缅甸计划财政部部长吴觉温表示，除了少数核心国有企业，政府拟在 3~6 个月内将大部分国有企业和工厂私有化，并逐步考虑将部分国有企业移交给本地私企、外国私企或彻底关闭。缅甸副总统吴敏瑞也表示，今后除了重要的国营企业外，将逐步减少国企份额，促进私营企业的发展。

再次，大力扶持中小企业。为了促进经济发展，兑现竞选承诺，民盟政府十分重视中小企业的发展，并将扶植中小企业作为一项基本经济政策。2016 年，缅甸总统吴廷觉在财政委员会议上表示，政府将加快金融改革步伐，为中小企业提供更多金融支持。国际金融公司（International Finance Corporation，缩写 IFC，隶属于世界银行）已计划向缅甸、柬埔寨和老挝的私营部门援助 7000 万美元，其中 750 万美元是针对缅甸中小企业发展。[①] 此外，联合国工业发展组织（UNIDO）也表示将帮助缅甸中小企业从国际组织获得贷款。

最后，颁布新的《缅甸投资法》和《公司法》。2016 年 10 月，民盟政府通过新的《缅甸投资法》，2017 年 4 月通过投资法的实施细则。新的投资法将之前的《外国投资法》和《公民投资法》合二为一，让国内外投资者享有同等待遇，增加了所得税减免条款，同时参照国际投资准则及缅

---

① 中国驻缅甸大使馆经济商务参赞处：《世界银行将投资缅甸私营部门》，南博网，2016 年 5 月 20 日，http://www.caexpo.com/news/info/invest/2016/05/20/3661830.html。

甸与部分国家签订的双边投资条约，对之前的法律进行了补充修订，进一步规范国内外投资的操作流程，简化了投资许可证的审批流程，以提高外商投资缅甸的积极性。2017 年 12 月，政府通过新的《公司法》，取代了长达 100 多年的殖民时期制定的《公司法》，使缅甸注册公司的条件和程序大为简化。

二 宏观经济发展

缅甸新军人集团掌权后，尽管采取一系列经济改革措施，但由于发展基础薄弱、资金严重缺乏及西方制裁等原因，缅甸经济虽有所发展，但仍处于一个较低的水平。民选政府执政以来，缅甸经济取得较快发展，产业结构不断改善，国内外经济环境正处于逐步好转的过程当中。

（一）经济发展水平

民选政府上台之前，由于缺乏较为全面准确的统计资料，缅甸经济的总体发展一直较难估计，缅甸政府公布的数据明显高于亚洲开发银行、英国经济学家智库等国际机构提供的数据。例如，1999/2000 财年至 2004/2005 财年的 5 个年度中，缅甸政府公布的 GDP 增长率超过了 10%，这显然不符合缅甸实际，而亚洲开发银行的数据则客观可信得多。依据亚洲开发银行的数据，缅甸经济在 20 世纪 80 年代处于较低的增长水平，GDP 年均增长率仅为 1.8%；1988 年新军人集团上台后，推行市场经济改革，实行对外开放政策，在 90 年代缅甸经济保持较快的增长速度，GDP 年均增长率达到 5.5%；进入 2000 年后，缅甸经济增长下降，21 世纪初 GDP 年均增长率为 4.7%，到民选政府上台之前的 2010/2011 财年，缅甸 GDP 的增长率回升到 5.3%。[①] 民选政府执政的这几年，缅甸经济发展明显加快，政府公布的数据与国际机构基本一致。2011/2012 财年和 2012/2013 财年 GDP 的增长率分别达到了 5.9% 和 7.3%，2013/2014 财年 GDP 的增长率为

---

① Asian Development Bank，*Myanmar：Unlocking the Potential Country Diagnostic Study*，August 2014，p. 2.

7.8%，2014/2015 财年和 2015/2016 财年，GDP 增长率则有所下降，分别为 7.3%和 6.4%。[①] 2016/2017 财年，民盟执政的第一年，缅甸经济增长下滑，GDP 增长率仅为 5.9%。[②] 2017/2018 财年，据缅甸中央统计局的统计，缅甸 GDP 增长率为 6.8%，较上财年有明显提升。

从亚洲开发银行的数据来看，缅甸人均 GDP 在 20 世纪 80 年代和 90 年代均不超过 200 美元，2000 年后特别是 2005 年后人均 GDP 增长较快，到 2010/2011 财年人均 GDP 为 742 美元，2011/2012 财年为 900 美元，2012/2013 财年与 2013/2014 财年人均 GDP 有所下降，分别为 876 美元和 869 美元。[③] 国际货币基金组织公布的数据要高于亚洲开发银行，2010/2011 财年缅甸人均 GDP 已达 998 美元，2011/2012 财年人均 GDP 为 1120 美元，2012/2013 财年与 2013/2014 财年人均 GDP 分别为 1103 美元和 1113 美元。[④] 2014/2015 财年和 2015/2016 财年也有小幅度的增长，分别为 1150 美元和 1270 美元。[⑤]

缅甸财政收入主要来自天然气出口，其次是贸易税，而土地税、企业及个人所得税收入非常少。1988 年，缅甸的财政收入仅为 62.5 亿缅元。2011 年民选政府上台后，依据 2008 年宪法规定将税收权力下放到地方各州和地区，并推出一系列与税务相关的法律，包括新的《所得税法》《印花税法》《商业税法》等，不断完善税收制度，缅甸整体财政收入呈上升趋势。

但是，税收能力不足、财政赤字一直是缅甸宏观经济发展的主要问题。1988 年以来，缅甸的财政一直处于赤字状态，但数额并不是很大。2000 年后财政赤字逐步增加，数额巨大。根据日本财务省的报告，2012/2013 财年，缅甸财政收入占 GDP 的比重为 23.71%，支出占比为 26.15%，财政赤字占比为 2.44%；到 2015/2016 财年，缅甸财政收入占 GDP 的比重为 24.56%，支出占 GDP 的 29.85%，财政赤字占 GDP 的比重增至 5.30%；

① 资料来源：亚洲发展银行，https：//www.adb.org/countries/myanmar/economy。

② Asian Development Bank，*Asian Development Outlook 2018*，p.251.

③ Asian Development Bank，*Myanmar：Unlocking the Potential Country Diagnostic Study*，August 2014，p.2.

④ IMF，*World Economic Outlook Database*，October 2014.

⑤ 资料来源：国际货币基金组织，http://www.imf.org/external/datamapper/NGDPDPC @ WEO/OEMDC/ADVEC/WEOWORLD/MMR。

2016/2017 财年缅甸财政收入占 GDP 的比重为 20.18%，支出占 GDP 的比重为 24.09%，财政赤字占比降至 3.91%。2017/2018 财年缅甸财政收入占 GDP 的比重为 18.4%，支出占 GDP 的 22.9%，财政赤字占 GDP 的比重增至 4.52%，距离 5% 的政府红线相差无几（见表 1-3）。

由于财政赤字严重，政府举借大量外债。截至 2015 年末，缅甸外债余额为 68.4 亿美元，占 GDP 比重为 11.8%，其中短期外债 1.5 亿美元，占债务总额的 2.1%，中长期外债 63.6 亿美元，占债务总额的 92.9%。从三大债务指标来看，2015 年缅甸负债率为 11.6%，债务率 45%，偿债率 0.4%，债务负担相对较小。近年来，国际社会对其债务进行大规模减免或者重组，缅甸债务问题得以继续改善。2012 年 4 月，日本宣布免除其所欠 37 亿美元债务；2013 年 1 月，国际多边机构及巴黎俱乐部成员又对其 110 亿美元的债务进行减免或者重组。截至 2016 年 12 月 31 日，缅甸外债降至 89.90 亿美元，相比民盟政府开始执政时的 95.30 亿美元，下降了 5.40 亿美元。

表 1-3　2012~2018 年缅甸政府收入、支出和赤字占 GDP 的比重（%）

财年	2012/2013	2013/2014	2014/2015	2015/2016	2016/2017	2017/2018
收入占 GDP 比重	23.71	24.49	25.79	24.56	20.18	18.40
支出占 GDP 比重	26.15	25.71	26.99	29.85	24.09	22.90
赤字占 GDP 比重	2.44	1.22	1.20	5.30	3.91	4.52

资料来源：《缅甸财政管理改革》，第 21 页，日本财务省，https：//www.mof.go.jp/pri/。

伴随经济的快速发展，缅甸通货膨胀率也逐步提升。2001~2008 年，缅甸通货膨胀率的增长水平几乎都保持在两位数，个别年份已经超过了 20%。2009 年通货膨胀率开始下降，2012/2013 财年通货膨胀率为 2.8%。之后由于公务员加薪、电价上升和城市地产价格飙升以及食品价格上涨等，缅甸通胀压力不断增加。根据世界银行的数据，2015/2016 财年缅甸通货膨胀率升至 10%，2016/2017 财年民盟政府上台后采取了一系列措施，缅甸通货膨胀率降为 6.8%，2017/2018 财年缅甸通货膨胀率预计进一步下降至 5.2%。[①]

[①] "Myanmar Economic Monitor, October 2017," World Bank, http：//www.worldbank.org/en/country/myanmar/publication/myanmar-economic-monitor-october-2017.

　　长期以来缅甸政府规定的缅元兑美元的官方汇率与自由市场汇率一直处于严重背离状态。2012 年汇率改革前，官方规定缅元兑美元的汇率为6∶1，然而黑市汇率与官方汇率相差 100 多倍。自 2012 年 4 月 1 日缅甸中央银行实施浮动汇率制以来，缅币持续贬值，缅币兑美元汇率从 2012/2013 财年的 851.58∶1 上升到 2013/2014 财年的 966.75∶1，进入 2014/2015 财年后，缅币兑美元汇率突破 1000∶1。民盟执政一年以来，美元兑缅币汇率从财年初的 1 美元兑换 1216 缅元升至财年末的 1 美元兑换 1326缅元，缅币一年贬值 14%。

（二）产业结构

　　缅甸是传统的农业国，农业在国民经济中占有重要地位。在 1988 年新军人政府上台时，农业在 GDP 的比重达到了 57.4%，而工业只占 9.7%。这体现出缅甸经济发展落后，产业结构很不合理的现实。随着经济的发展，缅甸产业结构不断调整，农业产值所占比重持续下降，工业产值所占比重持续上升。民选政府执政的几年来，缅甸工业比重持续上升，农业比重不断下降，服务业迅猛发展，并成为经济发展的主要动力。据世界银行公布的数据显示，缅甸三大产业占 GDP 的比重从 2013/2014 财年的 31.3%、28.6%、40.0% 发展为 2016/2017 财年的 27.2%、30.9%、41.9%。[①]

1. 农业

　　缅甸是以农业为基础的国家，约有 70% 的人口生活在农村。虽然随着经济的发展，农业在缅甸整个国民经济中的比重出现下降，但农业依然是缅甸国民经济的支柱产业，农产品的出口仍是国家创汇和财政收入的重要来源。缅甸的主要农产品可分为五大类：谷物（包括水稻、小麦、玉米、高粱等）、豆类作物、油料作物（包括芝麻、花生、向日葵、油棕等）、工业原料作物（棉花、黄麻、甘蔗、橡胶、烟草、咖啡等）以及蔬菜水果类作物。水稻种植占缅甸农业生产的主导地位，其次分别为油料作物、蔬菜水果类、豆类和工业原料作物。

---

① World Bank, *Myanmar Economic Monitor: Capitalizing on Investment Opportunities*, October 2017, p. 64.

1988 年新军人集团上台后，确定了优先发展农业的方针，采取许多积极措施促进农业发展。从 1992 年开始，政府确立了农业作为国家经济发展的基础地位，提出建设以农业为基础的工业化国家战略，并提出"提高水稻产量、满足国内对食用油的需求、扩大豆类及工业原料等出口作物种植"的农业发展方针。缅甸农业从 20 世纪 80 年代 2% 的年均增长率提高到 20 世纪 90 年代的 4.9%，农业产值从 1988/1989 财年的 437.39 亿缅元增至 2000/2001 财年的 14612 亿缅元，2000 年缅甸全国的农业净种植面积达到了 2400 多万英亩，农产品加工厂约有 190 多家，2002 年大米出口超过 90 万吨，缅甸跻身为世界大米出口国。到 2010 年，缅甸农业从业人员占全部劳动力的 64%，农产品出口创汇占出口总额的 41%。

民选政府执政以来，非常重视发展农业和发挥农业在整个国民经济中的推动作用，强调要充分利用土地资源发展农业，并提出在发展农业的基础上，带动与农业相关的农业机械制造业的发展。政府出台了《农业土地法》《空地、闲地和荒地管理法》等一系列法律，并制定发展农业的三大基本方针和五大战略措施。[1] 民盟政府上台后更为重视农业科技的发展和跨国合作。2017 年 1 月缅甸耶信农业大学与印度农业大学合作建立了农业研究教育中心。[2] 缅甸稻米协会秘书长吴耶明昂表示，将在全国建立 33 个农业服务中心。[3] 2011/2012 财年缅甸农业产值为 150631 亿缅元，2012/2013 财年农业产值增加到 157529 亿缅元，较上年增长 4.58%。2015/2016 财年，受洪灾影响，缅甸不仅大米产量减少，所有农产品产量均出现下滑。2016/2017 财年，缅甸农业逐渐从上财年的洪灾中恢复过来，农业增长预计达到 4%，高于上一财年的 3%。从长远来看，优良种源缺乏、农业

---

① 三大基本方针为：第一，按照市场规律促进农业和食品生产，争取大米生产盈余，食用油供应自给，同时积极发展主要用于出口的农产品和食品加工业；第二，扩大耕地面积，保护农民权利；第三，鼓励私营经济参与农业发展。五大战略措施为：一是保证并继续扩大农业用地；二是多方筹措资金修建农田水利设施；三是加快农业机械化发展步伐；四是指导并鼓励农民掌握先进的农业生产和管理技术；五是培育和引进并举，扩大良种种植面积。

② 《缅甸耶信农业大学和印度农业大学合作建立农业研究教育中心》，中国驻缅甸大使馆经济商务参赞处，2017 年 1 月 12 日，http：//mm. mofcom. gov. cn/article/jmxw/201701/20170102500251. shtml。

③ 《缅甸将建农业服务中心助推农业发展》，新浪财经，2017 年 5 月 9 日，http：//finance. sina. com. cn/roll/2017-05-09/doc-ifyexxhw2901699. shtml。

技术落后、主产区机械化进度缓慢等仍是限制缅甸农业发展的主要因素。

2. 工业

缅甸工业基础薄弱，加工制造业起点低、基础差、发展缓慢，一直处于十分落后的状况。重要的工业部门和较大规模的工厂主要由国家经营，私营工业投资能力弱、规模小、技术水平低，20 人以下的小企业、手工工厂占了绝大部分。主要工业有石油和天然气开采、小型机械制造、纺织、印染、碾米、木材加工、制糖、造纸、化肥和制药等，除石油、天然气开采有一定规模外，其余的工业发展慢，且门类不全。汽车、摩托车、农机、机械设备、化工产品、仪器仪表，以及家用电器、小五金、日用百货、纺织服装、药品、化妆品、食品饮料都依赖进口。

1988 年，缅甸工业各部门产值总和仅仅为农业产值的 1/4。新军人集团掌权后，在继续发展农业的同时加快工业的发展。自 1990 年开始，新军人政府致力发展面向出口的工业，主要为海产品加工、木材加工、藤制品、纺织和服装。1995/1996 财年，缅甸工业产值在 GDP 中的比重占9.9%，其中采矿业产值为 31.70 亿缅元，制造业产值为 415.9 亿缅元，建筑业产值 130.5 亿缅元。进入 2000 年以后，缅甸工业的发展相对较快。到2004 年，全国已有企业 51980 家，从业人数达 174 万，一些新兴企业开始出现，主要集中在塑料、电子产品和建材业等。1988～2005 年，缅甸建立工业区 19 个，以仰光为中心的工业有了较大发展，仰光的工业产值居全国第一位。据亚洲开发银行公布的数据，2000～2010 年，缅甸工业平均增长率接近 20%，达 18.7%。[①]

民选政府上台后，更加强化工业发展的重要性，致力于实现工业化，政府将原来的第一工业部和第二工业部合并为工业部，以提高行政工作效率。2011/2012 财年，缅甸采矿业产值为 27107 亿缅元，制造业产值为91352 亿缅元，到 2012/2013 财年采矿业和制造业产值分别增至 31584 亿缅元和 103013 亿缅元。缅甸工业产值已经从 2010/2011 财年约占 GDP 的26% 提高到 2016/2017 财年的 30.9%。

---

① Asian Development Bank，*Myanmar: Unlocking the Potential Country Diagnostic Study*，August 2014，p. 2.

3. 服务业

缅甸服务业产值在三大产业比重中比较稳定，始终保持在 30% 以上。从 1990 年以来，服务业产值占 GDP 的比重保持缓慢的提升态势。1990 年，该比重为 32.2%，2000 年为 33.1%，到 2010 年为 36.7%，2012 年为 37.5%。2016/2017 财年，服务业产值占 GDP 比重为 41.9%。总体来看，缅甸服务业发展落后，且因农业和工业的不发达，使服务业的可持续发展缺乏有力支撑而后劲不足。

（三）对外贸易

对外贸易是缅甸国民经济的重要支柱。新军人政府执政时期，缅甸对外贸易有了较大的发展。民选政府上台以来，缅甸对外贸易进一步发展，但对外贸易平衡从顺差转变为逆差。

1. 对外贸易规模

1980~1990 年的 10 年间，缅甸的出口量年平均减少 8.4%，进口量年平均减少 18.1%；出口额年平均减少 7.6%，进口额年平均减少 4.7%。1989 年缅甸的对外贸易额仅 4.06 亿美元，其中进口 1.91 亿美元，出口 2.15 亿美元。90 年代以来，缅甸对外贸易趋于发展，规模逐年扩大。1990~1999 年，缅甸的进出口总额由 13.4 亿美元增加到 34.7 亿美元，年均增长率超过了 10%。进入 2000 年后，缅甸对外贸易的增长速度更快。根据 EIU 的统计，到 2007 年缅甸对外贸易已达 99 亿美元，其中出口 63 亿美元，进口 36 亿美元。[①] 根据缅方统计，2008/2009 财年，缅甸对外贸易突破 100 亿美元，达到 113.22 亿美元；到 2010/2011 财年缅甸对外贸易超过 150 亿美元，达 152.74 亿美元。当然，21 世纪缅甸对外贸易提高的主要原因是天然气出口大幅增加所致。

民选政府上台后大力支持对外贸易的发展，不断放宽对进口、出口的限制，于 2011 年取消了贸易政策委员会，以缩减外贸审批流程。从 2016 年 6 月开始，缅甸实行"完全在线申报进出口许可证"的方式（Fully

---

① EIU, *Country Report*, Myanmar, 2008, p. 9.

Online Licensing）发放许可证，进一步加快外贸审批流程。到 2016/2017 财年，缅甸对外贸易进出口总额达 291.03 亿美元，较上财年的 277.15 亿美元增长约 5%。其中，缅甸进口 171.99 亿美元，较上一财年的 165.78 亿美元增长近 4%；缅甸出口 119.04 亿美元，较上一财年的 111.37 亿美元增长约 7%。2017/2018 财年，缅甸进出口贸易总额达到 335.22 亿美元，较上一财年增长约 15.18%。其中，进口 186.85 亿美元，增长近 8.64%；出口 148.37 亿美元，增长约 24.64%。缅甸进出口贸易状况详见表 1-4。

表 1-4　2012/2013~2017/2018 财年缅甸对外贸易发展

单位：亿美元

财年		2012/2013	2013/2014	2014/2015	2015/2016	2016/2017	2017/2018
出口	正常	68.43	84.43	82.31	65.88	70.44	93.47
	边境	21.34	27.61	42.93	45.49	48.6	54.90
	总额	89.77	112.04	125.24	111.37	119.04	148.37
进口	正常	78.3	119.33	141.39	139.73	143.44	156.73
	边境	12.39	18.27	24.94	26.05	28.55	30.12
	总额	90.69	137.6	166.33	165.78	171.99	186.85
贸易额	正常	146.73	203.75	223.7	205.61	213.88	250.19
	边境	33.73	45.88	67.87	71.54	77.16	85.02
	总额	180.46	249.63	291.57	277.15	291.03	335.22
	逆差	-0.92	-25.56	-41.09	-54.41	-52.94	-38.48

资料来源：缅甸商务部，http：//www.commerce.gov.mm/en/content/。

天然气的大量出口及限入而出的贸易政策使缅甸对外贸易保持多年的顺差。自 2006/2007~2010/2011 财年，缅甸对外贸易顺差规模都在 20 亿美元以上，使其外汇储备逐渐增加。1990 年，缅甸的外汇储备仅 4.1 亿美元，2005 年增加到 8.89 亿美元，2007 年底估计已达 22.68 亿美元。[1] 2011 年后，缅甸民选政府放松进出口限制，对外贸易开始由顺差转为逆差。2012/2013 财年，缅甸出现多年来首次逆差，逆差额为 0.92 亿美元；

---

[1]　贺圣达：《新军人集团执政以来缅甸的经济改革与经济发展（1988—2008）》，《南洋问题研究》2009 年第 3 期。

2013/2014 财年缅甸进出口大幅增长的同时贸易逆差也进一步扩大，逆差高达 25.56 亿美元。2014/2015 财年和 2015/2016 财年逆差分别为 41.09 亿美元和 54.41 亿美元。2016/2017 财年缅甸贸易赤字较上一财年减少了近1.47 亿美元，但仍达 52.94 亿美元，主要与天然气出口价格下跌有关。至 2017/2018 财年，缅甸对外贸易逆差进一步缩小，达 38.48 亿美元。

2. 边境贸易

缅甸对外贸易形式分为两种，一种是通过海关进出口的正常贸易，另一种是通过边境口岸的边境贸易，边境贸易在缅甸对外贸易中一直占有重要地位。1988 年新军人集团掌权后，为了打破西方国家的经济封锁、弥补国内物资供应不足和增加政府收入，先后与中国、泰国、印度和孟加拉国等国开放了边境贸易。1988 年 8 月，政府首先与中国签订了边贸协定，同年 10 月宣布全面开放缅中边境贸易，将木姐、南坎、九谷、滚弄、户板、清水河和八莫等地辟为边贸口岸。缅中边贸开放以来，发展较快。1994 年缅中边境贸易额已由 80 年代初的 1500 万美元猛增到 8 亿美元。1988 年 12 月，缅甸开放与泰国的边境贸易，将大其力、妙瓦底、高东定为临时性边贸口岸，1994 年 12 月又将这三个口岸正式定为永久性口岸。据泰方估计，1995 年双方边境贸易额约达 22.5 亿美元。缅甸与印度、孟加拉国间的边贸始于 1988 年 12 月。缅甸政府在钦邦的德穆设立了与印度进行边贸的口岸，在若开邦的布迪当和孟都设立了与孟加拉国间的边贸口岸，缅甸与孟加拉国的经贸互补性较低，双方边贸发展不如缅甸与印度的边境贸易。截至 1996 年初，缅甸在边境地区共设立了 17 个边贸站。据缅甸官方统计，1993/1994 财年边贸出口税收达到 7240 万缅元，进口税收达到 7.36 亿缅元。1997 年以后缅甸的边贸出现紧缩状况，1998 年上半年缅甸与邻国的边贸实际上处于停滞状态。2000 年后，缅甸的边贸开始恢复，在对外贸易中的比重稳步提升。2003/2004 财年，缅甸边境贸易额为 5.11 亿美元，占其对外贸易总额的 11.2%，到 2010/2011 财年，缅甸边境贸易额为 21.30 亿美元，占对外贸易总额的 13.95%。

民选政府执政后，扩大边境贸易的进出口商品种类，边境贸易规模进一步加大，在对外贸易总额的比重增加。据缅方统计，2013/2014 财年，缅甸边境贸易较上年的 33.73 亿美元大幅增长，金额达 45.88 亿美元，其中缅甸出口 27.61 亿美元，进口 18.27 亿美元。2014/2015 财年以及 2015/2016 财年，边境贸易额分别是 67.87 亿美元和 71.54 亿美元。2016/2017 财年，缅甸与邻国边境贸易总额为 77.16 亿美元，同比增加 6.23 亿美元。2017/2018 财年，缅甸与邻国边境贸易总额为 85.02 亿美元，比上财年增加 7.86 亿美元，边境贸易额占到缅甸贸易总额的 25.36%。贸易额前三个口岸分别是木姐口岸（58.23 亿美元）、妙瓦底口岸（9.51 亿美元）、清水河口岸（5.72 亿美元）。这三个口岸的贸易额占到了缅甸边境贸易总额的 86.40%。该财年与中国相邻的木姐口岸的贸易额依旧最大，占到了缅甸边境贸易总额的 68.49%。

3. 商品结构

缅甸对外贸易商品结构十分不合理，出口商品以初级产品为主，主要有天然气、大米、玉米、各种豆类、水产品、橡胶、皮革、矿产品、木材、珍珠、宝石等，其中农产品和林产品出口占据绝对主导地位，是政府创汇的重要来源。1994/1995 财年，在对外贸易出口总额中，农产品出口 24.78 亿缅元，占 45.8%；林产品出口 12.05 亿缅元，占出口总额的 22.3%；水产品出口 6.17 亿缅元，占 11.1%。到 2016/2017 财年，缅甸农产品出口依然高达 29.28 亿美元，但是比重有所下降，占该财年出口总额的 24%。其中，大米出口 175 万吨，创汇 5.54 亿美元；豆类出口 143 万吨，创汇 14 亿美元；橡胶出口 140 万吨，创汇 2 亿美元；芝麻出口 10 万吨，创汇 1.47 亿美元；玉米出口 130 万吨，创汇 2.53 亿美元，以及各类食品出口 100 万吨，创汇 1.78 亿美元。[①]

在缅甸初级产品出口中，天然气于 1998 年首次出口，创汇 75 万美元，2001/2002 财年开始成为占首位的出口产品，该年度创汇 5.23 亿美元，2002/2003 财年创汇高达 8.46 亿美元，占当年度出口总值的 1/3。到 2012/2013 财年，缅甸出口天然气已达 36.66 亿美元，仍是缅甸出口额最大的产品，占缅甸当年出口总额的 40.8%。缅甸天然气主要出口国为泰国。据统计，2006/

---

① 《上财年缅甸农产品出口近 30 亿美元》，中国驻曼德勒总领事馆经济商贸室，2017 年 4 月 27 日，http://mandalay.mofcom.gov.cn/article/jmxw/201704/20170402566129.shtml.

2007 财年至 2011/2012 财年，缅甸出口泰国天然气收入超过 160 亿美元。2016/2017 财年，天然气仍是缅甸出口的主打产品，2016 年 4 月 1 日至 2017 年 1 月 31 日，缅甸天然气出口收入为 24 亿美元。① 因天然气出口价格的下降使得缅甸工业产品出口金额较上财年的 57.34 亿美元减少了 2.56 亿美元。

缅甸矿石和林木等资源产品的出口呈下降趋势。2010/2011 财年，缅甸矿石出口达到历史最高，为 22.74 亿美元，其中玉石出口最多，占各种矿石出口额的 97%，为 22.05 亿美元。民选政府上台后逐步限制矿产品和林产品的出口。自 2014 年 4 月 1 日起，缅甸政府开始禁止原木出口，缅甸林业产品出口额从 2011/2012 财年的 6.439 亿美元下降到 2016/2017 财年的 2.47 亿美元。2016 年缅甸投资委员会全面禁止包括矿产开采和原木采伐在内的投资项目，民盟政府执政的前 7 个月珠宝玉石出口同比就减少 4 亿美元。

2017/2018 财年，缅甸农产品出口达 30.87 亿美元，同比增长 5.41%；水产品出口额为 6.99 亿美元，同比增长 20.20%；矿产品出口额为 17.84 亿美元，同比增长 70.50%；畜牧产品出口额达 6000 万美元，较上一财年增长了 4.7 倍；林产品出口额为 2.12 亿美元，较上一财年下降 14.12%。此外，该财年缅甸工业产品出口额为 69.41 亿美元，同比增长 26.72%；其他产品出口额为 20.53 亿美元，同比增长 6.13%。

由于经济发展的需要，缅甸的进口产品以工业原材料及资本货物为主，主要进口商品为燃油、工业原料、化工产品、机械设备、零配件、五金产品和消费品。2016/2017 财年，资本类产品进口额为 69.19 亿美元，较上财年的 82.54 亿美元减少 13.34 亿美元，下降 16%；原材料进口额为 61.65 亿美元，较上财年的 48.21 亿美元增长 13.24 亿美元，增长 27%；日用品进口额为 41.26 亿美元，较上财年的 35.03 亿美元增长 6.23 亿美元，增幅为 17%。2017/2018 财年，资本类产品进口额为 66 亿美元，同比减少 4.61%；原材料进口额为 76.71 亿美元，同比增长 24.43%；日用品进口额为 44.13 亿美元，增幅为 6.95%。

① 《本财年缅甸天然气出口收入已达 24 亿美元》，中国驻缅甸大使馆经济商务参赞处，2017 年 2 月 14 日，http://mm.mofcom.gov.cn/article/jmxw/201702/20170202510973.shtml。

4. 主要贸易伙伴

在美国、欧洲解除对缅制裁前，缅甸的贸易伙伴主要为亚洲国家。1988~1990 年，缅甸主要的贸易国家是新加坡和日本。1988/1999 财年，缅甸同新加坡的贸易额为 0.285 亿美元，同日本的贸易额为 1.075 亿美元，此时缅甸同中国的贸易额仅为 950 万美元。1990 年后，缅甸与中国的贸易额开始扩大。1990/1991 财年，缅甸与中国的贸易额达到 1.70 亿美元，同日本的贸易额为 1.392 亿美元，同新加坡的贸易额为 1.654 亿美元。① 通过近几年的发展，当前缅甸主要的贸易伙伴依次为中国、泰国、新加坡、日本、印度。中国是缅甸最大的贸易伙伴、第一大进口国和第二大出口国；泰国是缅甸第一大出口国和第三大进口国，新加坡是缅甸第二大进口国。

2013/2014 财年，中缅贸易额约 70 亿美元，其中缅甸进口约 40 亿美元，出口近 30 亿美元；泰缅贸易额为 56 亿多美元，向泰国出口 43.06 亿美元，从泰国进口 13.77 亿美元；缅甸与新加坡、日本、印度的贸易额分别为 36.04 亿美元、18.09 亿美元、16.37 亿美元。据缅甸商务部统计，2016/2017 财年，中缅双边贸易总额为 108.05 亿美元，其中缅甸向中国出口 50.55 亿美元，从中国进口 57.49 亿美元，中国仍然是缅甸最大的贸易对象国；泰缅双边贸易为 42.88 亿美元，缅甸向泰国出口 22.02 亿美元，进口 20.86 亿美元；新加坡与缅甸双边贸易为 29.67 亿美元，缅甸出口新加坡商品 4.73 亿美元，进口 24.94 亿美元；日本与缅甸双边贸易为 20.32 亿美元，缅甸出口 7.84 亿美元，进口 12.48 亿美元；印度与缅甸双边贸易为 19.43 亿美元，缅甸出口 9.43 亿美元，进口 10.0 亿美元。缅甸与各国主要的进口商品品种稍有不同。缅甸从中国主要进口金属及其制品、非电子机械产品和运输设备以及电子设备等附加值较高的工业品，向中国出口的主要是玉米、大米、水产品、橡胶、芝麻等农产品；缅甸从泰国进口的主要商品是非电子机械产品和运输设备、电子机械设备、水泥、精炼石油和塑料等，向泰国出口的主要商品是天然气、水产、大米、矿石等；缅甸从新加坡进口的主要是精炼石油、非电子机械产品和运输设备、塑料等，

① Asian Development Bank，http://www.adb.org/sites/default/files/KI/2002/MYA.pdf.

向新加坡出口的主要商品是大米、鱼类等；缅甸从日本进口的主要商品是非电子机械和运输设备、仪表等，向日本出口的主要商品是服装、水产品等。

2017/2018 财年中国依旧是缅甸最大的贸易伙伴，贸易总额为 117.86 亿美元，其中缅甸向中国出口 50.55 亿美元，从中国进口 57.49 亿美元。该财年，新加坡与缅甸双边贸易额为 38.38 亿美元，缅甸出口新加坡商品 7.53 亿美元，进口 30.85 亿美元；泰缅双边贸易额为 50.75 亿美元，缅甸向泰国出口 28.46 亿美元，进口 22.29 亿美元；日本与缅甸双边贸易额为 19.22 亿美元，缅甸出口 9.56 亿美元，进口 9.66 亿美元；印度与缅甸双边贸易额为 14.68 亿美元，缅甸出口 6.07 亿美元，进口 8.61 亿美元。

1988 年缅甸军政府上台以来，美欧长期对缅实施经济制裁，严格控制对缅出口，限制投资和贸易往来。2003~2011 年，缅甸与美国贸易额仅保持在 1 亿美元左右。缅甸民选政府上台后，美欧逐渐放松对缅经济制裁。2011/2012 财年，缅甸与美国贸易额增长至 2.93 亿美元，这是近 10 年来首次增长。2012/2013 财年，缅甸与美国的贸易额跌至 1.23 亿美元，较上一财年减少了一半。2013/2014 财年，缅甸与美国的贸易额继续下降至 1.04 亿美元。缅甸主要从美国进口非电子机械产品和运输设备、电子机械和设备以及仪表，向美国出口的商品主要是服装。随着缅甸民主改革进程的不断推进，美国进一步解除了对缅甸的制裁。美国总统奥巴马于 2016 年 10 月签署行政命令，宣布终止针对缅甸的《国家应急法》，解除了对缅甸的金融制裁和经济封锁。2016 年 11 月，时隔 27 年后缅甸重获美国贸易普惠制（GSP）待遇，普惠制实施后不仅使缅甸服装加工业受益，还会促进电子产品加工等行业的发展。据缅甸商务部的统计，2016/2017 财年缅甸对美国的贸易额达到了 6.9 亿美元，较上一财年的 1.96 亿美元，增加了 2.5 倍多。除美国外，欧盟也宣布解除对缅经济制裁，除武器外缅甸与欧盟贸易已实现正常化。

（四）宏观经济发展计划与目标

缅甸民选政府在 2011 年 3 月进行全面改革时制定了一个五年的国家发

展计划，计划的时间范围是 2012~2016 年，内容涉及经济的各个部分，具体包括地区和国家发展规划；村庄、城镇和地区发展规划；工业发展计划；投资计划；金融部门发展计划等五大方面。同时，缅甸联邦议会每年都要公布该财年的《国家计划法》，设定主要经济指标的发展目标。

2017 年 3 月，缅甸联邦议会通过民盟政府制定的《2017/2018 财年国家计划法》。该法律从 2017 年 4 月 1 日开始执行。此法规定，以 2010/2011 财年物价与服务价为基础，将 2017/2018 财年 GDP 增长目标定为 7%，各产业增长的目标分别为：农业 4.2%、肉类 3.4%、林业 34.1%、能源 3.9%、矿业与珠宝业 6.3%、工业 11%、电力 4.8%、建筑业 6.2%、交通运输业 7%、社会与管理 4.5%、租赁与其他服务业 12%、贸易 7%、通信业 4.6%、金融业 11.5%。此外，在各产业占比方面，把农业的比重由原先的 25.3% 降至 23.8%；把工业比重由原先的 34.9% 提升至 35.9%；把服务业比重由原先的 39.8% 提升至 40.3%。同时，该法以 2017/2018 财年物价和服务价为基础，把消费总额定为 653041 亿缅元、出口预期指标为 165900 亿缅元、进口预期指标为 177750 亿缅元，把人均 GDP 定为 1533205 缅元至 1710582 缅元，国营投资占总投资比例定为 21.71%，合作社投资占比定为 0.01%，私营投资占比定为 78.28%。[1]

联邦税收计划显示，2017/2018 财年税收目标额度为 65000 亿缅元左右，而 2016/2017 财年的税收目标额度为 62000 多亿缅元。如果政府能增加税收，政府面临的预算赤字将得到改善。[2]

三　主要产业的发展

自 1988 年以来，缅甸政府实施优先发展农业政策，对农业的投入较多，种植业、林业、畜牧渔业都取得了一定的发展；缅甸工业落后，石油、天然气、电力、矿业等依托资源的工业发展较快；缅甸服务业也较为

---

[1]　《政府颁布〈2017/2018 财年国家计划法〉》，金凤凰报，2017 年 4 月 25 日，http://www.mmgpmedia.com/law/21919-2017-2018。

[2]　《2017 缅甸政府公布新计划：加税 2700 亿》，缅华网，2017 年 2 月 8 日，http://www.mhwmm.com/Ch/NewsView.asp? ID=21149。

落后，金融业、旅游业、交通运输业是其中主要的服务部门。

（一）农业

1. 种植业

农业是缅甸经济的基础，而种植业则是缅甸农业中最重要的产业。由于缅甸特殊的地理位置和气候环境，使其国内种植的农作物品种多样化，有稻谷、豆类、小麦、玉米、栗子、花生、芝麻、向日葵、棉花、黄麻、油棕、橡胶、烟叶、咖啡、香料、甘蔗、辣椒、洋葱、大蒜、马铃薯等。

1988 年以来，发展粮食生产、增加水稻总产量成为缅甸农业发展的首要任务。从 1988/1989 财年到 2001/2002 财年，缅甸水稻的种植面积从1180 万英亩增加到 1578 万英亩[①]，总产量从 1318.4 万吨增加到 2098.7 万吨，分别增长了 33.7% 和 59%。[②] 到了 2005/2006 财年，缅甸水稻种植总面积多达 1790 多万英亩；2006/2007 财年，缅甸的农作物种植又有增加，其中水稻种植面积为 2000 万英亩，稻谷总产量为 3000 万吨，除了能满足国内需求外，还略有盈余。[③] 2008/2009 财年，水稻种植面积为 2014 万英亩，稻谷产量为 3301.2 万吨。而 2009~2011 年，受到恶劣气候环境的影响，缅甸的农业发展出现了大幅度的下降，原计划在 2010/2011 财年要种植稻谷近 2046 万英亩，而实际稻谷种植面积为 1600 万英亩，产量约 2090万吨。作为重要出口物资的大米，2009/2010 财年的出口量为 90 万吨，创汇 2.8 亿美元；而 2010/2011 财年出口仅为 50 万吨，出口量下降幅度接近45%。[④] 随着市场大米价格的回升，2011/2012 财年缅甸出口大米 70 万吨，远超计划的 50 万吨。2012/2013 财年缅甸大米生产形势较好，大米出口大幅增加，高达 130 多万吨，创 46 年来的最高水平。2013/2014 财年，缅甸原计划出口大米 300 万吨，由于国际市场大米价格下跌，该财年缅甸大米的产量为 1270 万吨，同比增长 15%，实际出口大米约 111 万吨，比上一财

---

① 1 英亩 = 0.405 公顷。

② Myanmar，*Facts and Figures*，2002，p. 88.

③ 贺圣达、李晨阳：《列国志·缅甸》，社会科学文献出版社，2009，第 262 页。

④ 李晨阳、祝湘辉、邹春萌：《缅甸国情报告（2011~2012）》，社会科学文献出版社，2013，第 127 页。

年减少近 26 万吨。① 2016/2017 财年缅甸大米出口 175 万吨，创汇 5.54 亿美元，较上一财年增幅达到了 40%。2017/2018 财年前 10 个月（2017 年 4 月 1 日至 2018 年 1 月 19 日），缅甸共出口大米 282 万吨，出口额达 8.76 亿美元，出口量和出口额与上财年同期的 113 万吨和 3.72 亿美元相比，均实现了翻番。中国是缅甸大米的主要出口对象国，占整个出口的 60%，剩下的分别出口至欧盟、斯里兰卡、菲律宾和非洲等。

除水稻外，缅甸其他粮食作物如玉米、小麦等的种植面积和产量都比较小，但多年来也都有较大的发展，而玉米是仅次于水稻的作物。1995 年缅甸政府开始允许玉米出口，大大刺激了农民种植玉米的积极性。玉米产量从 1989/1990 财年的 19.3 万吨，增加到 1995/1996 财年的 21.1 万吨。2006/2007 财年缅甸玉米产量已达 100 万吨。缅甸的玉米主要出口到中国、马来西亚、孟加拉国和韩国等国家。2011/2012 财年，缅甸经木姐和清水河口岸向中国出口玉米 63.1 万吨。2016/2017 财年，缅甸玉米出口 130 万吨，价值 2.53 亿美元。

自 1988 年以来，缅甸发展最快的经济作物是豆类，重点支持发展的经济作物是油料作物。2008/2009 财年，缅甸豆类种植面积为 1050 万英亩，出口达 150 多万吨。2011/2012 财年，缅甸豆类出口量达 145.27 万吨，价值 11.2 亿美元。2013/2014 财年，缅甸出口了价值 8.05 亿美元的豆类 117.83 万吨，当年超过大米并成为缅甸获取外汇最多的农产品。② 2014/2015 财年豆类已经成为缅甸仅次于天然气的第二大出口产品，达到 11.4 亿美元，占对外贸易总额的 9.1%。2016/2017 财年，缅甸豆类出口 143 万吨，出口金额 14 亿美元。2017/2018 财年，缅甸豆类出口量虽较上财年增加了 2.5 万吨，但出口额下降了 4 亿美元。

2. 林业

缅甸有着丰富的森林资源，为其林业的发展提供了良好的条件。一直以来，林业是缅甸主要创汇的经济部门之一。截至 2009 年，缅甸的森

① 《国际市场大米价格下跌导致缅甸大米出口减少》，中国驻缅甸大使馆经济商务参赞处，2014 年 4 月 28 日，http://mm.mofcom.gov.cn/article/jmxw/201404/20140400564721.shtml。

② 中国驻曼德勒总领馆经商室：《本财年缅甸豆类出口超过 110 万吨》，南博网，2014 年 3 月 26 日，http://www.caexpo.com/news/info/export/2014/03/26/3619557.html。

林覆盖面积占全国土地面积的 50.8%，其中可采伐的柚木面积约有 610 万公顷。[①] 近年来，缅甸政府立足于保护林业资源，减小了开采力度，主要林产品生产指标呈下降趋势，珍贵木材柚木及其他硬木的产量逐年减少。

自 1988 年以来，缅甸柚木及硬木的种植面积增大，产量增加。1995/1996 财年，缅甸柚木采伐量为 23 万立方米，硬木采伐量为 125 万立方米，到 1999/2000 财年的柚木产量仍为 23 万立方米，其他硬木产量为 143.9 万立方米。[②] 随后几年缅甸木材采伐量大致在这个水平上。到 2006/2007 财年，缅甸林业产品产量不断增长，出口大幅增加，其中柚木的出口成为仅次于天然气出口的第二大出口产品。当年缅甸出口柚木达 49.2 万立方米，出口硬木达 90.2 万立方米。2013/2014 财年缅甸柚木、硬木及林产品出口额为 9.47 亿美元。从 2014 年 4 月 1 日起缅甸停止原木出口，并按比例逐年减少柚木及硬木的砍伐，柚木每年砍伐量递减 15%，硬木递减 20%。2016/2017 财年缅甸全面停止木材生产，禁止砍伐政府有效管辖区内的林木。同时，为了保证出口木材的合法性，缅甸于 2017 年开始执行木材合法保证体系（MTLAS），不能证明合法性的木材将不能用于出口，只能在国内使用。2017/2018 财年，缅甸林产品出口额为 2.12 亿美元，较上一财年下降了 14.12%。

3. 畜牧渔业

缅甸的畜牧渔业主要以私人经营为主。虽然畜牧渔业的劳动力在国内劳动力总数的比重低于种植业，但创造的价值要比种植业高得多。缅甸政府允许外国公司在划定的海域内捕鱼，向外国渔船征收费用。1990 年开始同一些外国公司合资开办鱼虾生产和出口加工企业，水产品出口多个国家和地区。

缅甸的畜牧业主要是养牛、羊和猪。据不完全统计，2009/2010 财年缅甸全国养殖羊、牛、鸡、鸭等的养殖场总数已达 53 个，在内比都附近缅甸政府已规划了彬马那养殖场、累韦养殖场、达贡养殖场、敏彬养殖场、

---

① 贺圣达、李晨阳：《列国志·缅甸》，社会科学文献出版社，2009，第 261 页。

② Myanmar, *Facts and Figures*, 2002, Yangon.

边岗基养殖场等数个养殖场。截至 2012 年，缅甸全国共有牛、羊、猪等牲畜达 4300 多万头。2013/2014 财年，缅甸动物产品出口达 1542 万美元，而 2014/2015 财年和 2015/2016 财年分别为 828.7 万美元和 800.7 万美元，2016/2017 财年缅甸动物产品出口又上升为 1062.7 万美元，较上一财年增加了 262 万美元。2017/2018 财年，缅甸解除了对畜牧产品出口的限制，畜牧产品的出口额达 6000 万美元。

自 1988 年以来，缅甸水产养殖面积也呈现出逐年增长的趋势。养鱼场和养虾场的面积分别从 1995/1996 财年的不到 5 万英亩和 4.6 万英亩增长至 2005/2006 财年的 20 万英亩和 20.7 万英亩，水产量从年产 40 万吨增长至 90 万吨，增长幅度超过 1 倍。[①] 2009/2010 财年，缅甸水产养殖面积增至 44.7 万英亩，其中鱼类的养殖面积有 21.8 万英亩，虾类的养殖面积达 22.49 万英亩。[②] 缅甸全国的捕鱼量在 1995/1996 财年已达 73 万吨（海水鱼 59 万吨，淡水鱼 14 万吨），而到 1999/2000 财年，全国捕鱼量增加到 106.9 万吨，其中淡水鱼 20.8 万吨，海水鱼 86.1 万吨。2008/2009 财年，缅甸全国年水产总量约有 280 万吨，并拥有约 140 家水产品加工厂。2010/2011 财年，缅甸的水产品出口额超过 5.55 亿美元，外汇收入创新纪录，比上年同期增加 5900 万美元。该财年缅甸经木姐出口水产品 7359 万美元，经妙瓦底、果当、丹老出口 1.2448 亿美元，出口孟加拉国 1298 万美元。[③] 水产品成了边境贸易的主要出口商品，也是缅甸第四大出口创汇产品。2011/2012 财年缅甸水产品达到了 450 万吨，出口额为 6.68 亿多美元，该财年的螃蟹和鳝鱼出口量均突破指标。近年来，由于得不到必要的投资等原因，缅甸水产品出口呈逐年下滑趋势。2012/2013 财年缅甸水产品出口为 4.93 亿多美元，2013/2014 财年为 3.41 亿多美元，2015/2016 财年回升到 4.69 亿多美元。2017/2018 财年，缅甸水产口出口额为 6.99 亿美元，较上财年增长 2.3 亿美元。

---

① 《缅甸水产品生产出口呈逐年稳定增长趋势》，食品商务网，2007 年 2 月 10 日，https：//news.21food.cn/10/124702.html。

② 《缅甸农业发展情况统计》，中国驻缅甸大使馆经济商务参赞处，2010 年 7 月 7 日，http：//mm.mofcom.gov.cn/article/jmxw/201007/20100707047658.shtml。

③ 《缅甸 2010/2011 财年水产品出口创新纪录达 5.55 亿美元》，中国驻缅甸大使馆经济商务参赞处，2011 年 5 月 7 日，http：//mm.mofcom.gov.cn/article/jmxw/201105/20110507530551.shtml。

（二）工业

1. 石油天然气行业

1988 年，缅甸共发现了 10 个油气田，其中在缅甸陆地发现 7 个，近海地区发现 3 个。1989/1990 财年，缅甸石油产量为 560 万桶。此后，缅甸石油的生产经历了 10 多年的低产徘徊，直到 2000 年以后才开始回升。截至 2002 年，缅甸开采的陆地产油区共有 47 个，开设海洋产油厂 25 个。[①] 2005/2006 财年，缅甸的原油产量达 639 万桶、汽油 8432 万加仑、柴油 11395 万加仑，共有陆上输油管道 70 英里，天然气管道 1401 英里。至 2012 年，缅甸共有陆上油气管道 3168.09 公里，已开发陆上油田 31 个，海上、陆地天然气田 5 个。截至 2013 年 4 月，缅甸石油天然气公司已探明 20 块内陆石油和天然气田开采区块及 5 块近海石油和天然气区块。2014 年 3 月，缅甸以公开招标的方式对 10 块浅海油气田和 10 块深海油气田的勘探权进行转让。据统计，2013/2014 财年缅甸共招标 36 个陆地及近海油气区块，目前大部分区块已经签约。截至 2015 年 9 月底，外国企业在缅甸石油和天然气领域投资 152 个项目，投资额达 196.43 亿美元，占外商在缅甸投资的 34.16%。2016 年招标开发 26 个油气区块，其中陆地区块 13 个、近海深水区块 9 个、近海浅水区块 4 个。中国石油（CNPC）、北方石油（NORTH PETRO）以及泰国石油天然气（PTTEPI）、韩国的大宇（DAEWOO）、法国的道达尔（TOTAL）、越南石油（PETRO VIETNAM）等公司都已与缅甸签署油气勘探开发区块协议。

天然气是缅甸主要出口项目。2013/2014 财年缅甸天然气年出口额达 36 亿美元，占其出口总额近 40%。[②] 2016/2017 财年，受国际原油市场低迷的拖累，缅甸油气产出持续走低，仅 2016 年上半年天然气产量就比上年同期下降了近 30%。[③] 2016 年 4 月 1 日至 2017 年 1 月 31 日，缅甸天然气

[①] Myanmar, *Facts and Figures*, 2002, Yangon.

[②] 中国驻曼德勒总领馆经商室：《亚洲开发银行预测缅甸经济持续高增长》，南博网，2014 年 4 月 11 日，http://www.caexpo.com/news/info/industry/2014/04/11/3620379.html。

[③] 《缅甸经济监测报告》，第 15 页，缅甸数据信息统计 MMSIS，http://www.mmsis.gov.mm/sub_ menu/statistics/fileDb.jsp? code_ code＝005#。

出口收入为 24 亿美元，上年同期为 35 亿美元，同比减少 11 亿美元。根据缅甸第二个五年发展计划（从 2016/2017 财年至 2020/2021 财年），耶德纳（Yadana）、耶德贡（Yedagun）、若迪卡（Zawtika）和瑞（Shwe）等 4 个天然气田预计将生产 5000 亿立方米天然气供出口，另有 1600 亿立方米天然气在 2016/2017 财年供本国使用。[①] 缅甸天然气主要出口中国和泰国。缅甸输送天然气的管道主要有输往中国的瑞天然气管道和输往泰国的耶德纳和耶德贡天然气管道。[②] 2017 年 4 月 10 日，中缅两国签署《中缅原油管道运输协议》，历经数年建设的中缅原油管道工程正式投运。2017/2018 财年截至 2018 年 3 月 2 日，天然气出口额达 30 亿美元。缅甸国内的天然气主要用于发电，但天然气产能将在 2020~2021 年开始出现下降趋势，具有商业开采价值的新天然气田最早将于 2023~2024 年投产。因此，缅甸电力能源部部长吴温楷表示，为了满足正常的发电，将在天然气产能下降前，逐步增加液化天然气使用量。

2. 矿业

由于缅甸的勘探能力和开采能力低下，设备、技术和交通设施都很落后，其矿业发展程度一直较低，现有矿产资源利用十分有限，只有宝石、玉石的开采比较充分。1988/1989 财年至 1995/1996 财年，缅甸矿业年均增长率约达 15.2%。1995/1996 财年，矿业产值达到 9.08 亿缅元，比 1987/1988 财年增长了 111.6%；矿业生产综合指数由 1991/1992 财年的 100 上升到 182.2；矿业产值在 GDP 中占 1.3%，从业人数在全国就业总人数中占 0.66%。

2000 年以来，缅甸有些矿石产量比 20 世纪 80 年代的产量还要低，但玉石的产量却在 1999/2000 财年达到了 1000 吨，2000/2001 财年达到 1109.6 吨。宝石的产量也有所提升，1999/2000 财年产量达到 317.4 万克拉，之后几年的产量都保持在 200 万克拉左右。自 2010 年以来，由于缅甸玉石主产地克钦邦战事频发，玉石产量大幅下降。2010/2011 财年，玉石

---

① 《本财年缅甸天然气出口收入已达 24 亿美元》，中国驻缅甸大使馆经济商务参赞处，2017 年 2 月 14 日，http://mm.mofcom.gov.cn/article/jmxw/201702/20170202510973.shtml。

② 《缅甸已探明天然气储量全球排名 41》，中国驻缅甸大使馆经济商务参赞处，2014 年 6 月 18 日，http://mm.mofcom.gov.cn/article/jmxw/201406/20140600630338.shtml。

产量为 4.69 万吨，2011/2012 财年下降到 4.32 万吨，2012/2013 财年低至 1.91 万吨。而缅甸宝石的产量在 2011/2012 财年为 1339.88 万克拉，2012/2013 财年为 1310.82 万克拉。此外，缅甸的煤产量在 2011/2012 财年为 35.57 万吨，重晶石和石膏石的产量为 3.22 万吨，而在 2012/2013 财年它们的产量分别为 2.15 万吨和 3.86 万吨。[①]

矿产品也是缅甸主要的出口创汇产品之一，其中玉石出口在矿产品出口中占有很大比重。据缅甸商务部统计，2013/2014 财年，缅甸的矿产品出口升温，主要得益于玉石出口的大幅上升。该财年矿产品总出口额达 13.36 亿美元，经海运出口 7.24 亿美元，边贸出口 6.12 亿美元，其中玉石出口 20 余万吨，价值 11.82 亿美元，其他矿产品出口 25 万吨。[②] 2014/2015 财年缅甸玉石出口达到 10.08 亿美元，占对外贸易总额的 8.1%。[③] 2016/2017 财年缅甸玉石出口量明显下降，该财年上半期的玉石出口额和上财年同期相比减少了 4 亿美元。[④] 缅甸玉石主要出口地区为中国、中国香港和印度。2016/2017 财年，缅甸矿石出口额为 10.1 亿美元，较上一财年的 9.68 亿美元，增长 0.42 亿美元。为了保护环境和促进其他产业的发展，2016 年缅甸停止了包括矿产开采和原木采伐在内的投资项目。截至 2017 年 3 月 31 日，缅甸在矿产领域共批准了 71 个投资项目，投资额约为 28.97 亿美元，占外商投资总额的 4.12%。

3. 电力产业

缅甸电力产业的发展一直十分落后。1995 年初全国有近 70% 的地区没有通电。1995/1996 财年，缅甸人均发电量仅有 99.8 千瓦/小时，属世界上人均发电量最低的国家之一，电力部门产值在 GDP 中所占比重为

---

① "Ministry of National Planning and Economic Development of Myanmar," *Selected Monthly Economic Indicators*, April 2013, p. 39-41.

② 《上财年缅甸矿产品出口额超过 13 亿美元》，中国驻曼德勒总领馆经商室，2014 年 5 月 20 日，http://mandalay.mofcom.gov.cn/article/jmxw/201405/20140500593539.shtml。

③ 资料来源：德国工商总会，http://myanmar.ahk.de/uploads/media/MM_FT_stats_2014-15.pdf。

④ "Myanmar's Earning from Jade Export Declines This FY," Global New Light of Myanmar, October 28, 2016, http://www.globalnewlightofmyanmar.com/myanmars-earning-from-jade-export-declines-this-fy/.

1.0%。缅甸有四种发电渠道，即水力发电、天然气发电、火电和柴油机发电，其中以水力发电和天然气发电为主。电力发展严重依赖政府补贴，电力行业每一度电会亏损 1 美分。[①] 2012 年，缅甸能源消耗总量中，农村家庭消耗占比 58%，城市家庭消耗 8%，工业消耗 6%，贸易消耗 13%，农业消耗 2%，交通运输消耗 11%。可见，工业、农业的能源消耗量占比较小。

　　近十多年来，由于资金缺乏，缅甸政府通过与周边国家合作来促进电力产业的发展。从 1988 年 8 月到 2012 年 5 月，缅甸已建成水电站 18 座，大多为中型以上电站，装机容量达 2600 兆瓦，占缅甸总装机容量的 75%以上（见表 1-5）。

表 1-5　1988 年 8 月至 2012 年 5 月缅甸已建水电站

	电站名称	装机容量（兆瓦）	省（邦）	流域
1	布鲁桥 1 级（Baluchuang-1）	28	克耶邦（Kayah State）	巴鲁昌河
2	布鲁桥 2 级（Baluchuang-2）	168		
3	坎达（Kindah）	56	曼德勒（Mandalay Division）	Panlaung
4	赛铎吉（Sedawgyi）	25		昌玛继河
5	邦朗（Paunglang）	280		邦朗河
6	耶瓦（Yeywa）	790		密汀河
7	照济 1 级（Zawgyi1）	18	掸邦（Shan State）	照济河
8	照济 2 级（Zawgyi2）	12		照济河
9	瑞丽 1 级（Shweli1）	600		瑞丽江
10	景栋（Kengtwng）	54		邦河
11	藏都（Zaungtu）	20	勃固省（Bago. Division）	勃固河
12	耶垒（Yenwe）	25		耶垒河
13	卡邦（Kabaung）	30		卡邦河
14	水津（Shwegyin）	75		水津河

---

① 《2017/2018 预算：一个错过的机遇》，《经济学人》，2017 年 3 月 24 日，http://country. eiu. com/article. aspx？articleid＝1935255977&Country＝Myanmar&topic＝Economy。

续表

	电站名称	装机容量（兆瓦）	省（邦）	流域
15	大阪赛（Thaphanseik）	30	实皆省（Sagaing Division）	穆河
16	吉荣吉瓦（Kyeeohn Kyeewa）	74	马圭省（Magwe Division）	蒙河
17	莫恩（Mone）	75		
18	太平江 1 级（Dapein1）	240	克钦邦（Kachin State）	太平江
合计		2600		

资料来源：《缅已建成水电项目名称及装机总量》，中国驻缅甸大使馆经济商务参赞处，http：//mm. mofcom. gov. cn/article/jmxw/201206/20120608190422. shtml。

2012/2013 财年，缅甸电力发电量有所增加，达到 97.38 亿千瓦，其中水力发电量为 65.39 亿千瓦，占当年发电量的 67.15%；天然气发电量为 23.77 亿千瓦，占总发电量的 24.41%；热能发电和柴油发电的发电量分别为 7.71 亿千瓦和 0.51 亿千瓦。[1] 此外，缅甸还将坚持对自然和社会环境影响最小的原则来进一步发展水电项目。截至 2015 年 5 月，缅甸建成电站总装机容量 471.4 万千瓦，其中正在运行的水电站 30 余个，装机容量为 292.9 万千瓦，占全国发电量的 74%，燃气和火电总装机容量为 83.49 万千瓦；在建项目 58 个，总装机容量 4575.25 万千瓦；计划新建 2 个电站，总装机容量 30.5 万千瓦，年发电量 15.9 万千瓦时。中国在缅甸已投资和拟投资的水电项目超过 20 个，总装机容量达 4147.6 万千瓦。[2] 根据缅甸电力与能源部统计，截至 2015 年，缅甸输变电线路总长 3.4 万英里（约合 5.44 万公里），变电站规模为 23148 个，平均电力输送损耗约为 17%，而其他东盟成员国的平均电力输送损耗都在 10% 以下。

随着经济发展，缅甸用电需求逐年增大。目前，工业用电仍有缺口，缅甸仰光、实皆、伊洛瓦底、德林达依 4 省将分别兴建一座燃煤火力发电

---

[1] "Ministry of National Planning and Economic Development of Myanmar," *Selected Monthly Economic Indicators*, April 2013, p.38.

[2] 商务部：《对外投资合作国别指南（缅甸）》，2016，第 29 页，http：//fec. mofcom. gov. cn/article/gbdqzn/upload/miandian. pdf。

站，4座火力电站，装机容量依次为100万千瓦、60万千瓦、45万~60万千瓦和5万千瓦，由国内外公司合资兴建。

4. 加工制造业

缅甸的加工制造业种类少，规模也不大，主要包括纺织成衣、食品加工、建筑材料、制药、日用化工产品、普通机械制造与维修，有国营、合作社和私营三种类型，但私营占了绝大多数比例。

由于产业结构的层次低、规模小、技术落后等原因，缅甸的加工制造业在1988年以后的10年内发展缓慢，年均增长率不到5%。1998年以后，得益于服装业的快速发展，缅甸的加工制造业出现大幅度的增长形势，1999/2000财年增长率为14.5%，2000/2001财年高达23%，2001/2002财年下降到15.2%。① 从1988/1989财年至2010/2011财年的20多年，缅甸制糖增加8.0倍，棉纱增产5.0倍，制衣增加27.7倍，造纸增长8.1倍，水泥增产5.5倍，柴油生产增长0.9倍，手扶拖拉机和抽水机等机电产品的产量分别增长114.6倍和10.4倍。② 2011/2012财年，缅甸主要的加工制造产品中，水泥的生产量达40.28万吨，柴油的生产量达12.6万吨，成衣的生产量达988.6万件，大米、食用油和糖的生产量共有57.96万吨。2013/2014财年，缅甸的成衣出口创历史纪录，达到11亿美元。随着欧美经济制裁的解除，缅甸服装业迎来新的增长。缅甸共有400多家制衣厂，雇用了30多万劳动力。服装出口日本、欧洲、韩国、中国和美国，其中日本和欧洲的订单出货额最高。2016/2017财年缅甸服装出口额达18亿美元。③ 但缅甸制衣业的发展仍然面临诸多障碍，包括基础设施差、港口清关难、交通运输不便等。截至2017年4月30日，缅甸批准的外国独资及合资的加工制造业项目达到732个，占外国投资总额的11.03%。未来缅甸加工制造业发展前景看好，将成为外国对缅甸投资的热点领域之一。

---

① 贺圣达、李晨阳：《列国志·缅甸》，社会科学文献出版社，2009，第267页。
② 李晨阳、祝湘辉、邹春萌：《缅甸国情报告（2011~2012）》，社会科学文献出版社，2013，第146页。
③ 《缅甸4~6月服装业出口额近4亿美元》，中华人民共和国驻缅甸大使馆经商参处，2017年7月6日，http://mm.mofcom.gov.cn/article/jmxw/201707/20170702605350.shtml。

（三）服务业

1. 金融业

1988 年以前，缅甸有 4 家国有银行，即缅甸中央银行、缅甸农业银行、缅甸经济银行和缅甸对外贸易银行，金融业一直处于很低的发展水平。1989 年缅甸政府成立缅甸投资与商业银行，至今缅甸共有五家国有银行。1989/1990 财年，金融业在 GDP 中所占比重仅为 0.5%。自 1988 年以来，缅甸对银行业进行了改革和重组，开始允许私营企业从事金融业务，同时对国有银行进行了重组，建立了以中央银行为中心，以国营专业银行为主体，多种金融组织并存的金融体系。

20 世纪 90 年代，缅甸处于国外银行设立代表处的高峰期，有 50 家外资银行纷纷在缅甸设立代表处，而后因缅甸政局及政策的影响，大部分银行在几年后都从缅甸撤离了。缅甸第一家私营商业银行于 1992 年开始正式营业。截至 2000 年底，缅甸已开设了 20 家私营和合营银行，还批准了 4 家私营银行有权经营外汇业务，分别是：缅甸公民有限银行、合作社有限银行、妙瓦底有限银行和仰光首都银行。到 2002 年，缅甸已建立 21 家私营银行。其中比较活跃的是有"五巨头"之称的五大私营银行，分别是亚洲财富银行（Asia Wealth Bank，AWB）、佑玛银行（Yoma Bank）、缅甸五月花银行（Myanmar Mayflower Bank）、甘波扎银行（Kanbawza Bank）和缅甸环球银行（Myanmar Universal Bank）。[①]

2002 年下半年，缅甸处于内忧外患的动荡局势下，缅甸银行业受到了严重影响，爆发金融危机。缅甸金融系统的弊端相继显露出来，十几家从事非法集资活动的非金融机构相继倒闭。私营银行中的大量储户流失，2002/2003 财年流失量达 70%，定期存款的损失率为 29%。2002/2003 财年，缅甸银行提供给私营企业的贷款额减少了 44%，而直到 2006 年这个数额还达不到 2002 年的水平。[②] 危机过后，私营银行的原"五巨头"被

[①] 李晨阳、祝湘辉、邹春萌：《缅甸国情报告（2012~2013）》，社会科学文献出版社，2014，第 184 页。

[②] 李晨阳、祝湘辉、邹春萌：《缅甸国情报告（2012~2013）》，社会科学文献出版社，2014，第 196 页。

"四巨头"取代，即甘波扎银行、妙瓦底银行、合作社银行和缅甸第一私人银行。

2010 年 7 月，缅甸央行批准成立了 4 家新的私人银行。截至 2012 年，缅甸共有 19 家私人银行，资产合计为 4012.9 亿缅元。此外，日本、中国、孟加拉国、英国、韩国、马来西亚、法国、美国、泰国和新西兰等国家在缅甸设立了 30 个代表处，其中日本银行设立了 6 个代表处。① 2011 年 11 月，获准开展外汇交易的银行网点已遍及仰光和曼德勒等大城市的银行、购物中心和机场等，网点总数达 56 个。截至 2012 年 6 月底，缅甸各银行共发放贷款 37325.6946 亿缅元，其中商业贷款占总额的 32.14%，工业占 20.24%，服务业占 10.93%。② 2013 年，缅甸成立了由 3 家国有银行和 14 家私营银行共同建立的缅甸支付联盟。随着缅甸私营银行业的迅速发展，各银行开设的分支机构数量由 2011 年 3 月的 292 家增加至 2014 年 1 月的 658 家。通过与日本、德国、泰国、马来西亚等国金融机构以及世界银行、国际货币基金组织等国际组织的合作，缅甸中央银行正在建设现代化的银行支付和结算体系。③

缅甸金融业不发达，全国只有 30% 的成年人口能够获得金融服务，边远地区和部分农村地区基本没有银行，且只有约 20% 的中小企业能够顺利地从银行得到贷款，大多数中小企业的资金来源于亲戚朋友和顾客。④ 根据世界银行《全球营商环境报告 2017》，缅甸的经商环境排名为第 170 位，位于老挝（第 139 位）之后。该报告指出，在缅甸做生意面临最大的问题就是难以获得贷款和解决破产问题，其次就是合同履行困难。⑤ 2016 年，

---

① 《多国银行机构在缅甸设立办事处》，中国商务部网站，2012 年 5 月 8 日，http://www.mofcom.gov.cn/article/i/jyjl/j/20120508114997.shtml。

② 《缅甸商业贷款占银行放贷总额的 32%》，中国驻缅甸大使馆经济商务参赞处，2012 年 10 月 8 日，http://mm.mofcom.gov.cn/article/jmxw/201210/20121008396030.shtm。

③ 《缅甸私营银行蓬勃发展》，中国驻曼德勒总领馆经商室，2014 年 4 月 22 日，http://mandalay.mofcom.gov.cn/article/jmxw/201404/20140400561494.shtml。

④ 《中小企业依然融资困难》，《缅甸时报》，2016 年 1 月 5 日，http://www.mmtimes.com/index.php/business/18330-smes-still-struggle-to-source-financing.html。

⑤ 资料来源：《2017 全球商业环境报告》，第 8～9 页，世界银行，http://documents.worldbank.org/curated/en/820981478596203752/pdf/109949-WP-DB17-PUBLIC-Myanmar.pdf。

缅甸总统吴廷觉在财政委员会议上表示，政府将加快金融改革步伐，为中小企业提供更多金融支持。

2. 旅游业

缅甸风景优美，名胜古迹众多。秀美的自然风光，悠久的佛教古建筑，使缅甸成为独特的旅游胜地。缅甸民选政府积极吸引外资，建设旅游设施，大力发展旅游业。

自1988年以来，缅甸旅游业受到国际局势和国内政治经济环境的影响，发展非常缓慢。1989年外国游客急剧减少，仅有5044人次。1990年缅甸颁布《缅甸旅游法》，扩大对外开放，缅甸的旅游业获得了较大的发展。1994/1995财年，赴缅旅游的外国游客人数达13.23万人次，1995/1996财年为17万人次，1996/1997财年游客人数进一步增加，达31万人次。从1999年缅甸政府开始接受旅游团队的落地签证，此举推动了旅游业的发展。1999/2000财年，赴缅游客人数为43.49万人次；2000/2001财年游客人数为39.27万人次。[①] 2005/2006财年游客人数上升到66万人次。2008年受到"纳尔吉斯"风暴和金融危机的影响，赴缅的外国游客大幅下降，仅为26.1472万人次，2009年外国游客人数下滑到22.74万人次。

民选政府上台后，推行政治经济的改革，西方国家加大投资合作力度，缅甸旅游业较快发展。据缅方统计，2010/2011财年、2011/2012财年及2012/2013财年赴缅旅游的外国游客分别为31.31万人次、35.80万人次和53.57万人次。[②] 缅甸的外国游客主要以三种形式入境，分别是陆路、海路和航空。2012/2013财年，经陆路入境的外国游客人数为11.12万人次，海路仅为0.34万人次，航空入境的游客占绝大多数，达42.12万人次。[③] 自2012年6月起，缅甸在仰光国际机场开放了对美国、英国、澳大利亚、中国等26个国家和地区的游客办理落地签证，外国游客增长更快。2016年赴缅外国游客达290万人次。其中，亚洲游客占游客总数的

① 贺圣达、李晨阳：《列国志·缅甸》，社会科学文献出版社，2009，第294页。

② "Ministry of National Planning and Economic Development of Myanmar," *Selected Monthly Economic Indicators*, April 2013, pp. 89-95.

③ "Ministry of National Planning and Economic Development of Myanmar," *Selected Monthly Economic Indicators*, April 2013, p. 89.

67.9%，西欧占 18.70%，北美占 7.91%，大洋洲占 3.08%，其他地区占 2.41%。赴缅甸旅游人数前五位的国家分别是泰国、中国、日本、韩国和新加坡，其中中国游客占总人数的 14.45%。在游客性别方面，男性游客占 63%，女性游客占 37%。年龄结构方面 21~50 岁的游客数量占总数的 60%。2016 年赴缅游客消费总额达 21.97 亿美元，人均滞留时间为 11 天。2017 年，赴缅外国游客为 344 万人次，较上年增长了 18.6%。[①] 2017 年 3 月，中缅两国在缅甸首都内比都共同举办了首届中缅旅游合作论坛，希望能吸引更多中国游客赴缅旅游。

2011 年以来，缅甸国内旅游消费的增长也比较迅猛，2015 年消费额已达到 21.22 亿美元。[②] 据缅甸投资与公司管理局数据，截至 2017 年 4 月，缅甸国内资本累计投资旅游业 107 个项目、协议金额 6.73 亿美元，占投资总额的 10.55%。[③]

3. 交通运输业

缅甸的交通运输方式主要有公路、铁路、航空、内河航运和海运。自 1988 年以来，缅甸交通运输业落后的状况有所改善。1988~2002 年，缅甸政府加大了对交通基础设施的投入，共投资了 3.98 亿美元和 360.05 亿缅元修建铁路；投资 3.36 亿美元和 936.34 亿缅元修建公路和桥梁，投资 1.51 亿美元和 65.43 亿缅元建设曼德勒国际机场。但总体来看，缅甸交通基础设施建设仍然滞后。

1988 年以来，缅甸在原有公路 13635 公里的基础上，新修了 4844 公里公路，到 2001 年全国公路已达 18479 公里，加上土路和碎石路，总长约达 30000 公里。2009 年缅甸政府修建了连接仰光、内比都和曼德勒 3 个重要城市的首条高速公路。截止到 2011 年 3 月底，缅甸全国的公路总里程数已达 74067 英里，比 1988 年新增了 53519 公里。此外，缅甸国内长 188 英

---

① "Tourism to Myanmar up 18 Percent-Despite 'Ethnic Cleansing' of Rohingya," The Telegraph, https：//www.telegraph.co.uk/travel/news/tourism-to-myanmar-up-despite-rohingya-crisis/.

② 资料来源：缅甸旅游管理局，http：//www.myanmartourism.org/images/tourism-statistics/2015.pdf.

③ 资料来源：缅甸投资与公司管理局（DICA），http：//www.dica.gov.mm/sites/dica.gov.mm/files/document-files/mcil_ sector_ permit.pdf.

尺以上的桥梁共有 718 座，而长 180 英尺以下的桥梁 6248 座，其中包括新建成的横跨伊洛瓦底江的尼瓦代、马吁彬、布拉敏庭、波妙吞、阿诺耶泰、马圭、代德耶和耶德那崩等 8 座大桥。亚洲开发银行于 2016 年公布的数据显示，缅甸道路密集度是亚洲地区最低的，仅有 38.9% 的道路是铺设过的路面，人均机动车拥有率也仅为 5.7%。[①]

相对于公路来说，缅甸全国铁路的建设进展更为缓慢。1988 年，缅甸全国的铁路总里程数为 2794 英里。90 年代以来，缅甸加快了铁路建设的步伐，新修和改造了铁路 4508 公里。到 2001 年，缅甸全国的铁路总里程数达到 5400 公里。缅甸的铁路网以仰光为中心，北通至曼德勒、腊戍、密支那，南达毛淡棉，西到勃生，几乎连接了缅甸各主要城市。2010/2011 财年，缅甸铁路部门新增了多条铁路线，促进了铁路客运能力的提升。2010 年缅甸铁路客运量达 7160.2 万人次，货运量达 332.7 万吨。截至 2016 年，缅甸全国铁路总长为 5762.2 公里，拥有火车站 926 座和 436 节列车，拥有蒸汽机车 43 台，采油机车 230 台。[②]

缅甸河流众多，内河航道航线长，沿海港口较多。2010 年缅甸用于内河航运的机动船只约 320 艘，非机动船只 154 艘，浮舟码头 42 个，设有 6 个分站，约 62 条航线，年客运量约为 25 万人次；内河航运能力中货运约 65 万吨/英里；客运约 80 万人/英里。到 2016 年，缅甸内河航道约 14842.6 公里，国内码头 111 个，可供远洋货轮停靠的港口 28 个，各种船只 537 艘。[③]

缅甸航空业的规模比较小。截止到 2003 年，缅甸拥有两家航空公司，分别为缅甸航空公司和缅甸联合航空公司。国外的航运主要由在缅甸开展国际航运业务和设有机构的航空公司承担。2011 年，缅甸完成对 16 个机场的扩建、升级和延长飞机跑道等工程，缅甸全国的机场总数达到 70 多个。截至 2015 年，缅甸国内共有 17 条航线，各大型城市和旅游景点均已

---

① 《缅甸基础设施面临的挑战》，联合国，http://www.unescap.org/sites/default/files/1%20-%20Myanmar%20Infrastructure%20Challenges.pdf.

② 《对外投资合作国别（地区）指南：缅甸（2016）》，第 26 页，中国商务部，http://fec.mofcom.gov.cn/article/gbdqzn/upload/miandian.pdf.

③ 《对外投资合作国别（地区）指南：缅甸（2016）》，第 26 页，中国商务部，http://fec.mofcom.gov.cn/article/gbdqzn/upload/miandian.pdf.

经通航，并与 20 多个国家和地区建立了直达航线。①

四　外国投资

外国投资是缅甸经济发展的引擎。1988 年缅甸新军人政权制定了新的经济政策，实行对外开放，推行市场经济，先后颁布《缅甸联邦外国投资法》《缅甸联邦外国投资法实施细则》等一系列法律法规来吸引外国投资。2011 年民选政府上台后，将改善投资环境，吸引外资作为经济改革的主要内容。目前，缅甸吸引外资的规模越来越大，外商投资的领域越来越广，资金来源国也越来越多元化。

（一）吸引外资概况

缅甸拥有优越的地理环境、丰富的资源和廉价的劳动力。随着其投资环境的日益改善，极大地吸引外资企业进入缅甸市场。从 1988 年至 2017 年 4 月 30 日，缅甸共吸引外国投资 710 亿美元，外国投资较多的三大行业依次是石油与天然气、电力和制造业。②

1. 外资规模

1988 年缅甸新军人集团上台后，实行对外开放的市场经济政策，首次出台《外国投资法》及其实施细则，并成立外国投资委员会，积极吸引外资。1989 年外商投资开始陆续进入缅甸，从而改变了缅甸半个多世纪没有外国直接投资的局面。1993 年后，外国对缅甸的投资开始逐步增加。1996年缅甸的外国投资达到 28.142 亿美元。1997 年亚洲金融危机使缅甸外资受到很大影响，外国投资大幅下降。从 1998/1999 财年至 2003/2004 财年，缅甸共吸引外资 4.93 亿美元，平均每年不到 1 亿美元。截至 2004 年 3 月31 日，缅甸已吸收来自全球 25 个国家和地区的投资，已批准的投资项目

---

① 《对外投资合作国别（地区）指南：缅甸（2016）》，第 26 页，中国商务部，http://fec.mofcom.gov.cn/article/gbdqzn/upload/miandian.pdf。

② 缅甸投资与公司管理局，http://www.dica.gov.mm/sites/dica.gov.mm/files/document-files/year_sector.pdf。

共 379 项, 总额达 75. 919 亿美元。到 2005 年, 缅甸的外资创下了 1988 年对外开放以来外国对缅甸直接投资的最高纪录, 达到 60. 65 亿美元。而 2008 年全球金融风暴使缅甸吸引的外资大幅下降, 2009/2010 财年缅甸吸引外资仅为 3. 02 亿美元。

2010 年, 受缅甸大选和预期未来国内政策趋好的影响, 缅甸外国投资迅速回暖。2010/2011 财年, 缅甸吸引的外资飙升至 194 亿美元, 较上一财年增长了 64 倍。截至 2011 年 3 月 31 日, 外国对缅直接投资总额累计为 360. 54 亿美元。2011 年之后, 缅甸的外国投资规模连续下滑。2011/2012 财年缅甸吸引外资总额降为 46. 44 亿美元, 而 2012/2013 财年外国投资仅为 14. 19 亿美元。究其原因, 民选政府上台初期, 缅甸国内政治经济改革进程仍然充满不确定性, 政治与经济形势不够明朗, 安全形势难以保障, 加上基础设施不健全以及昂贵的投资成本, 使得外国投资者对缅投资持谨慎态度。到 2013 年, 国际社会尤其是周边国家加大了对缅投资力度, 缅甸的外国投资又有所回升。2013/2014 财年外资为 41. 1 亿美元, 远远高于上一财年的 14. 2 亿美元, 2015/2016 财年缅甸外资达 94. 81 亿美元。民盟政府执政的第一年, 外商对缅投资观望心理增加, 2016/2017 财年缅甸吸引外资为 66. 50 亿美元, 较上一财年减少了 28. 31 亿美元, 降幅达 29. 86%。2017/2018 财年, 缅甸的外商投资进一步下滑, 政府批准的外资总额为 57. 18 亿美元, 较 2016/17 财年减少了 9. 32 亿美元, 降幅达 14. 01%。

2. 外资投资领域

由于缅甸具有丰富的自然资源, 其中矿产资源和水力资源尤为丰富, 导致外国对缅投资主要集中在这些领域。自 1989 年以来, 外国在缅甸投资最多的 6 个领域分别为电力、石油天然气、制造业、矿产业、饭店旅游业和房地产; 其次为农业、交通通信和工业区建设等领域。尽管民选政府上台初期外国对缅甸投资规模持续下滑, 但是投资领域在不断拓展。2011 年以来, 外国投资领域扩展到制造业、运输业、农业、渔业及旅游业等领域。截至 2018 年 3 月 31 日, 外国资本在缅甸投资最多的还是石油天然气领域, 投资额为 224. 1 亿美元, 占比 29. 47%。其他排名前五位的投资领域分别是电力 (210 亿美元)、制造业 (95. 33 亿美元)、交通运输业 (90. 56 亿美元) 和房

地产业（49.76 亿美元），除了房地产业其他行业占比都超过了 10% 以上，5
个领域的投资总额占缅甸吸引外资总额的 88.08%（见表 1-6）。

表 1-6 截至 2018 年 3 月 31 日缅甸外国投资的领域分布

		批准外资额（亿美元）	占比（%）
1	石油天然气	224.1	29.47
2	电力	210.00	27.62
3	制造业	95.33	12.54
4	交通运输业	90.56	11.91
5	房地产业	49.76	6.54
6	酒店和旅游业	30.27	3.98
7	矿业	28.99	3.81
8	其他服务业	18.87	2.48
9	畜牧和渔业	5.85	0.77
10	农业	3.84	0.51
11	工业园区	2.37	0.31
12	建筑业	0.38	0.05
	合计	760.32	100

资料来源：缅甸投资与公司管理局，http：//www.dica.gov.mm/sites/dica.gov.mm/files/document-files/fdi_ sector_ 0. pdf。

与 2015/2016 财年相比，民盟执政的第一个财年外商投资变化明显。
该财年外商投资最多的领域是交通通信业，占到吸引外资总额的 46.33%；
制造业和电力行业，分别位列第二位和第三位，分别占吸引外资总额的
17.73% 和 13.68%。该财年外国投资增长最快的领域是畜牧和渔业，投资
额为 9668 万美元，较上一财年的 825 万美元增长了近 11 倍。电力行业的
投资增长仅次于畜牧和渔业，该财年该领域共吸引外资 9.10 亿美元，较上
一财年的 3.60 亿美元增长约 1.5 倍，其中包括新加坡投资 4.8 亿美元兴建
的太阳能发电项目。民盟执政的第二个财年，2017/2018 财年外国投资增
长最快的领域是房地产业，外国在该领域的投资额为 12.62 亿元，较上一
财年的 7.48 亿美元增长了 68.8%。房地产的投资增加主要体现在仰光省政
府的廉租房和勃固省的房地产项目。制造业的投资增长率仅次于房地产，

2017/2018 财年该领域共吸引外资 17.69 亿美元，较上一财年的 11.80 亿美元增长约 50%。其他领域投资额较上一财年缩水严重，尤其是畜牧和渔业以及交通运输业的外国投资额下降都超过了 70%（见表 1-7）。

表 1-7　2015~2018 年缅甸外国投资的部门

单位：百万美元

	2015/2016 财年	2016/2017 财年	2017/2018 财年	较 2016/2017 财年增长率（%）
农业	7.18	—	134.49	—
畜牧和渔业	8.25	96.68	27.66	-71.39
矿业	28.92	—	1.31	—
制造业	1065.0	1179.51	1769.18	49.99
电力	360.10	909.88	405.77	-55.40
石油天然气	4817.79	—	—	—
建筑业	—	—	—	—
交通运输业	1931.0	3081.15	901.64	-70.74
酒店和旅游业	288.40	403.65	176.77	-56.21
房地产业	728.68	747.62	1261.98	68.80
工业园区	10.00	—	34.04	—
其他服务业	235.96	231.32	1005.26	434.58
合计	9481.28	6649.81	5718.1	-14.0

资料来源：缅甸投资与公司管理局，http://www.dica.gov.mm/sites/dica.gov.mm/files/document-files/fdi_ sector_ 0.pdf。

3. 外资来源国

1988 年以来，对缅甸投资的国家可分为三类：欧美国家（包括英国、美国、法国等）、东盟国家（包括新加坡、泰国、马来西亚等）、亚洲国家（包括韩国、日本、中国内地、中国香港等）[①]。在新军人政府上台的最初几年，欧美国家对缅甸的投资总额最多，其次是东盟国家，再次是亚洲国家和地区。这种情况一直持续到 1995 年。到了 1996 年，东盟国家对缅甸的投资总额超过美国，占缅甸外资总额的 48.7%，成为缅甸外国投资的第

---

① 杨光祖：《外国对缅甸直接投资研究（1989—2005）》，硕士学位论文，云南师范大学，2008，第 24 页。

一大来源，并且此后这一比例还在逐年增大。就具体国家而言，1989～2007 年，对缅甸投资最多的 10 个国家和地区分别是泰国、英国、新加坡、马来西亚、中国香港、中国内地、法国、美国、韩国和印度尼西亚。截至 2011 年 3 月底，对缅甸投资前 5 位的国家和地区依次是中国内地（96.03 亿美元）、泰国（95.68 亿美元）、中国香港（63.08 亿美元）、韩国（29.16 亿美元）、英国（26.60 亿美元），新加坡（18.19 亿美元）列第六位。

缅甸民选政府上台以来，中国、泰国、马来西亚对缅投资明显减少，而新加坡、越南以及日本、韩国、英国等国对缅投资逐年增加。2016/2017 财年缅甸前五大外资来源国和地区分别是新加坡（38.21 亿美元）、越南（13.86 亿美元）、中国内地（4.83 亿美元）、泰国（4.23 亿美元）、中国香港（2.14 亿美元）。这五大外资来源的投资总额高达 63.27 亿美元，占该财年缅甸吸引外资总额的 95.14%。2017/2018 财年，缅甸前五大外资来源国和地区分别是新加坡（21.64 亿美元）、中国（13.95 亿美元）、荷兰（5.34 亿美元）、日本（3.84 亿美元）、韩国（2.54 亿美元）。这五大外资来源国的投资总额高达 47.31 亿美元，占该财年缅甸吸引外资总额的 82.75%。新加坡自 2012/2013 财年以来连续 6 年成为缅甸第一大外资来源国。该财年新加坡对缅投资领域主要集中在房地产业，同时也有部分欧盟国家通过新加坡对缅投资。2017/2018 财年，荷兰对缅投资额为 5.34 亿美元，较上一财年的 500 万美元增长了 106 倍。2017 年 6 月，荷兰贸易代表团完成了首次对缅甸的访问，在记者会上荷兰驻缅甸大使 Wouter Jurgens 就表示希望在农业、水资源管理、银行业、工程建造、港口开发、家具和医疗等领域与缅甸企业加强合作。

截至 2018 年 3 月 31 日，中国继续保持着缅甸第一大外资来源国的地位，中国在缅甸的累计投资总额达到了 199.50 亿美元，占缅甸外国投资总额的 26.24%。该财年新加坡在缅甸累计投资总额为 190.12 亿美元，占缅甸外国投资总额的 24.0%，仅次于中国。泰国在缅甸累计投资总额为 110.47 亿美元，占缅甸外国投资总额的 14.53%，位列第三位。缅甸外资总额居前 10 位的其他国家和地区依次是中国香港、英国、韩国、越南、马来西亚、荷兰和印度，其累计投资额分别为 78.16 亿美元、43.40 亿美元、

38.10 亿美元、21.00 亿美元、19.55 亿美元、15.28 亿美元、7.44 亿美元。外资来源国前 3 位国家的累计投资总额占缅甸吸引外资总额的 65.77%，而前 10 位投资国和地区占比高达 95.09%。在这 10 个国家和地区中有 8 个来自亚洲，其中 4 个来自东盟国家（见表 1-8）。

表 1-8　截至 2018 年 3 月 31 日缅甸外资来源前 10 位的国家和地区

		投资总额（亿美元）	占比（%）
1	中国内地	199.50	26.24
2	新加坡	190.12	24.00
3	泰国	110.47	14.53
4	中国香港	78.16	10.28
5	英国	43.40	5.71
6	韩国	38.10	5.01
7	越南	21.00	2.76
8	马来西亚	19.55	2.57
9	荷兰	15.28	2.01
10	印度	7.44	0.98

资料来源：缅甸投资与公司管理局，http://www.dica.gov.mm/sites/dica.gov.mm/files/document-files/fdi_ yearly_ by_ country.pdf。

（二）中国对缅甸的投资

中国与缅甸山水相连，是缅甸第一大外资来源国。缅甸投资委员会的数据显示，从 1988 年到 2018 年 3 月 31 日，中国企业对缅投资总额达到 199.50 亿美元，占同期缅甸政府接受外国直接投资总额的 26.24%。[①] 缅甸民选政府上台后，中国对缅投资的波动较大。

1988 年缅甸实行对外开放政策的头几年内，中国对缅甸的投资是很少的，且中国内地几乎没有资金投入缅甸，只有中国香港和澳门地区对缅有少量的投资。1990 年，中国香港对缅甸投资仅为 0.114 亿美元，占当年外

---

① 资料来源：缅甸投资与公司管理局（DICA），http://www.dica.gov.mm/sites/dica.gov.mm/files/document-files/fdi_ yearly_ by_ country.pdf。

国对缅投资总额的 4.06%；到 1992 年香港地区对缅投资仍旧保持在 1000
多万美元，同年澳门地区也开始对缅甸投资，投资金额为 0.024 亿美元。
1993 年中国内地开始投资缅甸，投资金额也较少，仅为 70 万美元，占当
年外国对缅投资总额的 0.19%。在接下来的几年里，中国（包括香港、澳
门）对缅投资金额几乎没有大的增长，而且香港和澳门地区还出现过对缅
零投资的年份。这种情况大概一直持续到 2003 年。2003 年中国（包括香
港、澳门）对缅投资有了较大幅度的增长，中国香港对缅甸累计直接投资
达 1.657 亿美元，中国内地对缅累计直接投资 0.642 亿美元。据缅甸投资
委统计，截至 2008 年 8 月 31 日，中国对缅投资共有 28 个项目获得批准，
协议总金额达 13.31 亿美元，在外国对缅甸投资的排名中由原来的第六位
跃居第四位，占外国投资总额的 8.54%。总体来看，2008 年以前中国对缅
甸投资总额规模不大，占缅甸外国投资的份额也较小，并且投资领域
较少。

　　2009/2010 财年，中国对缅投资 18.5 亿美元，首次超过新加坡，成为
对缅投资的第三大国。2010/2011 财年，中国对缅投资大量增加，使中国
超越泰国跻身为缅甸的第一大投资国。该财年中国对缅甸投资超过 80 亿美
元，主要项目包括克钦邦的两个水电站项目、从若开邦到云南省的油气管
道项目、蒙育瓦的铜矿项目等。中国对缅投资总额的 54% 是能源领域，石
油天然气占 31%，其他领域有待扩展。[1] 2011/2012 财年，中国对缅投资
43.44 亿美元，占了缅甸 46.44 亿美元外资总额的绝大部分；2012/2013 财
年，中国对缅投资大幅减少，仅为 4.07 亿美元，但仍是当年缅甸最大的外
资来源国。从总体来看，1988 年至 2013 年 1 月期间，中国对缅甸的投资
规模领先于其他任何国家和地区，占据缅甸外资总额的 33.98%，泰国和
中国香港分列第二位和第三位，占缅甸外资总额的比重分别为 22.87%
和 15.25%。[2]

　　2012 年后中国对缅投资呈下降之势，特别是在 2013/2014 财年中国对

①　李晨阳、祝湘辉、邹春萌：《缅甸国情报告（2011～2012）》，社会科学文献出版社，
2013，第 112 页。

②　"Ministry of National Planning and Economic Development of Myanmar," *Selected Monthly
Economic Indicators*, April, 2013, p. 68.

缅直接投资骤减，全年投资额在 2000 万美元上下，锐减至 2012/2013 财年（约 4 亿美元）的 1/20，与高峰时期的 2010/2011 财年（约 82 亿美元）相比还不到 1%。在投资额排名上，中国 4 年来首次让出第一宝座，跌至 10 名左右。近两年，中国对缅投资虽有所回升，但仍有波动。2015/2016 财年中国对缅投资升至 33.24 亿美元。2016/2017 财年，中国对缅甸投资降到 4.82 亿美元，占缅全年外资总额的 7.25%。2017/2018 财年，中国对缅投资又升至 13.95 亿美元，占缅全年外资总额的 24.40%。

在缅甸进行投资合作的中国企业主要有：中石油东南亚管道公司（中缅油气管道项目）、中石化（缅甸油气区块勘探项目）、中海油（缅甸油气区块勘探项目）、中国电力投资（伊江上游水电开发项目）、大唐（云南）水电联合开发有限公司（太平江一期、育瓦迪水电开发项目）、云南联合电力（瑞丽江一级水电开发项目）、汉能集团（滚弄电站项目）、长江三峡集团（孟东水电项目）、中国水电建设集团（哈吉水电站项目、勐瓦水电站承包项目）、中色镍业（达贡山镍矿项目）、北方工业（蒙育瓦铜矿项目）、中国机械进出口总公司（缅甸车头车厢厂承包项目）、中工国际（孟邦轮胎厂改造项目、浮法玻璃项目、桥梁项目、承包工程项目）、葛洲坝集团（其培电站、板其公路、承包工程项目）等。在中国对缅投资中，密松水电站、莱比塘铜矿、中缅油气管道是三大投资项目。

总体来看，缅甸民选政府执政以来，以密松电站被搁置事件为分界线，中国对缅甸的投资可以划分为两个阶段。在前一阶段，中国居对缅投资的首位，且呈现快速增长的趋势；在密松水坝建设被缅单方面搁置后，中国虽然仍居外国对缅甸投资首位，但新的对缅甸的投资大幅减少，中国对缅甸投资有所降温。

五 投资缅甸的成本

（一）水、电价格

缅甸在水电价格上对本国人和外国人实行不同的收费标准。缅甸的大中城市都有市政供水。以仰光市为例，市政府负责制定水费标准，缅甸国民用水很便宜，价格约为 55 缅币/立方米，约 0.06 美分/立方米，外国人用水价格则为 1 美元/立方米。除此之外，城市里也有相当数量的工业企业以及家庭住户使用自备水井取水。

缅甸国民用电成本相对较低，对外国人则视具体情况收费，除了电费还要收取变电器损耗费、电表保护费、功率费等多项杂费。自 2014 年 4 月起，为了减少政府对用电价格的补贴，缅甸实行新的阶梯电价，居民用电每月 100 度内 35 缅元/度，101~200 度 40 缅币/度，201 度以上 50 缅元/度；工业用电每月 500 度以内 75 缅元/度，501~10000 度 100 缅元/度，10001~50000 度 125 缅元/度，50001~200000 度 150 缅元/度，200001~300000 度 125 缅元/度，300001 度以上 100 缅元/度。缅甸水电发电成本为每度 60~70 缅元，燃气发电每度为 110 缅元，而市场电价每度为 35 缅元，国家每年需补贴电费高达 3700 亿缅元。据缅甸电力部部长吴钦貌梭表示，新标准实施后政府对用电补贴可降至 120 亿缅元。

（二）油、气价格

缅甸居民没有天然气管道，除政府公务员可以享受较低的官方价格外，普通消费者可以在黑市购买罐装天然气，2012 年黑市价格为 3500 缅元/缅斤。2015 年天然气市场价格约为 7500 缅币/缅斤，约合 4.88 美元/公斤（每缅斤约合 1.6 公斤）。自 2010 年起，缅甸政府开始推行加油站私营化。至 2016 年 3 月初，缅甸已有 261 个加油站被转让给 36 家当地私营公司。缅甸全国共有 12 家国营加油站和 1778 个私营加油站。

2012 年 11 月，缅甸 65 号汽油价格约合 3700 缅元/加仑（约 6.2 元/升），优质柴油价格为 4000 缅元/加仑（约为 6.76 元/升），普通柴油价格为 3850 缅元/加仑（6.5 元/升），92 号汽油价格为 4000 缅元/加仑（6.75 元/升），95 号汽油价格为 5000 缅元/加仑（8.45 元/升），罐装天然气市场价格一般为 3500 缅元/缅斤（约合 18 元/公斤）。但近几年缅甸油价受国际大环境的影响，波动较大，总体呈下降趋势。至 2017 年 5 月 25 日，缅甸优质柴油 710~715 缅元/升（约 3.6 元/升），普通柴油 690~695 缅元/升（约 3.5 元/升），92 号进口汽油 690~710 缅元/升（3.5~3.6 元/升），95

号进口汽油 740~745 缅元/升（约 3.8 元/升）[①]。

（三）建材价格

缅甸基础工业水平落后，建筑材料 90% 以上从中国和泰国进口，导致建筑成本居高不下，许多建筑材料价格是中国的 2 倍以上。如果是与政府合作的项目，则一般可以与业主进行协商，由对方协助提供必要的建材，不但供应有保证，而且可以享受远低于市场价格的政府优惠价格。缅甸仰光市主要建材的市场价格大致如表 1-9 所示。

表 1-9　仰光市部分基础建材市场价格

品名	规格	单位	价格（元）
钢筋	R6	吨	5760
钢筋	R6	吨	5680
钢筋	G10	吨	4920
钢筋	G16	吨	5320
钢筋	G18	吨	5320
钢筋	G20	吨	5080
钢筋	G25	吨	5000
钢筋	H、I	吨	6770
沙		立方米	48.40
青石	3/4		408.30
青石		立方米	439.74
水泥		吨	809.60
砼	C15	立方米	616
水泥砖	230 毫米×100 毫米×70 毫米	块	0.72
黏土砖	230 毫米×100 毫米×75 毫米	块	1.58
木方	JONGEL	立方米	3480

资料来源：《对外投资合作国别（地区）指南：缅甸（2016）》，第 43 页，中国商务部，http://fec.mofcom.gov.cn/article/gbdqzn/upload/miandian.pdf。

[①]　《缅甸外汇与燃油价格信息》，缅华网，http://www.mhwmm.com/Ch/NewsView.asp?ID=23464。

（四）客运与货运价格

缅甸主要依靠陆路进行货物运输。但道路条件差，运输成本高，且缺乏统一的运输费用标准。一般情况下，运费需要供需双方协商确定。此外，公路运输费用受季节性因素影响，雨季运费一般高于旱季。以仰光至内比都（全程约 400 公里）为例，20 尺货柜的运费为 500～650 美元，40 尺货柜运费为 650～960 美元，每吨散装货物的运费为 19～23 美元。

（五）劳动力资源与工资水平

缅甸劳动力资源丰富，但人均受教育程度低，高素质人才缺乏。据缅甸官方统计，年龄 15～59 岁的劳动力人口约为 3340.7 万，占全国人口总数的 59.1%。尽管劳动人口众多，但熟练工人短缺。2014 年缅甸商业调查发现，缺乏熟练劳动力是在缅做生意的最大障碍之一。在技术水平要求较高的行业，如信息技术、电信和银行部门，缅甸人力资源短缺状况更为严重。世界银行统计数据显示，缅甸中等教育入学率为 49%，高等教育入学率为 12%，均处于世界较低水平，整个国家缺乏高级管理人才和技术人才。

缅甸劳动力的整体工薪水平较低。近年来，劳动力平均工资上涨较快。截至 2016 年底，缅甸普通工人月平均工资达 10 万～20 万缅币（75～150 美元），司机、文秘等职员月平均工资达 30 万～50 万缅币（100～380 美元），高级技术人员、工程师以及金融、贸易行业从业人员工资更高。缅甸政府于 2012 年将最低工资标准定为 2 美元/日，2013 年提高至 3 美元/日。自 2015 年 9 月 1 日起，缅甸全国不分地区和工种，统一执行最低工资标准为日薪 3600 缅币（约合 2.82 美元）。自 2018 年 1 月起，缅甸国家劳工最低工资制定委员会决定将劳工最低工资标准定为 4800 缅元/日（约为 3.55 美元），并在全国范围内统一实行。此外，缅甸普遍采用 5 天 8 小时工作制，超时工作需支付加班费。在缅甸合法注册的公司需为员工支付社会保险、特殊津贴、养老金等费用，具体标准因行业而不同。但在社会保障缴款上，规定雇主必须从员工的薪水中扣除缴款，社会保障缴款必须以缅甸货币进行。2012 年的《社会保障法》还规定为员工提供一般保健、工伤和疾病补偿、产妇福利等福利。

(六) 土地、厂房、办公用房价格

缅甸不对外国人出售土地，但是外国企业或者个人可以直接租用工业区土地或者向政府申请租用政府土地，用于工业生产或者农业经营活动。工业区土地月租金为 2.8~4 美元/米^2，如租用工业区已经建成的楼房或厂房，月租金为 1~5 美元/米^2。如租用土地经营农业，土地租赁期一般为 50 年，并且可以延期，每英亩年租金为 8~15 美元。

仰光和曼德勒等大城市建有不同档次的写字楼，但数量不多，其他城市则更少，甚至没有。大城市写字楼月租金为 20~30 美元/米^2，仰光市中心办公楼租金每月高达 80~90 美元/米^2，普通地段的租金每月也高达 20~30 美元/米^2。许多外国公司选择租用酒店的房间办公，月租金 10~15 美元/米^2。也有公司租用高档民宅开展经营活动，以 100 平方米左右的房子为例，月租金在 1000~1200 美元不等。缅甸房地产中介协会也于 2013 年 10 月起制定了统一的中介服务费标准，规范房屋买卖和租赁市场。依据规定，房地产中介协会的会员须按照以下中介费标准收费：价值 1000 万缅元以上的房地产买卖，卖方须向中介公司交付 2% 服务费；价值 1000 万缅元以下的房地产买卖，卖方须向中介公司交付 3% 服务费；房屋租赁方面，房屋一个月的租金定为中介公司的服务费。

缅甸政府不允许外国人购买当地房产。2016 年 1 月缅甸议会通过新的《公寓法》，允许外籍人士在缅购买公寓。但在一栋公寓楼内，外籍人士持有公寓套数不得超过总套数的 40%。该法适用于占地面积不小于 2 万平方英尺（约合 1858 平方米），楼层数不低于 6 层的公寓楼。目前，仰光、曼德勒等大城市普通民宅对当地人售价为 30 万~60 万缅币/米^2，高档公寓或者别墅价格为 2000~8000 美元/米^2 不等。

第三节 缅甸的政治与社会环境

随着缅甸民选政府上台执政，缅甸国内政治与社会环境同军人政权统治时期相比发生了非常显著的变化，在一些具体领域的变革甚至是颠覆性的。目前在民盟政府的领导下，缅甸国内各项改革仍在持续推进，社会经济的发展前景被外界普遍看好。加强研判缅甸政治转型以来政治形势的发展趋势，掌握缅甸国内社会环境的变革大方向，对于推动中国对缅投资持续增长具有相当积极的现实意义。

一　缅甸的政治转型及其发展趋势

2010 年 11 月举行的缅甸大选，标志着缅甸政治转型进入新的阶段，也意味着军政府早些年提出的"七步走民主路线图"计划成功完成。更重要的意义还在于这次大选后巩发党上台执政标志着缅甸完成了军人政府向民选政府的权力交接，结束了缅甸近半个世纪的军政府统治。2011 年吴登盛领导的巩发党政府上台后，锐意推动改革，开启民主化改革的大幕。2016 年 4 月民盟政府上台后，也基本坚持民主化改革和发展经济并举的大方向，推出包括"百日计划"在内的一系列改革政策和方针。在巩发党和民盟两届政府的不断努力下，缅甸的政治转型总体上仍在不断推进，缅甸社会出现了一系列积极变化。但缅甸改革在取得一些成绩的同时，也出现一些新的问题。

（一）政治转型的进展

在吴登盛政府时期，缅甸基本实现了民选政府和多党制竞争的政治体制的确立。民盟上台后，在此基础上进一步加速了国内政治民主化建设，缅甸政治转型取得一系列积极成果。

1. 实现民选政府间政权的和平交接，巩固了议会制民主成果

2011 年 3 月 30 日，缅甸新当选总统吴登盛及其所有内阁成员在内比都宣誓正式就职。这一事件标志着主要由军人集团把控的缅甸国家和平与发展委员会（"和发委"）向民选政府移交了最高权力，也意味着缅甸实现了由军政府统治到民选政府执政的和平过渡，缅甸从此走向了军人政府始终坚持的"有纪律的民主"。在 2013 年 12 月公布的一份国际透明度排

名名单中，缅甸从榜单中上年度的第 177 位跃升至第 157 位，这一排名变化也表明缅甸民主化的成果得到了国际社会的普遍承认。虽然在改革开始阶段，无论是缅甸国内民众还是国际社会都普遍不看好这次选举以及其后上台的巩发党政府的执政前景，认为这不过是军人政权操纵的一场选举闹剧，但在 2011 年 3 月军人政府正式向民选政府移交权力后，缅甸国内民众以及外界对缅甸改革进程前景的看法都出现了一些积极的变化和期待。吴登盛政府执政后，国际社会对这场选举的质疑声很快减弱，民盟领导人杜昂山素季也没有对此发表更多质疑和反对的言论观点。总的来看，缅甸从军人政府向民选政府过渡过程中依然维持了军人集团的一些特殊利益，但同时也给予了缅甸社会一定的民主空间，其最终结果符合缅甸军人集团和民众的根本利益，得到了缅甸社会各阶层的总体接受。

杜昂山素季领导的民盟在 2015 年大选中获得极高民望支持，以压倒性优势获得胜利。这次大选集中反映了缅甸国内民众对民主和变革的强烈呼声，对杜昂山素季及其领导的民盟执政前景抱有很高的期望。民众更加渴望增加改革以来的"获得感"，希望 2010 年以来的这场政治改革能够为民众带来实实在在的改革红利。自 2016 年 4 月民盟政府执政以来，缅甸政治转型依然延续了良好的发展态势，民盟政府同军方关系没有显著恶化，缅甸议会政治博弈尽管偶尔出现斗争激烈的现象，但政局总体上维持了平稳局面。

2. 积极促成各政党间的政治和解，加速国内政治和解进程

2010 年 11 月大选结束后不久，缅甸当局就结束了对杜昂山素季的软禁，表达了同民盟实现政治和解的善意。此后，杜昂山素季也没有对这次大选做太多的指责和批评，基本默认了大选的结果。在获得人身自由后不久，杜昂山素季公开提出要同军政府时期的最高领导人丹瑞大将进行友好对话，表示将配合即将上台执政的巩发党的工作，以"非暴力、和平革命"为指导方针推动下一步缅甸的民主化进程。2011 年 12 月，民盟按照缅甸议会新修改的《政党注册法》正式向缅甸联邦选举委员会提交政党重新注册申请，并于次年初获准登记成为合法政党。2012 年 1 月民盟参加了议会补选，杜昂山素季高票当选议员并于 5 月 2 日正式到任。在政治转型

之初，杜昂山素季的积极和解态度是缅甸政治和解进程得以顺利启动并不断取得积极成果的重要原因。吴登盛政府通过不断扩大给予杜昂山素季的活动自由度等方式对此做出了积极回应，杜昂山素季不仅可以自由地在国内各地基本不受限制地开展各类政治活动，而且能够有机会同到访缅甸的各国政要和国际组织负责人和代表进行会晤。杜昂山素季的态度直接影响了国内其他政治力量的基本态度，使缅甸政治转型以来国内和解成为主流。2012 年 8 月 7 日，缅甸议会任命杜昂山素季为法制委员会主席，杜昂山素季开始实质性参与到改革进程中来，也标志着民盟同执政党的关系完全正常化，缅甸国内政治和解进入新的历史阶段。

2016 年 3 月，民盟获得大选胜利上台后，也始终保持同前执政党巩发党良好的党际关系，在继续推动缅甸政治改革进程等问题上两政党间达成高度共识。民盟政权体系建设充分考虑了各方力量的平衡，积极寻求缅甸国内各大政治力量的大联合。新当选的缅甸联邦议会主要负责人名单就很明显反映了民盟搭建政治和解权力架构的立场。新当选的人民院议长吴温敏来自民盟，副议长吴帝昆妙则是巩发党成员，同时他还是缅甸国内的少数民族克钦族人；民族院议长曼温凯丹是民盟的克伦族党员；民族院副议长吴埃达昂曾经是若开民族发展党主席，卸任后仍然担任该党的名誉主席。此外，包括政府部门各部长的任命以及总统、副总统人选等都体现了缅甸国内以军人集团力量、民盟为主的民主派力量以及少数民族力量的大联合。

3. 缓和同"民地武"的冲突，国内和平谈判取得新进展

吴登盛政府积极加强同缅北各支少数民族地方武装（"民地武"）的接触，致力于缓和中央政府同"民地武"之间的冲突局面。2011 年下半年开始，缅甸新政府释放出更加积极的和解善意。2011 年 8 月，吴登盛政府正式发表了愿意同缅北各少数民族势力恢复和平局面的倡议，主动邀请各支"民地武"组织派出代表参加同中央政府进行的和平谈判。同年 11 月，缅甸联邦议会成立了以吴昂当为首席代表的和谈小组，并在成立后的首次新闻发布会上宣布，计划在本届政府剩余的四年多执政期内，彻底解决缅甸国内和平问题，在和谈过程中将采取更为宽容的姿态，放下在一些争议

问题上的坚持，积极寻求各方共识。进入 2012 年后，缅甸中央政府同缅北"民地武"的和谈进入了实质性阶段。为了协调和谈中的各方立场，在 2013 年 10 月 30 日到 11 月 2 日期间，17 支"民地武"组织召集起来在缅北克钦邦首府拉咱就和谈立场等展开协调磋商，"民地武"组织之间取得了多项积极的共识。① 2014 年 8 月，缅甸政府与少数民族地方武装组织就全国停火协议草案进行了第五轮磋商，其后发表的新闻公报称，各方已取得多项共识，会议进入了协议文本起草阶段，并于 2015 年 10 月，在缅甸首都内比都举行了全国停火协议的签字仪式。吴登盛总统、国防军领导人敏昂莱总司令以及 8 个"民地武"组织的代表共同出席了签字仪式。虽然这份停火协议饱受争议（因为缅北最有实力和最具影响力的两大武装力量——克钦独立军和佤邦联合军并没有派出代表出席），但其积极意义仍然是不容否定的。从吴登盛政府开始，缅甸当局将解决"民地武"问题的思路从寄希望于武力扫平到试图通过和谈的方式政治解决，这是明显的一大进步。吴登盛时期致力于国内和平的一系列举措，为缓解国内民族冲突，推动缅甸国内和平做出了积极贡献。

2016 年民盟政府上台后，致力于推动举行"21 世纪彬龙会议"，以消除国内战争冲突，实现国内长久和平。民盟政府为了加快国内和平进程，进一步加强对和谈工作的组织领导，后组建了包括"21 世纪彬龙会议"筹委会、和平委员会、民族和解与和平中心以及"21 世纪彬龙会议"组委会等一系列相关的组织机构。民盟政府的善意得到国内大部分"民地武"组织的积极回应，这些组织大多发表了公开声明，表示将积极同民盟政府开展和谈工作，争取早日实现国内和平。值得注意的是，"21 世纪彬龙会议"是民盟政府计划定期举行的会议，民盟计划在执政期内每半年召开一次，将和谈工作机制化，为缅甸和平事业持续发挥最大积极作用。当前，在缅甸境内，缅甸国防军仍然不时与缅北的"民地武"发生摩擦和冲突，但总的来说，双方的冲突烈度和地域都属于可控范围之内，与历史上双方关系紧张时期相比，目前局势仍然处于相对平缓状态。就缅甸实现和平的前景

---

① 《缅甸政府首次与多支少数民族武装组织集体对话》，新华网，2013 年 11 月 4 日，http://news.xinhuanet.com/world/2013-11/04/c_118001596.htm。

来说，仍然有一些问题在谈判中没有得到根本解决，诸如"民地武"的最终地位、少数民族地区经济开发收益等问题仍有较大分歧，但只要双方保持积极协商态度，共同着眼于国内民众的和平渴望，相信缅甸最终能够找到一条解决民族冲突的正确道路。

4. 打破外交孤立局面，营造较好的外部发展环境

2010 年缅甸大选后，缅甸的民主化努力得到西方国家的普遍认可。随着美缅关系打开僵局，西方其他主要国家和国际组织也开始加强对缅接触，缅甸的外交局面出现了根本性改变。2010 年底，缅甸政府释放了始终被认为是亲西方的民盟领导人杜昂山素季，美国政府发表声明表示欢迎，并敦促缅甸方面做出更多实质性行动。此后，奥巴马政府开始对缅执行"务实接触"政策，进一步推动美缅关系的发展。以美国放宽对缅经济制裁为重要契机，双方不断加强外交接触和高层往来。2011 年底希拉里到访缅甸，2012 年双方互派大使。到 2013 年，缅甸总统吴登盛到访美国同奥巴马举行会谈，在缅甸新政府上台后仅用了近 2 年时间就促成了美缅关系的全面正常化。

2016 年民盟执政后，缅甸更进一步加强同西方国家的友好关系。民盟政府坚持更为平衡的大国外交政策，在改善同西方国家关系的同时，致力于加强同中国、印度以及东盟等周边国家和地区组织的关系。这些举措契合缅甸中立主义的外交传统，取得了较好的政策效果。缅甸政治转型至今，经两届政府的不断努力使得外部发展环境同军政府时期相比已经发生了根本性改变。缅甸通过走大国平衡的中立主义外交路线，实现了自身利益的最大化。实际上，在吴登盛政府和民盟政府的外交策略中，无论是向西方妥协，还是对中国示好都是想为本国争取更多发展机会，更快地融入国际社会体系当中。可以说，缅甸政治转型以来的一系列外交举措基本兼顾了各方利益，相关外交决策是缅甸政府基于国家利益的必然选择。

（二）政治转型面临的主要挑战

2015 年大选后缅甸政局总体稳定，民盟主导的各项政治经济改革也在不断推进。尽管民盟在缅甸民主转型过程中所发挥的积极作用得到缅甸国

内民众和国际社会的普遍认可，但不容忽视的是一些影响缅甸政治发展的不确定性因素依然存在。缅甸国内问题错综复杂，经济发展、族群和宗教冲突等都是迫切需要解决的问题。民盟仍然面临着如何妥善处理与军方的关系，尽快采取有效措施缓和国内民族宗教冲突愈演愈烈的趋势，继续推进国内和平进程以及回应民众要求分享改革红利的强烈呼声，这些都是新政府亟待解决的问题。

1. 民盟政府的管理和执政能力受到外界的普遍质疑

民盟在执政前的相当长一段时期内都处于被缅甸军政府强力压制的地位，并曾两度被当局强制取缔。在军人政权时期，民盟的领导人杜昂山素季长期被软禁，其组织内部出现不断松散化问题。民盟在可以正常活动的有限时间里，党支部除了在缅甸几个主要大城市得以勉强维持基本运转外，在广大的中小城镇和乡村基本没有活动。民盟 2016 年上台执政后，民盟面临一系列问题，诸如有政府部门管理经验的党内干部缺乏、党内干部人才断层、主要领导人年龄较大等。在选人用人方面，民盟对巩发党时期的旧官僚存有一些认识上的偏见，在人员使用上也出现一些问题。缅甸国内部分学者认为，民盟政府在执政人才的选拔任用上更加专断，同缅甸社会传统精英沟通较少。民盟任命的各部部长和一些省邦的长官大多是早期加入民盟的民主派人士，他们大多在军人政权时期长期受到监禁，出身多是医生、教授等专业技术人员，基本缺乏行政经验。同时，民盟政府留任了巩发党政府时期的大量基层的技术官僚，这些公务人员很多都是巩发党党员和军人政权时期的既得利益者，对民盟的一些改革措施普遍持抵制态度。在具体政策推行过程中有选择性的执行，造成民盟一些政策的实施效果大打折扣。总体来说，民盟政府没有很好地协调任命的主要地方长官同庞大的基层公务人员，特别是拥有丰富政府工作经验的中低层技术官僚的关系，导致民盟政府的各项改革措施在推进实施过程中遇到较大阻力，严重影响政策的落实和执行效果。

2. 经济领域的各项改革进程相对滞后

虽然缅甸经济发展水平较转型前有了一定发展，但普通民众的生活水平仍然没有得到根本性的改善。缅甸发展经济缺乏必要的资金技术，非常依赖外资以及国际社会提供的贷款和援助。通过吸引外资和争取国际援助加快发展缅甸经济、解决民生问题是民盟在经济领域推进改革首先要面对的问题，也是民盟兑现上台前一系列承诺必须要做的事情。就目前经济改革的进展来看，缅甸国内基础设施建设依然没有根本性改观、对外资企业的相关配套管理法规还不健全等问题，仍然严重制约着缅甸经济的进一步发展。2016年7月，民盟政府对外公布了"12点经济政策"，缅甸各界对这些政策的评价大相径庭。民盟政策支持者认为，该政策对未来经济活动的规则、法律、制度进行了进一步阐释说明，将有利于推动外国投资、扩大就业。而批评者则认为，该政策在改革内容上虽面面俱到，但重点不突出，在具体执行上缺乏可操作性，对实现的可能性持怀疑态度。客观来说，民盟提出的"12点经济政策"并不具有实际可操作性，只是提出了一些具体的目标和工作的重点，具体实施还需要更进一步的细化。

总体来看，民盟政府在经济领域的执政成效不大，更多地继承了吴登盛政府时期的经济政策，民众对民盟能否实现经济快速发展的态度也从"坚信"变为有所保留的支持。民盟政府已聘用多位外国经济咨询专家，帮助其拟定国家经济发展规划，这些外来专家所做的规划能多大程度契合缅甸国情还是一个未知数。此外，民盟经济政策的实施也面临着技术官僚的阻力，巩发党的技术官僚对民盟的政策有很大抵触。一些缅甸学者认为，这同民盟不太信任曾经参与军政府和上届政府的人士有关，在制定经济规划中基本忽略国内专家的意见，为上届政府提供政策咨询的国内专家也多被排挤。

3. 国内各派政治力量尚未就长期权力和利益分配达成共识

2015年大选后，缅甸军人集团及巩发党都承认了大选结果，但这种承认只具有相对意义。民盟上台后也意识到这一问题，并试图组建一个由民盟领导的国内各个政治派别参与、兼顾各方政治利益的联合政府。民盟对军人集团、原执政的巩发党以及少数民族政党的核心利益均给予一定照顾。但随着民盟执政地位的不断巩固，各方之间的利益协调变得更加困难，原来的政治安排中没有解决的问题，诸如同军方的潜在矛盾及如何回应少数民族利益诉求等都开始暴露出来，并逐步影响民盟政府的执政前景。在处理同军方关系的问题上，如果民盟仍然不放弃推动修宪的努力，那么必将触及军方核心利益，引发双方矛盾冲突。按照民盟公布的施政纲领，要求军队和缅甸的国防体系都置于政府行政权力管理之下，这显然是军方无法接受的。此外，大选后缅甸民间要求清算前军人政府高官以及军队高层将领的呼声不断上升，如果民盟政府不采取具体措施控制好这一舆论思潮所引发的群众性事件，将彻底恶化民盟政府同军方的关系，国内爆发大规模政治冲突的可能性将增大。

缅甸各方政治力量能否在权力分配的一些关键问题上达成共识，尚处于悬而未决的阶段。在政府和立法机构层面，民盟同军人集团力量仍然维持着较为紧张的局面，很有可能因为一些利益冲突造成新的政局不稳。倘若在此问题上各派政治力量的分歧始终无法消弭，将极有可能导致缅甸国内"民主破局"，为军人重新上台干政提供充足理由。同时，在对待少数民族及其政治诉求上，民盟政府也还没有拿出切实可行的解决办法。按照民盟的施政纲领，在民族事务方面，民盟只强调实现国内和平和民族关系和睦，对于少数民族要求建立真正的联邦制、地区资源开发利益共享以及给予"民地武"合法政治地位等主要诉求都没有明确立场。

4. 国内民族宗教冲突呈现国际化趋势

在2015年全国大选中，缅北一些少数民族地区以及若开邦的罗兴亚人都没有得到公平的投票权，这被认为是该次大选最大的瑕疵和不公平之处。随着缅甸国内民族宗教问题久拖不决，相关问题愈演愈烈，造成的影响不断扩大，出现日益国际化趋势。对于缅北的"民地武"问题，转型以来缅甸政府采取了一系列措施，但总体成效不大。2015年10月，吴登盛政府同"民地武"组织达成一份全国停火协议，但象征意义多于实际意义，缅北"民地武"中最具实力的佤联军等"民地武"并没有同政府签署这一协议。

杜昂山素季在2015年大选中承诺，将推动国内民族和解作为上台后"最优先的工作"，并召开"21世纪彬龙会议"以政治协商的方式来弥合国内各民族分歧。但就目前情况看，民盟政府推动全国和平工作进展并不如预想顺利，造成国内民族冲突的深层次问题也非短期内能解决。在罗兴亚人问题上，民盟同样处于进退维谷的境地。在 2015 年大选前后，为了争取国内占人口多数的佛教徒手中的选票，杜昂山素季刻意避免在相关问题上明确表态。民盟上台后，罗兴亚人问题仍然是摆在民盟政府面前的一大难题。要想从根本上解决这一问题，牵涉面广泛，涉及对国内民族、宗教政策等进行大幅度调整。如果不做大的调整继续沿用现行政策，民盟政府将面临国际社会、人权组织等的巨大压力；如果对现行政策进行大幅度调整，在罗兴亚人问题上做出较大让步，又将引起国内占人口多数的佛教徒的不满。如何实现缅甸国内民族宗教冲突平稳着陆，避免爆发新一轮民族宗教冲突是民盟政府需要解决的一大难题。

5. 非理性民意表达影响着缅甸政府的相关决策

政治转型以来，缅甸国内政治气氛不断宽松，民众政治参与意识不断增强，其民族主义情绪也在不断增强，一些极端民族主义思想开始不断扩大。在极端民族主义思想的煽动下，缅甸普通民众在政治参与过程中难免出现极端化和民粹主义的倾向。民主化改革以来，缅甸政府开始主动倾听民意，在内外政策制定上必然要受到这些非理性思潮的影响。在对待外资问题上，吴登盛政府时期就曾出现国内反对的民意左右政府决策的情况。甚至可以说，在针对外资项目的政府决策中，缅甸政府是用牺牲外资利益来安抚国内民意。吴登盛总统任期内，因国内舆论压力将正在施工中的密松电站搁置，因为环评等问题将莱比塘铜矿停产，泰国在缅投资的火力发电厂项目也被作废。缅甸政府只是为了顺应国内非理性民意的诉求，就随意撕毁政府同外资正式签订的项目合同，这一做法严重损害外国投资者在缅利益和缅甸的国际形象，大大挫伤外资进入缅甸投资的积极性，造成很恶劣的国际影响。民盟政府目前仍面临类似问题，在引进外资项目拉动经济增长与平衡国内非理性民意问题上，民盟政府需要审慎决策。

缅甸现已呈现出和解、改革、开放的积极发展态势，投资缅甸的政治、安全风险较过去已经大大降低。总体来看，缅甸开启政治转型的积极意义不容置疑，但这并不意味着其国内民生发展、民族宗教矛盾等一系列问题就可迎刃而解，社会经济和民众的生活水平也不会在一夜之间迈上新的台阶。从表象上看，缅甸似乎已经成为一个正常国家，但实际上军人集团仍操控着国家的实际大权,军方仍将在缅甸的转型改革中发挥重要支配作用,仍有足够的控制力左右国内政治形势,缅甸民选政府各项改革举动,仍受军人势力的掣肘。从长期看,未来缅甸的政治经济转型离不开军人的支持和推动。在努力消除军人集团影响的同时,缅甸新政府除了面临军人政权时期遗留的诸多难题有待时日破解外,还面临包括宪法改革、公民维权运动以及民族宗教冲突等一系列问题的挑战。但是,相信在缅甸各族人民及包括中国在内的周边国家和国际社会的共同努力下,缅甸未来发展前景是光明的。

二 缅甸的社会秩序与安全性

缅甸是历史悠久的佛教国家,佛教传入缅甸已有 2000 多年历史。缅甸佛教徒占全国人口多数,佛教氛围浓厚,佛教教义深深植根于缅甸民众的心里。佛教教导人们要积德行善,相信因果轮回,告诫信众要安于贫困,把现世的生活状态归结于前世的修行和福报,所以缅甸民众普遍性格平和,国内较少发生绑架、杀人、纵火等恶性案件。总体而言,缅甸社会环境比较祥和,社会秩序和治安较好,外国投资者来缅后只要充分尊重当地的佛教传统,基本可以放心地在缅经商和生活。

缅甸政治转型以来,民主化改革成效明显,政治呈现多元化,社会矛盾也不断复杂化。随着缅甸政府对舆论领域的管控不断放宽,民族主义思潮正在缅甸国内悄然兴起,各种社会组织在缅甸逐渐活跃起来,社会秩序开始出现震荡。一些在野党和国内 NGO 等组织为了"搏出位",开始走上街头,积极组织游行示威,煽动工人维权行动,以争取选票或是谋取其他政治和经济利益。2016 年缅甸民盟政府上台后,对社会各方面的管控能力明显比军政府时期弱,甚至比吴登盛政府时期更加宽松,缅甸的 NGO 进入新的历史发展时期。目前,缅甸国内 NGO 涉及的领域更为广泛,在缅甸社会的影响力不断增强,成为一支不可忽视的新兴重要政治力量。这些组织非常活跃,发动了争取人身自由、言论出版自由和民主人权的运动,改变了原来军政府时期的社会生态。利益的变化和争夺使缅甸可能出现各种政治力量的大规模分化组合,政治斗争将变得更加激烈,国内 NGO 组织也成为各政治力量拉拢的对象。一些 NGO 对缅甸反对中国相关活动起着推波助澜的作用。这些 NGO 大多有着西方资金支持，长期在固定的区域内活动，通过每年发布多个专题报告、公开信并召开研讨会等形式，彼此间互相呼应帮台并趋于网络化，对缅甸民众甚至缅甸政府都有较大的影响力，有时还会卷入缅甸国内的政治斗争当中。

由于缅甸民主化进程的迅速推进，现党派众多，且十分活跃。一些中小在野党为赢得民众支持，试图通过迎合政治转型以来不断发展的国内民族主义思潮，要求重新审查缅甸前政府签订的资源合作项目，以赢得更多民意支持博取自身政治利益。例如，以若开民族发展党等为首的缅甸民族民主政党，有着较强的民主主义和民族主义情绪，通过反对军人利益和中国投资来扩大影响力，为了抨击中缅油气管道、密松电站等大型中缅合作项目存在不透明、破坏生态等问题，曾三度向联邦议会提出议案，要求对中缅油气管道项目进行重新审议，甚至还带头组织抗议示威。[①]

另外，缅甸政治转型以来，国内媒体和舆论环境也发生了重大变化。同军政府时期相比，政治转型后缅甸的新闻审查制度发生了很大变化，审核标准变得更加宽松。2011 年缅甸临时新闻委员会废除了报纸杂志必须在出版前送有关部门审核的规定，2014 年缅甸议会又通过了《媒体法案》和《印刷商和出版商监管法案》，保障新闻和出版自由。缅甸国内互联网和手机使用率的不断普及，也极大地推动了媒体信息的传播。缅甸一些民主团体、媒体及示威者渲染中国企业参与的铜矿项目存在"污染""强拆"，在缅甸掀起民间反华情绪。缅甸当地某些私营的民间新闻媒体为了寻求销量，以夸大的方式发布很多对中资企业的负面报道，有些媒体的报道将中国企业和投资者污名化为"资源掠夺者"。例如，缅甸的《七日新闻》《十一周刊》等，内容包括土地拆迁、环境保护、产品质量等。某些报道对中国及中国在缅投资存在偏见，在行文中刻意夸大歪曲事实，引起群众不满。这些媒体的销售量较大，对中国在缅企业的投资形象造成非常不好的影响。[②] 部分中国企业在缅投资时将关注点主要放在获取短期经济利益

---

① 宋清润：《当前缅甸对华认知分析》，《国际研究参考》2013 年第 6 期。

② 《中资在缅甸：不光会投资 还要会公关》，一财网，2013 年 8 月 28 日，http://www.aseanecon.com/? action-viewnews-itemid-127198。

上，而在企业社会责任、环境保护等问题上有所缺失，被缅甸国内相关媒体夸大报道后，已造成极坏的社会影响。

三 缅甸的商务文化和习俗

缅甸是个多礼节礼仪的国家，对行为礼仪有很多具体要求。缅甸绝大多数民众笃信佛教，从佛教衍生出来的各种社会行为规范渗透到社会生活的各个方面。缅甸人自幼在佛教教义的熏陶下，养成了从善积德、乐善好施、尊老爱幼、热情好客、正直诚实的性格。缅甸人普遍性情平和，安贫乐道、与世无争。

（一）礼仪与习俗

缅甸人绝大部分是佛教徒，几乎家家供有神龛，进屋前有脱鞋的习惯。这一做法除保持室内卫生之外，也是对佛祖的虔诚崇敬。缅甸人历来非常尊敬僧侣，藏红色的袈裟是人们心目中庄严、崇高、圣洁、不可侵犯的象征。乘船坐车，人们见到和尚都要起立让座；宴会、集会等场合，和尚都会被安排坐在最尊贵的位置；任何人，包括缅甸国家元首，谒见和尚都要跪足膜拜；在封建时代精通佛法的大法师有事去面见缅王时，缅王要主动让开宝座，以示尊敬。游客如果对寺庙、佛像、和尚等做出轻率的举动，会被视为极为严重的行为失当。跨坐石佛像上拍照，则是被严厉禁止的行为，如果不听劝告甚至有可能被判处刑罚。一般人决不会坐在高过和尚的座位，商客也必须"入境随俗"，在有和尚在场的宴会场合要特别注意座次问题。为了接待和尚，缅甸商人天大的事都可不管，之前约定的商务会谈只能另外改期。缅甸的"泼水节"是民间传统的新年佳节，于每年公历 4 月 13 日前后到来，一般全国上下要热烈庆祝 4 天。在"泼水节"期间，佛教徒通常大清早就赶往附近的寺庙，参加浴佛的仪式，在和尚的主持下念诵吉祥经。缅甸人相信通过向菩萨洒香水的方式，可以祈求平安，获得菩萨保佑。在"泼水节"期间，除了不允许朝着僧侣以及孕妇泼水外，可以尽情向身边任何人泼水，身上被泼水越多表示获得对方的祝福就越多。

　　缅甸人通常没有姓，只有名字，因此要在名字前加上一个称呼来表明这个人的身份。在正式的场合，男子一般自称"貌"，意思是"弟"，表示自谦，对晚辈或少年也称"貌"。对年纪较大的男性则称"吴"，意为"先生"。妇女也同样，对长辈或有地位的妇女称"杜"（姑、姨、婶之意），对晚辈或平辈称"玛"（意为姑娘、姐妹），卑称或昵称冠以"米"。凡是军人，名字都冠以"波"或军衔。缅甸人作介绍时，如果两个人性别相同、地位相当、年龄相近，先介绍谁都可以。在其他情况下，则以先介绍者为尊。通常情况下，男子和女子，先介绍女子；下级和上级，先介绍上级；小辈和长辈，先介绍长辈。缅甸人在社交和商务场合与客人见面时，一般施合十礼或鞠躬礼。在外交场合行握手礼。施合十礼时，如果戴有帽子，要摘掉夹在左腋下，然后双手合十施礼。在施合十礼时，要双脚站定，两手合掌后举至胸前倾斜。缅甸人来到僧侣、父母、师长面前时，一般要施大礼，即"五体投地礼"表示尊敬。特别是当他们正坐在地板上时，必须要施跪拜礼。若见到上述人员是比较熟悉的人，则施坐拜礼。

（二）礼仪与禁忌

　　缅甸人认为鞋是最肮脏的物品。凡神圣的地方都不能穿鞋进入，否则就会玷污圣地，遭到报应。在缅甸人的心目中，佛塔和佛寺是最神圣的地方，僧侣则是佛祖的代表，绝不能穿鞋去拜佛、登塔和见僧。外来者如果这样做，会极大地伤害缅甸人的感情。缅甸人无论做什么事都有个"男右女左"的习俗。用左手递送物品是不礼貌的。缅甸人送别人东西时，必须在星期一至星期六，星期天禁忌送物，尤其禁忌送别人衣服、沙笼等。缅甸掸族人忌讳客人上楼不脱鞋，或是未经主人允许就坐到男主人固定的座位上；忌讳客人拒绝主人待客的茶水和食物，这种行为被认为是野蛮或不懂事理；忌用竹笋、蘑菇、生菜、甜饭团待客，认为食用这些会生病。缅甸克钦族的男人，一般不愿在楼下走动，尤其是楼上有女人时，因为他们认为男子是绝不能低过女子的。他们认为，头是不可以触摸的，即使头巾也不能随便玩弄。如果有人抚摸他的头或玩弄他的头巾，则认为是对他莫大的侮辱。

到缅甸从事商务活动最重要的是要尊重当地宗教习俗。缅甸是个佛教的国度，生活中的各种礼俗都充满了浓厚的佛教色彩。信奉佛教的缅甸人，自古以来就十分崇拜榕树。在他们心目中，榕树是非常神圣的，榕树就是佛塔，他们还有崇拜乌鸦之俗，并视其为"神鸟"，普通缅甸人对乌鸦倍加爱护。他们对牛也敬若神明，在闹市遇上"神牛"，行人和车辆都要回避让路。缅甸是个落后的农业国家，农业机械化程度低，自古以来，缅甸农民与牛相依为命，牛是广大农民进行农业耕作的主要依靠。无论刮风下雨，酷暑严寒，牛总是和农民们一起在土地上耕耘，故缅甸人把牛视为"忠诚的朋友""最大的恩人"，甚至称呼它们为"儿子""女儿"。因此，很多缅甸人，尤其是缅甸农民忌吃牛肉，认为吃牛肉是一种"忘恩负义"的背叛行为。当安排宴请缅甸朋友的商务活动时，千万要问明客人是否忌吃牛肉，否则会是一种十分不礼貌的行为。

在从事商务活动时须注意，缅甸人认为在星期二做事必须做两次才能成功，所以缅甸人不喜欢在星期二谈生意。缅甸人有个风俗，每逢星期五这一天，忌讳乘船渡河。缅甸人忌在"安居期"（从缅历4月15日至7月15日）结婚、宴请、迁居、娱乐，僧人亦不得外出。此外，如果在缅甸经营企业，在重要的节日如泼水节、瓦梭月盈节、点灯节、德桑岱月盈节等节日，不仅要给员工安排放假，还应该给员工派发"红包"以示庆祝慰问，这比给员工升职加薪更能得到缅甸员工的拥戴和好感。

总体来看，缅甸的商务文化还是较为落后的，缅甸人对于加快发展本国经济，实现个人财富积累没有太强的主观意愿。他们普遍不认同"发展就是硬道理"等中国深入人心的经济发展理念，认为现世的安稳就是最好的状态。在对待外来投资上存在比较严重的理想主义情结，希望外商像救世主一样带给缅甸资金技术，促进和改善缅甸的就业状况，但是不能破坏缅甸的环境、消耗缅甸的资源。同时，在劳动技能和水平尚不达标的情况下，缅甸工人也敢于提出与熟练工和外来技术工"同工同酬"的要求。在缅甸从事商务活动，谨记"笑容与包容"，随时保持微笑，对商务活动中遇到的繁杂小问题保持耐心和体谅，对缅甸合作伙伴以礼相待，常常能取得意想不到的最佳效果。

四　缅甸政治转型对中缅经贸合作的影响

2016 年民盟上台后，国际社会对缅甸的制裁基本解除。民盟政府致力于发展本国经济，提高人民生活水平，缅甸的市场潜力和投资前景被外界普遍看好。根据 2016 年联合国贸易和发展会议发布的《世界投资报告》，联合国乐观估计缅甸在未来三年内将成为世界上吸收外资最多的国家之一，在这份名单中缅甸排名高居第 14 位。据缅方统计，中国为缅甸第一大投资来源国，累计投资额约占外商投资总额的 26.4%。从过去几年的情况来看，中国始终保持着缅甸最大贸易伙伴以及最大外资来源国地位。但与此同时，缅甸政治转型对中国在缅投资仍然造成了很大冲击，也对中缅经贸合作产生了重要影响。

（一）多元化投资格局降低了中国资本的竞争优势

2010 年以来，缅甸政治转型不断推进，经济对外开放程度也不断提升。缅甸政府相关投资政策陆续出台，西方国家企业和投资者不断进入，缅甸开始形成多元化的外商投资格局。缅甸转向大国平衡外交态势以及美印日等国在缅甸排挤中国势力，使得缅甸政府有意淡化对中国投资的依赖，试图平衡中国在缅经济影响力。随着美国解除对缅制裁，缅甸以"正常国家"身份回归国际社会大家庭，国际形象获得极大改观和提升，对外关系缓和与改善为其国内经济发展营造了良好国际氛围，拓展了多元渠道。外国投资者普遍看好缅甸市场广阔前景及未来数十年内的国内基础设施建设潜力。西方国家及包括东盟国家和日本、韩国等在内的亚洲国家持续加大对缅投资和援助力度，不断扩大在缅经贸投资领域的份额和影响力，缅甸外资来源日益多元化。与此形成鲜明对比的是，缅甸在国家经济发展上不再对中国有强烈的依赖，中国官方对缅投资规模持续缩小。在一些重大项目招投标问题上，缅甸方面有意避开中国公司，而选择其他国家的企业以平衡中国在缅投资占据优势地位的现状，逐渐消除和摆脱长期以来对中国的经济依赖。对于中国提出的"一带一路"倡议（包括其重要支点工程孟中印缅经济走廊建设）等重大合作构想，缅方基于自身国家利益和现实的经济利益考量，给予了积极的配合，但是在一些具体项目的决策和实施过程中，缅方还有很多顾虑。中缅昆明—皎漂铁路的最终搁置是这种情况的直接反映。目前，缅甸在政治上不断走向民主化，在经济上也不断走向自由开放，其政府对来自中国的投资的看法发生了巨大变化。对于过去习惯于走"上层路线"，只同缅甸政府开展合作的中国企业和投资者来说，必须根据缅甸国内新形势改变对缅投资的模式和方式，从观念到策略进行重新调整定位以适应缅甸不断变化的国内外形势。

缅甸政治转型以后，中国在缅投资项目在一定程度上已经成为缅甸政府平衡同西方国家关系的重要砝码。中国在缅投资项目屡屡遭到责难和非议，实际反映的不仅仅是中国企业在缅投资经营过程中存在的问题，更多反映的是在政治转型背景下缅甸国内外多种博弈的结果。政治转型后缅甸在对外经济合作上有了更多选项，在投资方的选择上必然会有意避免出现中国"一家独大"的状况，这就自然对中国主导缅甸外资格局的现状造成了冲击。可以肯定的是，随着缅甸民主化进程的推进，缅甸会加大利用大国竞争关系来平衡中国的影响力。过去，中国与印度之间围绕资源和影响力的竞争比较激烈，缅甸利用印度作为抗衡中国的一股力量。随着西方国家对缅态度转变，美国、日本和欧盟等国又成为缅甸可以利用的筹码，未来缅甸对中国打大国牌的可能性增加。[1] 这将对中国企业投资缅甸带来很大的影响。

（二）缅甸经济改革突显中国在缅投资行业分布存在不合理的问题

多年来中国大型国有企业在缅投资于工程性、资源能源领域。经历了20世纪70年代的资源危机、80年代和90年代的环境和社会危机后，全球舆论和社会价值观开始抵触资源业，资源被视为冲突之源，导致全球资源开发遇到空前的社会冲突危机。恰恰在这种舆论和价值观背景下，中国资源行业开始大规模试海远航，从而成为冲突的焦点。在资源聚焦的行业结

---

① 贺军：《缅甸改革及对中国在缅投资的影响》，共识网，2013 年 6 月 26 日，http：// www.21ccom.net/articles/ qqsw/zlwj/article_ 2013062686340_ 2.html。

构与发展中国家聚焦的区域结构的叠加影响下，中国海外投资潜在风险极高，更可能遭受"资源诅咒"（Resources Curse）① 效应的影响。中国在缅投资行业布局以资源板块居多的现实，使得不少缅甸人对中国在缅投资项目存在相当多的误会。② 缅甸面临比较严重的失业和贫困问题，缅甸政府最希望外国投资于能够减少贫困、提供就业机会的项目及农业发展项目。一些缅甸专家认为，在缅的外国投资给当地带来的就业机会不多，投资者对缅甸以农业为基础的工业项目投资是最有前途的。例如，近年来，日、韩和泰国等国在缅甸服装加工业的投资不断增长，缅甸政府也非常欢迎这种劳动密集型行业，在审批程序上提供了很多便利。随着大量成衣制造企业涌入缅甸，缅甸的服装出口贸易额激增，发展势头良好。过去缅甸主要向美国、日本、韩国和欧洲国家出口服装，最近几年出口市场扩张到巴西、阿根廷、南非和土耳其等世界其他国家和地区，销售市场得到进一步拓展。中资企业可以考虑更多投资一些劳动密集型等能产生大量就业的民生领域，如农业、农产品加工业、服装加工业，改变过去几年里中国对缅投资大多集中在水电、矿产、木材等资源性开发行业的状况。

（三）社会公众意识上升对中国企业在缅经营活动带来新挑战

缅甸民选政府上台后，中国与缅甸的经贸关系面临 1988 年以来最为严峻的考验。以密松电站被搁置为标志，中国在缅甸的投资普遍受到批评，成为缅甸的部分媒体、NGO 及国际舆论抨击的焦点，被冠以"掠夺资源""不履行社会责任""破坏生态""民众不能从中获利""不利于当地民族工业发展"等诸多帽子。③ 国际社会评价中缅关系进入瓶颈阶段，国内也普遍认为中缅传统的"胞波"友谊面临历史转型。

由于缅甸民众对军政府最不满意的是腐败问题，有些缅甸国内外势力

① 在很多资源丰富的发展中国家，来自石油、天然气和采矿业的金钱往往与贫困、冲突和腐败相连。油气或矿产等自然资源丰富的国家经济增长相对缓慢，冲突与腐败现象更为多见，发展相对滞后，这一现象通常被称为"资源诅咒"。

② 《中资在缅甸：不光会投资，还要会公关》，一财网，2013 年 8 月 27 日，http://www.yicai.com/news/2013/08/2965907.html。

③ 蒋姮：《中国在缅甸的投资风险评估——中缅蒙育瓦铜矿调研报告》，《中国经济报告》2013 年第 6 期。

会借操作不透明、利益分配问题对中国投资进行指责。中国在缅甸投资项目合同大多是和军政府而不是新政府签订的，很容易被一些缅甸人贴上"不透明"、"不公平"和"只对军政府和中国有利，损害缅甸人民利益"等标签。显然，这种"有罪推定"的做法是不合理的，对中国企业也是不公平的，但是真实存在的问题。① 中国在缅投资援助被政治化、社会化，这一趋势正是缅甸政治转型期的产物。缅甸国内民众对军政府的不满情绪在民主化浪潮推动下，转嫁到中国投资身上。中国是缅甸最大的投资国，中国的投资项目自然首当其冲。总体而言，缅甸政治环境改变，使缅甸政府的社会管控能力和管理能力突然变弱，而在野政治力量则利用一些民生诉求，想"捞政治分"。在此背景下，中国公司成为最容易找到的攻击对象。② 由于普遍存在语言不通、对当地风俗习惯缺乏足够了解和尊重等问题，中国企业在缅甸投资的风险与成本明显上升，密松电站停建事件和莱比塘铜矿事件就是很明显的例子。③ 客观来说，中国企业"走出去"以后，在环境保护、标准化经营管理等方面同欧美大型跨国公司还有明显差距，在缅投资的部分中资企业普遍倾向于追求短期经济效益，对缅甸资源领域的投资存在一些掠夺性开发的问题，严重损害了中国在缅企业形象。同时，也应该看到，中国投资项目的政治化、社会化只是缅甸政治转型过程中对前期中国投资的利益再平衡，是特定历史时期的产物，而对中缅经贸合作前景还是应该充满信心。

（四）缅北民族冲突是影响中国在缅投资的重要不确定性因素

缅甸存在着十分复杂的民族矛盾和地区分裂势力。缅甸北部的克钦邦和掸邦等地实行高度自治，各少数民族的自治与离心倾向和缅甸中央政府谋求国家统一、扩大中央政府控制能力的目标发生冲突，寻求独立的军事冲突经常发生，造成缅甸国家政局不稳，地方与中央的矛盾尖锐。中国大

---

① 卢光盛、金珍：《缅甸政治经济转型背景下的中国对缅投资》，《南亚研究》2013 年第 3 期。

② 《缅甸民主转型伤及中国投资》，《环球时报》2012 年 11 月 29 日。

③ 祝湘辉：《缅甸新政府的经济政策调整及对我国投资的影响》，《东南亚南亚研究》2013 年第 2 期。

型国企在缅甸投资的项目，如密松水电站主要位于缅北的克钦山区，中缅油气管道在缅甸境内的近 800 公里线路要经过克钦独立军、北掸邦军和南掸邦军控制的割据之地，成为缅甸中央与各"民地武"的利益博弈之地。[①]一旦不能满足"民地武"的利益诉求，这些地方就可能发生"民地武"与政府军之间的武装冲突，进而导致整个建设工程无法继续开展。军事上的冲突给中国对缅投资带来了恶劣的安全环境。除此之外，另一重大安全隐患是缅甸地方与中央的利益纠葛严重。由于缅甸部分邦的自治地位，它们极力寻求外来资金加快经济发展，地区差距被不断拉大，中央平衡地区发展的努力遇到了地方的阻挠，致使中央与地方之间的冲突不断。这种情况在类似密松电站事件中表现得尤为明显。

缅甸还有一些民族意识强烈、与中央政府存在冲突的少数民族，他们对中国在缅投资的看法非常复杂。一方面，近年缅甸政府与"民地武"关系持续紧张，少数民族认识到中国在调解双方矛盾和阻止民族冲突方面起到了积极作用。另一方面，中国在克钦邦、掸邦和若开邦等地投资大型项目，意味着这些项目的安全同少数民族地区稳定息息相关。少数民族担心这些大型项目会被缅甸当局利用，以保护项目安全为由派军队蚕食他们的地盘，剥夺他们相对独立的地位。另外，由于利益分配不平等和对地方传统生活方式造成伤害，许多投资项目加剧了当地少数民族对中国的对立情绪。密松电站争端主要是一场经济利益之争，电站合作项目绕开了克钦邦，施工地点在克钦邦内政府军控制区，但淹没区却在克钦独立军控制区，当地克钦族村民未能从项目中获得更多利益，这就引发了巨大矛盾。密松电站争端的核心是缅甸政府和克钦族经济利益分配问题，同时又掺杂了国内外政治因素。

缅甸国内政治的变化以及西方国家与缅甸关系的改善对中缅关系的挑战是客观存在的，中缅两国之间的地缘政治和地缘经济因素仍在，中国在对缅关系中的经济优势仍然十分突出。缅甸民盟新政府上台执政以后，在推动中缅经贸合作及响应"一带一路"倡议上都摆出了积极的姿态。总体来看，中缅经贸合作发展势头良好，但面临着诸如其他国家竞争压力加大

---

① 戚凯：《变革背景下的中缅能源合作》，《中国能源报》2012 年 7 月 9 日。

以及缅甸民众对中国投资认知偏向负面等问题。

五 投资缅甸的国际环境

自 2010 年政治转型以来，缅甸颁布了新版《缅甸投资法》及其实施细则，对《联邦税法》等一系列投资领域的法律法规进行了修订，致力于为外商营造良好的投资环境。与此同时，伴随着国际社会陆续解除对缅经济和金融等各方面制裁，缅甸的投资环境得到根本性改善，为国际资本进入缅甸创造了条件。民盟执政以后，西方国家对缅投资限制进一步放宽，缅甸将迎来更多的外国投资，将会有更多国家的企业开始涉足缅甸市场。可以预见，未来缅甸的外资竞争更为激烈，中国对缅投资也将面对西方国家的直接挑战和冲击。

（一）以美国为首的西方国家在缅经济活动

缅甸转型以后，以美国为首的西方国家普遍看好其经济发展前景，纷纷加大了与其经济合作力度。麦肯锡全球研究院于 2013 年 8 月发布的报告就曾乐观估计，缅甸经济今后将快速发展，其总量将从 2010 年的 450 亿美元增加到 2030 年的 2000 亿美元，缅甸有望成为未来十多年亚洲发展速度最快的经济体。① 缅甸政治转型开启之时，美国对缅投资几乎是一片空白。随着缅甸民主化进程不断推进，美缅关系持续改善，美国逐步展开对缅经贸活动。一个资源禀赋良好、市场广阔的缅甸是美国企业界不愿意主动放弃的。吴登盛政府执政以后，缅美相互约定"以行动对行动"来推动双边关系的发展，在转型之初缅甸基本做到了美国所要求的，而美国对缅甸政治改革的回应则相对滞后，尤其是没有取消制裁和提供应允的大量资金和物资援助，缅甸政府对此很不满。美国等西方国家认识到，如果对缅甸的援助和投资不能有较大幅度的增加、缅甸新政府继续推动改革的动力将下降这一问题后，开始加快改进同缅关系的步伐。2012 年 4 月，美国财政部宣布解除对缅部分制裁措施，以支持美国非政府组织在缅开展活动。美国

---

① 《中企在缅甸发起形象公关战》，《环球时报》2013 年 8 月 2 日。

财政部在声明中称，美国民间团体在缅甸从事非营利性"民主建设"、医疗、教育、体育和宗教活动，所涉金融交易将免受联邦政府制裁。① 2012年5月，美国宣布暂停对缅的经济封锁，这标志着美国对缅投资禁令开始解冻。在这一禁令解除后，美国企业可以合法地到缅甸进行投资经营活动。但与此同时，美国政府依然明令禁止美国公司同有前军人政权背景的缅甸企业进行合作。2012年11月，美国财政部正式宣布解除除一些珠宝玉石制品外，其他所有进口缅甸产品的禁令。②

2012年4月，欧盟外长会议宣布暂停对缅一些个人和企业的制裁一年。同年9月，欧盟委员会决定给予缅甸全面贸易优惠待遇，缅甸产品进入欧盟市场将享受关税减免和配额上的优惠待遇。2013年4月，欧盟再次宣布解除对缅甸除武器以外的全部制裁措施。随着美国为首的西方国家不断放宽对缅制裁，缅甸开始进一步融入国际市场，良好的发展前景吸引了来自更多国家和跨国公司的关注。2012年11月，时任美国总统奥巴马到访缅甸，美缅关系翻开了新的一页，更多美国企业开始关注缅甸，对开展与缅合作充满期待。2013年5月，美国与缅甸正式签订《贸易与投资框架协议》(Trade and Investment Framework Agreement)，双方将成立贸易与投资委员会来发展两国经贸关系。2013年10月，致力于推动美缅两国商贸活动的美国商会缅甸分会正式成立，为缅投资的美国企业提供帮助。

吴登盛政府时期，美国对缅投资政策仍有一定保留，主要原因在于美国对缅甸2015年大选及之后的政治改革能否顺利推进依然存在担忧。随着杜昂山素季领导的民盟上台执政，美国进一步加强同缅甸在各领域的交流合作。根据缅甸《七日新闻》的相关报道，缅甸工商联副主席貌貌雷公开表示，将通过轮流主办企业座谈会的方式，进一步促进同美国的经贸合作，加强两国企业界的交流。③ 2016年2月，美国企业界派出了包括制造业、金融业、媒体业等行业共计30多位企业家代表到访缅甸，并同缅甸工

① 《美国放松对缅甸部分制裁》，环球网，2012年4月19日，http：//finance. huanqiu. com/data/2012-04/2655914. html。

② "Embassy of the United States in Myanmar," Burma Sanctions，http：//burma. usembassy. gov/burma_ sanctions. html.

③ 《缅甸新政府执政后美国与缅甸企业界将加强互动》，中国驻缅甸大使馆经济商务参赞处，2016年2月24日，http：//mm. mofcom. gov. cn/article/ddgk/201602/20160201261348. shtml。

商界举行了座谈会。按照目前两国经贸关系的发展态势，美国对缅投资政策将做出进一步调整。一旦经过磨合期的相互试探和权衡，美缅两国的经贸关系将很可能出现显著发展。此外，也有一些专家学者认为，受限于美国现行对缅投资的限制，美国公司在缅投资具体数额仍然是个谜。过去美国公司为了突破这些政策上的限制，大多通过东盟国家的分支机构开展对缅投资活动，在规避美国对缅投资政策限制的同时还能享受到缅甸给予东盟成员国在政策上的优惠待遇。据此，外界估计美国实际对缅甸的投资额远高于目前公布的官方数据。

（二）日本在缅经济活动

二战后，日本始终保持与缅紧密的经贸合作关系。军政府时期，即便在美国要求其加入对缅经济封锁的强大压力下，日本也仍然没有放弃在缅经济活动。在 2010 年缅甸政治转型以前，日本始终是缅甸的重要投资国和援助来源国。政治转型以后，日本进一步加强同缅甸的接触。2012 年日本免除了缅甸共计 1149.27 亿日元的到期债务。2012 年底，缅甸同日本签订共同开发迪洛瓦经济特区的合作协议，为日缅经贸关系发展的重要阶段性成果，日本也意在通过此举同缅甸构建和加强双方"战略性外交关系"。2013 年 5 月，缅甸总统吴登盛在缅甸首都内比都会见日本首相安倍晋三。据日本共同社报道，会谈的具体内容包括日缅双方互换相关免债和援助文件，不仅涉及免除缅甸剩余近 2000 亿日元债务，还包括新增 510 亿日元贷款及 2013/2014 财年 400 亿日元的援助，新增贷款中有 200 亿日元将用于开发迪洛瓦经济特区。2013 年 7 月，缅甸投资委员会批准日本日产汽车公司投资 2 亿美元在缅甸勃固省兴建汽车厂的项目。此前，马来西亚代理商已于 2013 年 2 月在缅甸开设日产配件及服务中心。日本丰田和马自达汽车公司也准备在缅开设汽车销售中心。[①] 2013 年 9 月，缅甸投资委员会批准日本电装株式会社在缅甸开展汽车零配件的生产经营。2014 年 2 月，缅甸国家计划与经济发展部副部长杜莱莱登与日本驻缅甸大使沼田干夫在内比

---

① 《日本 Nissan 汽车拟在缅甸建厂》，中国驻缅甸大使馆经商参赞处，2014 年 2 月 13 日，http://mm.mofcom.gov.cn/article/jmxw/201402/20140200486760.shtml。

都签署两项援助换文。据此，日本将向缅甸提供 9.78 亿日元援款用于改善仰光综合性医院医疗设备，提供 7.38 亿日元用于改善若开邦道路、桥梁等基础设施建设、维护机械设备。① 同年 3 月，正在访问缅甸的日本外务大臣岸田文雄表示，日本决定无偿援助 78 亿日元资金，帮助缅甸进行铁路等基础设施建设和少数民族地区粮食援助等。同时，日本将提供 247 亿日元借款，用于缅甸的电力设施建设等。

日本企业界普遍看好缅甸市场前景，对进一步加强日缅合作的意愿强烈。民盟新政府执政后，日本安倍政府希望以三大支柱为中心继续强化对缅援助工作，通过帮助缅甸制定产业发展的相关规划、共建经济特区以及鼓励日企扩大在缅投资等方式支持民盟巩固执政基础。当然，日本政府也没有放弃同前执政党——巩发党以及缅甸军方的交流合作。同时，日本还与缅北少数民族地方武装组织保持着密切接触，并试图将缅甸纳入其所谓"自由与繁荣之弧"。日本提出，在建设迪洛瓦经济特区过程中，将加强特区周边地区的基础设施、社会环境建设，增加当地民众的就业机会，为缅甸方面培养技术人员提供帮助。近两年，日本安倍政府充分利用民盟政府上台的战略窗口期，进一步深化日缅双边关系。可以说，日本对缅甸经济活动的根本目的在于，以经济援助和价值观输出为手段，试图将缅甸塑造成为日本眼中政治转型和经济发展的样板国家。日本更深远的谋划则是通过拉拢缅甸，在面对未来可能出现的所谓中国"威胁"时确立更有利的战略优势，为下一步日本攫取东南亚地区事务的主导地位、实现其政治大国野心铺路。

（三）印度在缅经济活动

长期以来，由于中印边界领土等问题，印度一直担心中国力量崛起以后，通过缅甸渗透到印度洋实现对印度的战略包围。因此，印度常常指责中国发展对缅关系，是有意对其实施"珍珠链"战略。缅甸军政府时期，中缅之间开展全方位的合作，特别是两军在军事领域的合作互动频繁更加

---

① 《日缅签署提供 17.16 亿日元援助换文》，中国驻缅甸大使馆经商参处，2014 年 2 月 21 日，http：//mm. mofcom. gov. cn/article/jmxw/201402/20140200495873. shtml。

加重了印度的这一忧虑。在很长一段时期内，缅甸国防军的武器装备基本靠中国出口的军工产品来提供保障。印度战略研究学者认为，中国不断密切与缅关系，其根本目的是获得印度洋的海军基地，这将极大威胁印度在印度洋的霸主地位。

近年来，无论是中国推出的"一带一路"倡议，还是印度提出的"东进"战略计划，缅甸都是重要的节点国家。缅甸成为中印两国对外战略的重要重叠区，双方都将缅甸视为地缘战略上不可失去的地区。从 20 世纪 90 年代中后期开始，印度在其"东进"战略中就将缅甸列为其战略实施的关键一环。在这一战略方针指引下，印度不断加强同缅甸的双边关系，在发展对缅关系上做出较大调整，可以说中国因素是其最主要因素之一。印度国内普遍认为，中缅关系的不断巩固与发展对印度的发展空间构成挤压，威胁到了印度的核心国家安全利益。缅甸政治转型以来，印缅关系不断升温，印度试图通过各种方式调整和恢复两国关系，印缅关系的不断改善和加强对中缅关系发展造成了一定隔阂，印度势力的存在对中国在缅经济地位也构成一定挑战。在缅甸政治转型以前，迫于美国等西方国家的压力，印度在对缅政策上始终在原则上保持同美国的基本一致。但印缅两国作为山水相连的邻国，在经贸往来和边境安全等问题上的交流合作从来没有终止过。在缅甸民主化进程顺利推进、西方国家纷纷追随美国脚步解除对缅制裁后，印度也不断加强对缅外交工作，两国政界、军界的高层往来不断。

在经济上，近几年印度不断调整对缅相关政策，开始积极打入缅甸市场。目前，印缅双方在政治、经济、军事、文化教育、反恐禁毒等领域的合作不断加强，印缅关系进入一个历史相对较好时期。2011 年，缅甸总统吴登盛应邀访印，双方签署了一系列商贸和防务合作协定，提出共同致力于把两国关系向更高层次、更多领域发展的倡议。随着政治转型以来缅甸市场的不断开放，缅甸潜在的广阔消费市场及蕴藏的丰富油气资源，对印度均有着巨大的吸引力。在中缅油气管道建成投产以后，印度迅速做出反应并积极主动出击投资参股缅甸的天然气管道建设。印度计划在今后几年内不断增加对缅能源开发领域的投资，试图通过加大对缅的投资力度，来获取更多经济利益，加强同缅甸的经济联系。

（四）其他东盟国家在缅经济活动

缅甸政治转型以前，除了中国给予了缅甸道义上和经济上的大力支持外，东盟国家也是缅甸打破外交孤立和开展对外经济往来的主要平台。东盟国家没有跟随欧美的制裁立场，而是从维护东盟内部团结的角度，始终同缅甸保持接触。新加坡、泰国、马来西亚等东盟国家一直坚持对缅甸的直接投资，并通过援助和贷款等方式敦促缅甸军人政权尽早实施民主化改革。缅甸政治转型以后，东盟国家第一时间给予支持和肯定。2012 年 4 月缅甸举行议会补选，杜昂山素季及其领导的民盟几乎获得了所有补选席位。东盟国家认为这次选举活动是在公平、透明的环境下举行的，并呼吁西方国家尽快解除对缅甸的经济制裁。

东盟国家之所以如此关注缅甸的民主化进程，很大程度上是因为缅甸的经济发展潜力。一些经济学家认为，缅甸如果实行改革开放，其巨大的经济发展潜能将被彻底激发出来，对东盟地区经济发展将产生重大推动作用。缅甸政治转型以来，东盟各国普遍通过高层互访、签订经济合作协议等方式加强同缅甸的接触。印尼是缅甸在东盟国家中主要贸易伙伴之一。2013 年 4 月，在缅甸访问的印度尼西亚总统苏希洛同缅甸总统吴登盛举行会谈，双方就进一步加强经贸合作达成一致。当天，两国签署《投资和贸易框架协定》《人力资源开发和大米贸易谅解备忘录》等合作文件。双方同意 2014 年将双边贸易额提升到 10 亿美元。[①] 2014 年 3 月，缅甸皎漂经济特区管理委员会在仰光举行新闻发布会，宣布新加坡 CPG 集团（Creative Professional Group）中标成为皎漂经济特区的开发咨询公司。据缅方介绍，共有 31 家国际咨询公司提交了皎漂经济特区开发咨询项目兴趣函，最终有 17 家公司参与投标。招标评估委员会通过对标书进行审查，最终选定新加坡 CPG 集团，阿姆斯特丹毕马威公司作为备选公司。咨询公司将为缅方进行皎漂经济特区开发商招标提供咨询服务，服务费约 240 万美元。缅甸财政部副部长貌貌登指出："缅甸的三个经济特区中，土瓦经济

---

① 《印尼与缅甸就加强经贸合作达成一致》，环球网，2013 年 4 月 24 日，http：//finance. huanqiu. com/data/2013-04/3866934. html。

特区由缅泰两国政府合作开发，迪洛瓦经济特区由缅日两国政府合作开发，而皎漂经济特区将采取企业对企业模式进行商业化开发。"①

六 投资缅甸的主要风险

随着缅甸国内政治势力的博弈和国际环境的改变，缅甸地缘政治环境发生一系列变化，影响中国企业对缅投资的主要风险也发生了显著变化。投资者与投资所在地民众在征地、工资等方面利益矛盾日益凸显；工人罢工、要求改善生活条件等活动层出不穷。在新的历史时期，中国企业开展对缅投资仍然面临一系列政治风险和经营风险。

(一) 政治风险

自 1948 年独立以后，缅甸建立起一整套英式民主制度。在这一体系下，缅甸国内各个政治派别的矛盾被放大，导致各派政治力量斗争激烈，政局长期动荡不安。2010 年大选后，缅甸民主化进程不断推进，军人力量逐渐淡出政治舞台，民主化取得一系列积极成果。然而，缅甸民主化进程带给民众久违的民主体验的同时，也使得缅甸社会进入新的一轮动荡期，一些地方发生的群体性事件危及缅甸社会的稳定，对当地的外来投资者造成巨大的损失。同时，随着政治改革的深入，缅甸民众对政治和国家事务的参与热情不断高涨。缅甸社会自由度不断提高，民众公民意识不断加强，开始越来越多地通过游行示威、罢工怠工等方式表达诉求，维护自身权益。这种所谓"民意"已经开始影响缅甸政府对外资政策的制定，使得缅甸的投资政策经常发生较大变动，给外来投资者带来潜在的政治和经营风险。除此以外，缅甸社会长期存在的其他不稳定因素，包括国内的和平进程、民族宗教冲突恶化等问题仍然没有找到合理的解决办法，这些都是危及外来投资者在缅投资的重要不稳定性因素。

---

① 《新加坡 CPG 集团中标成为缅甸皎漂经济特区》，中国驻缅甸大使馆经商参处，2014 年 3 月 4 日，http://mm.mofcom.gov.cn/article/jmxw/201403/20140300507132.shtml。

1. 民主狂热对在缅投资造成严重冲击

随着缅甸政府放松对社会的监管，民众可以自由示威、发表言论、表达对政府的不满。在经历长期缺乏人权的生活后，缅甸民众对前政府的批评声此起彼伏，而同缅甸前政府关系密切的中国很容易成为被攻击的对象。中国企业在缅甸投资多为资源性领域，缅甸民间认为这些投资破坏生态，是对缅甸资源的掠夺。同时，部分中国企业一定程度上忽视了对缅医疗、教育、基础设施的投入，没有充分履行好企业的社会责任。2010 年以来，受缅甸国内民主转型导致的政治生态多元化、经济社会矛盾复杂化以及域外大国势力频频介入等影响，一些西方 NGO 和缅甸本土 NGO 常常会接受西方国家的资金支持，歪曲抹黑中国在缅投资项目，使缅甸国内部分民众滋生了对中国的疑虑、疏离心理，并对缅甸政府决策形成重要影响，给中缅经济合作甚至双边关系都带来严重冲击。

一些西方 NGO 还积极从组织建设与运作等多个方面支持缅甸本土部分 NGO 的发展，与缅甸本土的 NGO 建立起密切的联系。一些西方 NGO 和缅甸国内 NGO 相互支持，攻击和歪曲中国在缅的援助及中资企业在缅的投资活动。他们通过集会、示威游行等方式，来反对中国企业在缅开展的投资经营活动，攻击和损毁中国在缅的国家形象，试图削弱中国在缅甸的影响力。另外，西方及缅甸的一些反华人士、团体，专门收集和炒作有关中国企业的负面新闻，忽视中国企业在当地的诸多善举，给其扣上"掠夺资源""不履行社会责任""民众不能从中获利"等诸多帽子，煽动缅甸民众对中国企业的反感情绪。缅甸河流网、瑞天然气运动等组织和媒体是抨击中企的旗手。这些文章和报道大多缺乏事实根据地被引用和宣传，对中国在缅投资产生了非常负面的影响。一些缅甸人士和组织简单地认为反政府、反中国就是民主的表现，这是一个危险的、不负责任的做法。缅甸有些 NGO 和精英人士更是深受西方后工业化社会的环保理念影响，片面追求没有任何环境和资源代价的经济发展，对包括中国企业在内的外国企业奉行极为严苛的投资标准，后者稍有占地、污染等行为，便会遭遇大规模的抗议活动。如莱比塘铜矿是由中国万宝公司同缅甸经控公司合资建设。缅甸经控公司是缅甸军队成立的大型企业集团，在军政府时期几乎控制了缅甸所有资源和大型项目，操作极不透明，对民间十分强势，政治转型以来饱受缅甸国内各界质疑和批评。缅甸与泰国合作的土瓦特区也是泰国公司与该公司合作，2012 年 1 月该特区新建火电厂计划被叫停也与此有关。随着民主声浪高涨，缅甸有议员公开提议，要求将军方所属的所有商业性资产全部转移给政府。根据 2013 年中国在缅投资额最高峰时期的数据，中国对缅甸实际投资额的 205 亿美元中 60% 投向资源板块，很多都是与缅甸经控公司合作。一旦该公司被转型甚至解散，与之签署合作和共同开发协议的中国投资企业都可能受到重大损失。[①] 从上述事件的起因经过可以看出，很多时候缅甸民众的示威游行活动并不是基于理性客观的立场，更多体现的是民主化以来的盲目和狂热。对这种不理智、盲从的公民社会活动不加管控，将使得缅甸社会陷入动荡不安，影响社会长期稳定和发展。

2. 佛穆宗教冲突带来不确定的社会政治风险

缅甸新政府上台后，对社会的管控能力明显减弱，缅甸国内佛教民族主义分子开始借若开邦的罗兴亚人问题，挑起宗教冲突，佛穆之间的冲突愈演愈烈，造成了一系列暴力流血事件。2012 年以来，缅甸国内多起宗教冲突事件引发地区安全环境的动荡，对缅甸吸引外来投资工作是一个重大的障碍因素。2012 年 5~6 月，缅甸若开邦的佛教徒和罗兴亚人穆斯林之间爆发了一系列流血冲突事件，造成了 180 人死亡，12 万多人因为冲突事件造成房屋被毁，不得不面对流离失所的处境。2013 年 3 月，在曼德勒中部的密铁拉地区再次爆发佛穆之间的激烈冲突，造成 40 多人死亡、80 多人受伤、上万人无家可归。这些冲突还向南波及缅甸勃固、仰光等地区。缅甸国内愈演愈烈的佛穆宗教冲突不仅影响到缅甸社会稳定，造成大量人员伤亡和财产损失之外，客观上也让外来投资者对投资缅甸望而却步。值得注意的是，这些宗教冲突对已经建成并投入运营的中缅油气管道项目带来潜在风险。中缅油气管道项目从皎漂马得岛出发，从南到北穿越缅甸全境，一旦宗教暴力冲突引发的纵火、破坏等事件波及油气管道，将严重影响中缅油气管道的正常运营。

---

① 《缅甸人被指怨恨中国 因西方制裁缅中国却援助》，《环球时报》2013 年 2 月 1 日，http：//news. china. com/ international/1000/20130201/17666064_ 2. html。

缅甸政府如果不能采取有效作为，从国内民族、宗教政策上做一些根本调整，妥善处理国内佛穆冲突问题，那么这一问题就有可能成为长期威胁缅甸社会稳定的一大隐患。在缅甸进行投资的外国企业必须正视这一问题，佛穆宗教冲突的长期存在将不可避免地波及外国企业在缅经营活动，加大投资者在缅投资风险。

3. 缅北"民地武"问题对中缅经贸合作的不利影响日益显现

如前所述，缅甸国内的"民地武"问题实际上反映的是缅甸中央政府同缅北少数民族之间围绕着少数民族自治权问题而产生的矛盾冲突。在缅甸国防军与缅北"民地武"频繁的武装冲突背后，也有着缅甸中央与缅北地方在资源利益分配等问题上的分歧。当前，缅甸经济的发展依然十分依赖资源开采开发行业，而缅甸国内的资源主要集中在缅北山区。如水力资源和玉石资源都主要在少数民族所在区域，但缅北少数民族却不能合法地拥有这些资源开发活动所产生的收益。根据缅甸 2008 年最新颁布的《缅甸联邦共和国宪法》，地区或邦政府对辖区内的宝石、金银、硬木等资源并不拥有控制权，也就没有合法开采权。缅甸中央政府试图加强对国家资源的控制，切断缅甸"民地武"的财源，而缅北"民地武"也充分看清了问题本质，在这些问题上立场强硬，使得双方关系始终处于紧张对峙状态。

缅甸中央政府一直试图通过武力以及和谈等方式解决缅北"民地武"问题。在通过武力手段无法达到这一战略目的的时候，缅甸政府开始通过批准外资企业，特别是中国企业在缅甸中北部水能丰富地区修筑水电站等方式，实现中央政府势力向这些地方延伸。在项目建设期间以及建成开始运营后，缅甸军队常常借口保护这些项目工程免遭"民地武"骚扰为由，在这些地区派驻军队，建立军事据点，达到压缩"民地武"活动空间的军事战略目的。从这个角度来看，中国在缅北投资建设的一系列水电站、矿产开发项目等都处于双方矛盾的中心位置，一旦双方爆发不可控的军事政治冲突，这些投资项目都很可能成为缅甸新一轮内战的牺牲品。

（二）经营风险

随着缅甸民主化进程的不断推进和西方国家对缅经济制裁的逐步取

消，缅甸似乎在几年间就从一个封闭国家变成了国际投资青睐的"最后处女地"。但就实际情况来看，缅甸各方面投资条件都相对较差，真正成长为成熟的投资市场还需要时间。世界银行发布《全球营商环境报告》，从多方面对各国的营商环境做了较为全面的评估。缅甸在 189 个国家中排名第 182 位。① 缅甸政府对外来投资者的服务意识不强、行政审批手续烦琐给外资投资缅甸设置了一些人为障碍。同时，缅甸至今仍是一个传统的农业国家，工业基础薄弱。加上长期被西方社会制裁封锁，缅甸的基础设施已经整整落后了一个时代，现有的电力供给、道路运输等还不能完全满足民众生活的需要，对于大规模工业生产就更加难以保障。基础设施建设严重滞后已成为制约缅甸经济发展的一大重要原因，是赴缅投资企业必须要面对的首要难题。此外，缅甸虽然劳动力资源丰富，但其素质参差不齐，对于企业经营也是一个需要注意的问题。

1. 政府部门缺乏服务意识，行政效率比较低下

缅甸从军政府时期开始，腐败问题就比较突出，长期存在政务不公开、不透明，行业贪污腐败和索贿受贿现象更是被人广为诟病。2011 年巩发党上台执政后，吴登盛总统就曾坦言，根除政府腐败问题、增强执政能力是摆在缅甸政治转型面前的一大难题。他还公开承诺，在执政期内致力于改进国内官僚作风严重的问题，提高政府权力运行的透明度。但吴登盛的这些主张和设想并没有得到有效的贯彻实施。根据 2012 年国际透明组织发布的评估报告，缅甸的腐败指数仍然位居世界最腐败国家之列，在全部被纳入评估的 176 个国家和地区中排名第 172 位。严重的腐败问题损害了赴缅投资者的利益。

除了腐败问题，缅甸政府机关低下的行政效率、法律法规没有真正得到落实等也是长期困扰外国投资者的问题。这些问题主要表现为：投资环节收费项目多，审批进度慢，耗费时间长，办事人员官僚作风严重，办事效率低下；外资相关的法律法规仍不够健全，政策执法环境堪忧；有关贸

---

① *Doing Business* 2014：*Understanding Regulations for Small and Medium-Size Enterprises*，October 29，2013，http：//www. doingbusiness. org/-/media/GIAWB/Doing0Ic 20Business/Documents/ Annual-Reports /English/DB 14-Full-Report. pdf.

易投资法令缺乏延续性，常因行政领导的更换而随意改变，人为操作空间大，且通常不会提前通知外资企业做好预案减少损失；缅甸中央政府与地方政府常会出现政令上的分歧，严重影响外来投资者的投资收益。另一个需要特别注意的问题是，虽然近几年缅甸出台一系列的法律法规，但总的来看缅甸对外资的法律体系还不够完善。缅甸政治转型以来颁布了大量法律法规，这些法律条文通常是在极为短暂的时间内完成的，难免存在一些解释漏洞和不全面的地方。2015 年 12 月，缅甸议会就通过了《缅甸消费税法（修正案）》《外国投资法（修正案）》《缅甸公民投资法（修正案）》《保险许可法（修正案）》《储蓄银行法（修正案）》等多部涉及外资的重要法案。① 缅甸国内外资政策的不稳定，将是对缅投资企业必须正视的一大风险因素。

整体来说，缅甸投资环境还有很大改善和提高的空间。现阶段盲目进行对缅投资依然有较大的政策和经营风险。对赴缅投资的外国企业而言，与缅甸政府及相关职能部门打交道的过程将是非常曲折困难的。缅甸政府对于外资项目的审批、通关以及结汇等环节都存在较多的行政干预，政府行政影响力在整个投资审批、经营过程中几乎无处不在。一旦缅甸政府出现更替或对其外资政策做出较大幅度的调整，对外资企业的运行将产生非常大的影响，对于一些行业而言其影响甚至是决定性的。

2. 基础设施建设相对落后，相关投资配套设施滞后

基础设施严重滞后制约外国对缅投资的增长。尽管缅甸政府一直在努力改善电力、交通和通信等基础设施，但缅甸基础设施仍然陈旧而落后。缅甸全国至今也只有仰光—内比都—曼德勒一条高速公路，与周边 5 个邻国尚无一条铁路或高速公路相通。经过转型以来五六年的较快发展，缅甸国内的软硬件基础设施得到了一定改善，但道路交通、通信以及电力供应等基础设施普遍建设滞后，特别是电力供应难以保证稳定，严重制约外商投资以及进一步的生产经营活动。缅甸大多数城市经济发展水平不高，对外国投资者无法给予基本的"三通一平"（水通、电通、路通和场地平整）

① 《缅甸新仲裁法案生效》，中国驻缅甸大使馆经济商务参赞处，2016 年 1 月 18 日，http：//mm. mofcom. gov. cn /article /ddfg /201601/20160101236211. shtml。

的保障，尤其是工业用电无法保证 24 小时供应，极大影响了在缅企业的正常生产，成为投资缅甸最大的障碍。改善基础设施是民盟新政府的首要任务，但财政资金预算的缺乏将制约政府在这些方面的投入能力，而基础设施的落后又会拖累经济进一步发展。

电力短缺长期制约着缅甸工业的发展，影响国内居民生活水平，成为制约缅甸经济和社会发展的一大重要因素。缅甸主要利用水能、天然气发电，其中水电居第一位。这种电力供应结构，使缅甸的电力供应极易受天气以及洪涝、干旱等自然灾害的影响，电力供给呈现周期性，一到河流枯水期缅甸全国普遍出现电力供应紧张，一些地区甚至出现在河流枯水期长期停电的情况。对于外来投资者而言，一旦出现这种情况企业的电力供应难以得到满足，且无形中增加企业经营成本和投资风险。为了缓解电力短缺的困扰，很多企业不得已自备柴油发电机，造成其生产电力成本不断提高。同时，缅甸国内电价实行"双轨制"，针对本国民众实行阶梯电价计费，相对较为低廉；但对外资企业用电收费则要高得多，还另征各种杂费，无形中进一步拉高企业的用电成本。此外，缅甸的道路状况也同样令人担忧，交通运输及物流是个大问题。出现这一情况的根本原因是因为缅甸交通设施在被西方封锁的数十年间基本处于发展停滞状态。2015 年 11 月，亚洲发展银行公布的报告认为，截止到 2014 年，缅甸公路里程共计 157000 公里，而以混凝土、沥青铺设的较高等级公路只有 34700 公里。这份报告还指出，缅甸国内公路普遍存在路况较差、路面过窄、安全指示标志缺失等一系列影响道路通行及交通安全的问题。根据亚洲发展银行统计，2014 年度缅甸公路人员死亡的交通事故案例高达 4300 起，这一数字是 2009 年的两倍，在缅甸医院收治的外伤患者中有近 1/3 是因为各种交通事故造成的伤害。[①]

3. 劳动力素质整体较差，缺乏专业技术人才

许多外国企业看好缅甸投资前景的一大重要原因就是缅甸丰富的人力

---

① Asian Development Bank, "Republic of the Union of Myanmar: Improving Road Network Management and Safety," p. 2, http://www.adb.org/sites/default/files/project-document/176264/46370-002-tar.pdf.

资源。根据缅甸 2014 年人口普查结果，15~64 岁的劳动人口占总人口数的 65.6%。[1] 同时，缅甸工资水平相对较低，这为劳动密集型产业的发展创造了绝佳的人力资源条件。尽管有劳动力数量上的优势，但缅甸劳动人口存在素质较低、需要较长时间进行培训等问题。此外，由于缅甸青年人受教育水平相对较低，造成其国内掌握一定专业技能的技术人才十分缺乏。由亚太经济与社会委员会（UESCAP）、经济合作与发展组织（OECD）和缅甸联邦工商业联合会（UMFCCI）共同开展的缅甸商业调查（Myanmar Business Survey 2014），将技术人才短缺、腐败、科技落后并列为缅甸商业发展的三大阻碍。该调查结果显示，60% 左右的受访者表示技术人才缺乏是一个很大的问题，尤其是对酒店、餐饮以及其他服务业、制造业而言。[2] 按照现行的法律法规，在缅投资的外国企业必须雇佣一定比例的缅籍工人，并且有培训员工的义务，这无疑将进一步增加经营者的人力成本，增加投资面临的风险。此外，民主化改革以来，缅甸普通民众权利意识崛起，缅甸工人常常以罢工、游行等方式来争取自身的权益，造成缅甸用工环境的不稳定。2011 年 10 月和 12 月，缅甸相继颁布新的《劳工法》和《和平集会游行法》，其中明确给予工人游行示威、罢工和组织工会的权利。2012 年 5 月 1 日至 7 月 30 日，缅甸约有 70 家成衣厂的工人举行罢工要求提高工资，进一步改善工作场所条件。[3] 2015 年初，缅甸就有 3 家中资背景的服装厂和 2 家韩国企业投资的服装厂因同缅甸当地劳工的劳资纠纷引发罢工事件，而被迫停产。[4] 自 2015 年 9 月 1 日起，缅甸实行每日最低工资不得低于 3600 缅币的工资标准，从 2018 年 1 月起，缅甸最低工资标准又提升至 4800 缅元/日，外商的劳动力成本不断上升。

---

[1] UNFPA Myanmar, "The 2014 Myanmar Population and Housing Census," *The Union Report* (Census Report Volume 2), p. 1, http： //countryoffice. unfpa. org/myanmar/2015/06/03/12234/ myanmar_ census_ 2014_ main_ data _ release/.

[2] UNESCAP, "Myanmar Business Survey 2014," p. 9, http： //www. unescap. org/sites/default/files/MBS_ Survey_ Results. pdf, 2015/08/28.

[3] 廖亚辉等编著《缅甸经济社会地理》，广州世界图书出版广东有限公司，2014，第 123 页。

[4] 《缅甸服装业出口同比下降 30%》，中国驻缅甸大使馆经济商务参赞处，http： //mm. mofcom. gov. cn/article/ztdy/201504/20150400958840. shtml。

第二章 缅甸的投资政策与法规

第一节 缅甸的产业政策

一 重点发展的产业

2017 年 6 月，缅甸投资委员会公布了 10 个优先投资领域，即农业和相关服务业（包括农产品加工业）、畜牧业及渔业养殖、出口促进产业、进口替代产业、电力、物流、教育服务、医疗卫生、经济适用房、工业园区建设。这就意味着在接下来的发展规划中，这些领域将会获得较多的重视和帮扶，成为缅甸现政府重点发展的产业，也是投资者们需要重点关注和了解的领域。

（一）农业与渔业

1. 农业

农业在缅甸国家经济建设过程中起到中流砥柱的作用。作为缅甸国民经济的基础，农业产值（仅指种植业产值）占国内生产总值的 20% 左右，农产品出口占出口总量的 1/4 左右。缅甸尚有 1600 多万亩空地、闲地和荒地等待开发，农业发展潜力巨大。缅甸现任政府拟定了多项政策以提高农业与畜牧业收入水平、农产品企业的发展水平、农产品与外国市场的有机链接与可持续发展等，积极吸引外商投资农业领域，同时大力促进粮食作物（大米、豆类、小麦、玉米等）和经济作物（天然橡胶、咖啡、甘蔗、芝麻、花生、棉花、黄麻等）等农产品出口到世界各地。近年来，进入缅甸农业领域的外国投资总额分别是，2013/2014 财年有 2000 多万美元，2014/2015 财年约 4000 万美元，2015/2016 财年有 700 多万美元。农业领域外资投入少的主要原因是基础设施薄弱、交通滞后、电力不足。为促进社会经济发展，缅甸政府想方设法提高农产品的附加值，促使农民从外资中获益。缅甸经济发展规划明确提出，农业是国民经济建设的基础，强调要充分利用土地资源发展农业，并在农业发展的基础上，带动其他各行各业的全面发展，尤其是带动与农业相关的机械制造业的发展。缅甸政府表示，将会加大对农业的扶持力度，提升农民权益，增加贷款力度，大力促进农业发展。

当前缅甸农业发展的三大目标：优质高产种子的培育生产；大力推行农业培训与教育；农业科学技术研发。为提高农业生产率与农民收入，缅甸制定了发展农业的三大基本方针和五项战略措施。三大基本方针包括：一是按照市场规律促进农业和食品生产，争取大米生产盈余，食用油供应自给，积极发展出口型农产品；二是扩大耕地面积，保护农民权利；三是鼓励私营经济参与农业发展。五项战略措施包括：一是保证并继续扩大农业用地；二是多方筹措资金修建农田水利设施；三是加快农业机械化发展步伐；四是指导并鼓励农民学习和掌握先进的农业生产和管理技术；五是培育和引进并举，扩大粮食种植面积。

缅甸政府十分重视中缅农业合作，对中国参与其农业开发、提高农业综合生产力的意愿强烈，中缅农业合作总体上呈现向好趋势。

2. 渔业

缅甸现代渔业一般可分为海洋渔业、内陆渔业、水产养殖业三类。据统计，该产业至少为 300 万人提供了直接就业机会（接近全国总人口的 6%），1200 万~1500 万人可间接获利。

缅甸国家层面的渔业政策有：促进各渔业机构全面协调发展；保障国内水产品供给，兼顾他国水产品需求；大力鼓励海洋和淡水水产养殖业发展；促进渔民社区稳定，增加渔民收入。为了加快渔业发展，缅甸政府废除了 1954 年的《渔业法》，并先后颁布了一系列渔业相关法律，包括《外国捕捞船只捕鱼权法》（1989 年）、《水产养殖法》（1989 年）、《缅甸海洋渔业法》（1990 年）、《缅甸淡水渔业法》（1991 年）、《外国捕捞船只捕鱼权法赔偿法案》（1993 年）、《缅甸海洋渔业法赔偿法案》（1993 年）。上述法律政策旨在预防渔业过度捕捞、保障渔业水域环境安全、增加国家税收，并在法律框架内扩展渔业管理行动。

缅甸海洋渔业法侧重于四个体系：海洋渔业生产、水产品流通、渔业相关的各项活动和休闲渔业。新颁布的渔业法在以下方面得到进一步加强：通过渔业税增加国家税收；保护渔业资源；确保渔业资源配额公平合理；获取准确的渔业统计；增强执法效力，减少渔业活动冲突。在法律约束下，渔业部对所有渔业活动实施准入制度。为保障渔业管理政策的执行，各项渔业法律均禁止对鱼类及其他水生生物掠夺式开发和可能导致渔业水域污染的活动。同时，各项法律细化了炸鱼、投毒、利用化学药剂等有害材料捕鱼，也对捕捞种类和捕捞尺寸、捕捞时间和渔场等进行规范。

为加强渔业资源养护，缅甸渔业部提出了一系列的渔业管理策略加以指导，主要措施有：（1）加强淡水鱼类在繁殖期和育幼期的亲体、仔稚鱼和幼鱼保护；（2）严禁捕捞壳长低于 8.15 厘米的锯缘青蟹；（3）加强繁殖期和育幼期淡水虾类（罗氏沼虾、马氏沼虾）和海水虾类（斑节对虾、印度对虾、短沟对虾和墨吉对虾）的亲体和幼鱼保护；（4）加强缅甸海域鲸鲨类保护，禁止捕捞和贸易；（5）控制掠食性鱼类非洲杜氏的生产和贸易规模；（6）禁止对《濒危野生动植物种国际贸易公约》（CITES）名录中的水生物种进行捕捞、储存和贸易；（7）1992 年《森林法》规定建立红树林保护区，周边 100 米范围内禁止生产作业。

（二）工业

吴登盛政府时期，缅甸经济发展战略确定为从"以农业为基础全面发展其他产业的经济政策"向"进一步发展农业建设现代化的工业国家，全面发展其他经济领域"的方向转变。这意味着缅甸的经济发展，将从依靠农业发展为主逐渐转向多元化发展，并且强化工业发展的重要性。2012 年缅甸政府制定的五年发展计划中提出，将把工业产值所占比重从 26% 提升到 32%。随着缅甸经济发展规模不断扩大，对外开放程度不断提高，缅甸国内逐步意识到经济发展在获得政府扶持的同时，应促进"缅甸制造"的品牌效应，这就要求缅甸相关产业需要建立高质量产品的制造业体系。在其相关政策中，也体现了提高缅甸劳动者科技素质，搭乘东盟发展便车的意愿。

1. 采矿业

《缅甸矿业法》将矿物分为宝石、金属、工业原料矿物和石料等。缅甸丰富的矿产资源使得缅甸具有发展重工业的巨大潜力。由于缅甸缺乏地质全盘勘查能力，因此对于整个矿藏的储量和分布情况并不完全清晰，或有未知矿藏。缅甸矿业投资的相关法律法规有《缅甸投资法》《允许外国投资经济项目的规定》《国营经济企业法》《缅甸矿业法》《矿业法实施细则》等。这些法律法规的颁布一方面表明缅甸对投资的重视并希望激发公民投资的积极性，在投资过程中做到有法可依；另一方面缅甸政府希望以此鼓励外资进入，提高对外资的吸引力，并能以法律保障外国投资者的权利。

缅甸政府重点鼓励铜、金、锌、铁、煤炭等矿种的勘探开发，鼓励国外矿业公司在缅甸投资。影响缅甸矿业投资的风险因素很多，归纳来看主要来自地勘风险、开发风险、环境风险、政府腐败、矿业体制、矿业法规、矿业税费、金融体制、矿产品贸易等因素。此外，缅甸将采取比以前更加有效的措施，加强对空气和水源的保护及对工厂废弃物的治理等环境保护工作。企业进行矿产资源的开发利用势必会对周围环境产生较大影响，因环境导致的矿山环境治理及矿山关闭等会增加投资风险。

2. 加工制造业

（1）服装加工业

在缅甸轻工业中，服装产业具有重要地位。由于西方国家的制裁，缅甸对西方各国的服装出口遭受重创，服装出口商不得已只能在东方各国寻找市场，以求生存。2014年以来，情况发生了变化，欧美国家相继解除了对缅甸的封锁和禁令，缅甸的服装业开始复苏。缅甸新政府把服装产业确定为优先发展的产业，政府对服装业投资和设厂提供相应的优惠政策。

缅甸服装业尚处在成长期，但潜力较大。由于缺少市场及先进技术，缅甸服装企业希望与国外同行进行合作，优势互补，共同发展。从缅甸出口服装至欧美，可以享受低关税甚至零关税的优惠政策。但是，由于缅甸纺织产业基础薄弱，对面料制造、印染等纺织上游企业来说，在当地办厂具有一定风险。

（2）木材加工业

缅甸木材加工技术低，产品种类单一，质量不高。缅甸柚木出口分为原木和锯木两种，均通过集装箱出口，出口国家主要为亚洲国家。欧盟解除禁令后，增加向欧盟国家出口。为保护森林资源，缅甸政府近年推出了系列森林资源保护措施。据缅甸港务局统计数据，2012~2013 年缅甸出口柚木量为 1452308 吨，较 2011~2012 年有所减少。为抑制森林面积减少与提升附加值木材产品的出口量，缅甸环保林业部 2014 年宣布禁止柚木原木出口，只允许加工成品的出口。

缅甸政府希望在木材加工业引进更多外资，以便拥有高新技术提高木材加工产品的价值，使该产业更好地发展。目前，缅甸投资委员会已经批准印度两家木材加工企业在缅甸进行木材加工生产。据缅甸环保林业部透露，欧美国家也将在缅甸木材加工业领域进行投资。

（3）食品加工业

食品加工业的可持续发展主要依靠农产品的供应，缅甸拥有丰富的天然资源和水资源来生产农产品。缅甸食品加工包括食用油、奶制品、酒类、肉类和蛋类、水产品、制糖等。缅甸食品加工业总体发展水平低，质量较差，加工技术与机械设备相对落后。如今，缅甸政府大力支持食品加工业的发展，为此计划采取免除为期 8 年的企业所得税并降低出口利润税费等给予支持。

3. 能源工业

能源发展是缅甸经济发展进程中的关键部分，近年来缅甸政府对于缅甸能源发展的重视程度不断提高。缅甸能源部制定的 21 世纪缅甸能源工业发展的思路是，保持能源政策独立，进一步提高新老能源资源的利用率，提高能源使用效率和进一步节约使用能源，进一步加大其他能源替代产品用于家庭能源消费。缅甸民选政府上台后，从 2013 年起开始制定国家能源政策，并于 2015 年 1 月颁布了相关政策条例。2017 年年中，缅甸电力和能源部宣布新能源政策，共有 10 条。新能源政策具体由国务资政昂山素季牵头制定，旨在节约能源并提出优先使用的能源建议。这些政策包括：提倡并培训使用 LED 灯，以减少 30% 的用电量；优先使用水电资源，其次是天然气和可再生能源，而煤炭属于在最后不得已的情况下才会使用的能源。从各方规划来看，在各能源领域，缅甸将优先考虑水电，发展水电的工作将下放至省邦一级，如果实施顺利，这些规划将使缅甸在能源利用和能源可持续发展方面取得成果。

（1）电力工业

根据缅甸电力部的测算，缅甸电力消费正以每年 15% 的速率递增，预计到 2020 年缅甸电力需求将达到 453.1 万千瓦，而目前缅甸最大发电能力为 318.9 万千瓦，到 2020 年将有 134.2 万千瓦的电力缺口。为了解决国内严重的电力短缺问题，同时也希望将水电资源转化为创汇产业，缅甸政府制定并出台了新的电力发展措施，缅甸政府明确将水电发展列入国家优先考虑投资的领域。一是打破国家对电力工业的垄断，允许和鼓励合作社及私有企业进行适度规模的电力资源开发；二是强化与外国在电力开发方面的合作；三是让电力生产多样化，以满足缅甸的电力需求。据缅甸 30 年水电发展战略规划，计划新建 64 个水电项目、3 个火电项目，装机容量将达 4 万多兆瓦。2017 年 3 月，缅甸电力和能源部发布了年度工作报告，报告中提及该部门主要工作内容包括提高发电量；使用世界银行贷款来发展电力；主要发展水力发电，其次是天然气发电。

缅甸的电力基础设施建设还有很大的发展空间，使电力发展能够跟上其他产业发展的需求是重大的现实问题。因此，除了水电，火力发电、核能发电、太阳能和风能发电及垃圾发电也将成为缅甸政府今后的电力发展方向，缅甸政府将积极引进外资和技术，大力发展电力产业，以改善国内电力短缺的现状。

（2）油气工业

缅甸的油气工业的主管部门早期为缅甸能源部（MOE），现主管部门为新改组合并的缅甸能源与电力部，该部负责能源政策和生产管理，主要由计划司、石油与天然气公司（MOGE）、石油化工公司（MPE）和石油产品公司（MPPE）等部门构成。其中，规划司主要负责制定缅甸能源政策；石油天然气公司负责缅甸国内石油和天然气勘探开发、天然气管网建设、原油及天然气供应与运输等；石油化工公司负责缅甸石油及天然气炼化和加工，下辖 3 家炼油厂、3 家液化石油天然气（LPG）厂、1 家甲醇厂和 5 家尿素厂，主要负责生产汽柴油、航空煤油、液化石油天然气（LPG）、石蜡等；石油产品公司则主要负责缅甸石化产品的市场推广和分销。

20 世纪 80 年代，缅甸国内成品油供应主要实行计划配给制度，随着缅甸进口许可制度的逐步取消和国内石油市场进一步放开，缅甸成品油需求量快速上升，2011 年缅甸国内成品油需求约为 300 万吨/年，预计到 2020 年缅甸的成品油消费需求有望超过 600 万吨/年，而缅甸国内成品油生产能力约为 230 万吨/年，缺口较大。为了缓解成品油短缺，缅甸每年从新加坡进口约 360 万吨成品油，但通过新加坡进口成品油的中间环节成本较高。缅甸政府近年来也计划从其他国家进口成品油，但由于仰光内河通航能力有限，缅甸成品油进口受制于仰光港运能力的限制。在成品油分销领域，除国营分销渠道外，缅甸私营部门在成品油分销中占有较大比例，私营部门的成品油进口主要通过缅甸燃油进口商协会负责，该协会目前有近 200 家贸易商，成品油进口主要来自 MAX 公司、New Daily、YEG、亚洲世界等几家大型成品油分销商。

与成品油市场相比，缅甸液化石油天然气市场较为平稳，目前 LPG 消费主要集中于城镇居民消费，需求量与产能相对持平。其他石化衍生品方面，由于国内现有产能的限制和国内经济发展的需要，缅甸沥青、丙烯等石油衍生品缺口较大，特别是随着缅甸经济增长不断加快，道路基础设施发展速度的提升和城镇消费发展，沥青和丙烯需求还将增大。

（三）服务业

1. 旅游业

2011 年之前，因诸多原因，缅甸旅游业发展相对缓慢。新政府上台以后，实施改革开放的政策，将旅游业作为拉动本国经济的支柱产业之一，缅甸旅游业开始出现欣欣向荣的景象。但是相对于泰国这样的旅游大国而言，缅甸的旅游业发展仍有很大的提升空间。目前的缅甸旅游业，除了加强与周边国家的合作与交流，更重要的是调整政策，注重旅游资源的整合与发展，为旅游者提供更好的旅游体验，提升自身的吸引力，加大宣传力度，吸引更多的游客到缅甸进行游玩和消费，拉动缅甸旅游业和相关产业发展。

缅甸政府促进旅游业发展的相关政策措施包括以下几个方面。（1）继续制定旅游规划，发布生态旅游管理条例。近年来，缅甸政府陆续制定并颁布了"缅甸负责任旅游业政策""缅甸社区参与旅游业政策"以及"缅甸旅游总体规划（2013—2020）"，旨在促进经济增长，确保环境的可持续发展和文化遗产的保护。2014 年缅甸政府开始着手制定"缅甸生态旅游管理战略"，并于 2015 年 5 月举行的生态旅游保护区会议上正式发布。生态旅游已被缅甸作为国家发展绿色经济战略的重要组成部分。（2）优化签证吸引海外游客，鼓励国内旅游企业拓展市场。在客源市场开发方面，缅甸主要通过与相关国家签署免签协议并改善签证制度来吸引更多的海外游客。其中，缅甸与印度尼西亚、泰国分别于 2014 年 5 月、2015 年 7 月签署了互免签证协议。于 2014 年 9 月开通的缅甸电子旅游签证制已陆续向全球 100 个国家和地区的游客开放。缅甸政府也同样注重扶持本国相关旅游企业拓展市场业务，提升本国资本占酒店业市场的比重。为更好地实现本土酒店的市场化运作，缅甸逐步通过公开招标等形式推进国营酒店向私营酒店的转制。此外，缅甸中央银行已批准 2015 年在仰光、曼德勒和内比都设立缅甸旅游业发展银行，该银行将为本土旅游企业拓展国内外市场提供金融支持。（3）推动区域旅游合作，广泛建立战略伙伴关系。缅甸担任 2014 年东盟轮值主席国期间，在推动旅游合作方面成效显著。该年投资缅甸酒店业最多的 3 个国家分别为新加坡、越南和泰国。2015 年，第 34 届东盟旅游论坛以及第 3 届越老柬缅四国旅游部长会议在缅甸举办，以旅游业合作推动东盟经济共同体的早日建成。与此同时，首条中缅自驾旅游环线于 2014 年 11 月正式启动。除强化与周边国家旅游业的联系外，缅甸还广泛寻求与发达国家及相关国际组织的战略合作。目前，缅甸正与日本国际协力机构、亚洲开发银行等伙伴合作，共同开发蒲甘、毛淡棉等地 12 个旅游项目。

2. 交通运输业

缅甸民选政府上台后，致力于改善道路交通建设，大力推进缅甸交通网络的建设，便利游客出行，缩减货物运输成本，让本国居民享受便捷化的生活。一方面，缅甸政府投入大量资金，并号召民间投资也参与到这一过程，力图通过公私合作促进私人投资建设公路、铁路、内陆货物仓库、港口和机场等基础设施。另一方面，积极引入外国资金和技术援助。在2016~2017年，缅甸与英国、日本、德国、中国、印度等技术大国展开合作和洽谈，这些国家不仅对缅甸提供资金、贷款，还把发展建设经验带到了缅甸，促进了缅甸交通业的发展。

从2017年3月缅甸建设部的工作报告来看，缅甸政府在交通运输业发展上的主要工作包括：为道路等基础设施建设所开展的工作；有关部门为交通便利和物流畅通在各省邦开展的工作；为提高人力资源水平派遣公务员到国内外参加短期和长期的培训班；下属城市和住房发展局开展住房发展计划；等等。缅甸政府加大了对城市已有交通设施的巩固提升，并将目光投向农村地区，这一举措对于协调地区发展、缩小城乡差距、提高城乡互动具有重要意义。

3. 通信服务业

通信服务业被公认为缅甸急需开放的主要领域。从2014年初开始，缅甸向数家外国电信企业发放营业执照，随后企业推出每张1.5美元的廉价SIM卡，促进通信行业突飞猛进的发展。在2016~2017年，马来西亚通信公司、越南军用电子电信公司（VIETTEL）先后获得了在缅甸的运营许可。至今缅甸已经授予四家外国投资者电信许可证，以提供4G移动数据连接。这几家外国通信公司的引入，大大增强缅甸移动通信市场的竞争性，让移动电话用户有了更多的选择；同时，也激活缅甸的通信市场，杜绝一家独大的垄断局面，为民众提供更优质、更实惠的通信服务。2017年2月16日，缅甸还与俄罗斯电信与公众通信部签署备忘录，这对于通信和大众媒体的发展而言，是一个极大的机遇。

缅甸允许外国公司参与到通信服务业的改革与发展当中，是缅甸产业发展过程中的重大突破。在外国资本和技术的带动下，缅甸的通信服务业将会获得较大的发展空间，进一步下调消费价格，改善广大民众的用户体验。根据计划，缅甸的移动网络覆盖率也将从2014年的12%增长到2017年的70%，到2020年将增至95%。缅甸对电信行业采取的一系列措施与政策，相对于过去而言是一个重大进步，不仅允许外国通信公司进入相关产业，并且还针对电信产品的价格、服务质量等多方面进行调整，这对于缅甸的通信服务业具有重要的推动作用。

从相关政策来看，缅甸通信网络将继续开放，邮政与电信部正在制订开放电信网络的改革计划。缅甸国有的邮政、电信和互联网供应商将组建一家合资公司。缅甸邮政与电信部将推出电信网络的国际招标计划，新的《电信法》已于 2013 年 11 月颁布。

4. 房地产业

缅甸政府不允许外国人购买当地房产。根据缅甸当前联邦税法就房地产的规定，1000 万～3000 万缅元的房产需纳税 15%，3000 万～10000 万缅元的房产需要纳税 20%，超出要缴纳 30%，此外还有 7%的印花税（仅限仰光，其他地区是 5%）。2017 年 2 月 2 日，缅甸建设企业家协会（MCEA）请求计划与财政部降低保障性住房的税收标准。在缅甸，保障性住房是指 1200 万缅元以下的住房。

5. 批发与零售业

缅甸政府一直对批发与零售业的开放有所限制，仅在化肥、种子、农药、农业设备、医疗设备和建材等个别领域有所放开。2018 年 5 月，缅甸商务部发布《关于允许外资独资企业、缅外合资企业在缅从事批发和零售业务的公告》（2018 年 25 号令），进一步扩大了批发和零售业的开放。第一，为了提升批发和零售商间的公平竞争力，降低消费者的消费成本并向消费者提供更多的选择机会，提升销售行业的商品质量和服务质量，进一步扩大国内商品市场，促进中小企业发展，自公告公布之日起，允许外资独资公司或与当地企业合资在缅甸从事批发和零售业务。第二，根据该公告，进入缅甸批发业或零售业的缅外合资公司，若为缅资占股比例低于 20%的合资公司，投资批发业和零售业的初始资本分别不得低于 500 万美元和 300 万美元（不含土地租金）；若为缅资占股比例在 20%以上的合资公司，投资批发业和零售业的初始资本则分别不得低于 200 万美元和 70 万美元（不含土地租金）。第三，在该公告颁布后从事批发和零售业的公司（包括外资和内资），注册所需材料要求：公司注册证书、MIC 许可或 MIC

认可的复印件（如作为申请人的外资公司或合资公司根据法律规定应获得 MIC 许可或 MIC 认可）；相关城市或地区发展委员会的推荐函；拟进行批发或零售的商品；详细的商业计划（包括从事业务的地点、初始资本等）。第四，该公告列明了其他从事批发和零售业务的限制和规定：从事批发和零售业务的公司必须遵守地方政府以及城市发展委员会关于销售时间、销售地点以及网点数量的规定，不得销售缅甸法律法规禁止销售的商品，外资公司以及合资公司不得从事小型商店和便利店业务（占地面积低于 10000 平方英尺/929 平方米）；同时，从事批发和零售业务的公司要遵守产品安全、消费者保护、环境保护、反不正当竞争法等相关法律法规的规定，需要保存好相关数据和文件，以供商务部检查，注册从事批发和零售业务的公司如果要扩展新的网点，需要在 90 天内向商务部提出报告。

6. 教育与健康

随着经济转型，缅甸社会对高技能和受过良好教育的工人的需求将会提高，而当前缅甸相对年轻的人口（15~29 岁）占劳动力人口的近 40%，这明显的人口优势和社会需要更高层次的人才之间并不匹配，缅甸正在积极推进教育服务行业的发展。教育服务行业是 2016 年《缅甸投资法》中鼓励投资的重点领域之一。

医疗服务行业也是缅甸政府当前鼓励投资的重点领域。缅甸卫生和体育部最近开始修改政策，支持在人口密度高地区的医院免费发放基本药物。缅甸许多农村缺乏基本的卫生设备和医疗用品，急需相关服务提供商来满足当地市场的需求。

二 允许外资投资的行业

根据新的《缅甸投资法》《缅甸投资法实施细则》及 2017 年 4 月 1 日缅甸投资委员会发布的 2017 年第 13 则通告，缅甸鼓励外资投资的领域涉及 20 项，这些领域内的诸多细分领域的投资项目均可向投资委员会申请减免所得税等优惠政策。

1. 农业及相关服务业（除烟草和烤烟的种植与生产）

（1）谷物（除水稻）、豆类和油料作物种植；

（2）水稻的种植和生产；

（3）蔬菜、甜瓜、黄瓜和块根作物的种植；

（4）甘蔗种植；

（5）棉花及纤维作物的种植；

（6）一年生作物的种植；

（7）葡萄种植（多年生植物）；

（8）热带和亚热带果树种植（香蕉、杧果、榴梿、红毛丹、木瓜、菠萝、火龙果、南美洲番荔枝、罗望子和其他热带水果，以及菠萝蜜、山竹、龙眼、牛油果、无花果、枣椰树等亚热带水果）；

（9）柑橘种植（柚子、甜酸橙、柠檬、酸橙、橙子和其他种类的酸橙和柠檬）；

（10）果树种植（番石榴、棕榈、李子、苹果、荔枝、梨和其他水果）；

（11）其他树木、灌木型水果作物和坚果类树木的栽培；

（12）油料树种植（油棕等）；

（13）亲本植物种植；

（14）烹饪作物、草药、吸入剂和药用植物种植（辣椒、甜辣椒、小米辣、豆蔻、生姜等调料植物）；

（15）多年生作物种植；

（16）植物育种与增值；

（17）作物生产的支持性活动；

（18）收获后的活动；

（19）用于繁殖的种子处理活动；

（20）除草活动与病虫害防治；

（21）机械化收割；

（22）磨粉加工服务；

（23）水资源和灌溉服务；

（24）烘干设备服务；

（25）存储设备服务；

（26）粮食作物实验室服务；

（27）土壤检测服务；

（28）农田机械出租服务；

（29）建设农产品批发市场的基础设施；

（30）从作物种植到作物成熟的其他服务（收割后的作物服务、种子生产服务、其他服务等）。

2. 森林种植、保护和其他与森林有关的行业

（1）建立森林种植园；

（2）柚木种植园的建立；

（3）橡胶木生产；

（4）以收费或合同形式从事林业或林业种植活动。

3. 畜牧业生产、渔业育种和生产及其相关服务

（1）牛和水牛的养殖、繁殖和生产；

（2）马类养殖；

（3）绵羊和山羊的养殖、繁殖和生产；

（4）猪的养殖、繁殖和生产；

（5）家禽的养殖、繁殖和生产；

（6）其他动物的养殖；

（7）混合养殖；

（8）动物生产的配套活动；

（9）珍珠养殖生产；

（10）淡水和海洋生物的养殖和生产。

4. 制造业（不包括香烟、烈酒、啤酒及其他有害产品的制造）

（1）屠宰包装（不包括土鸡、鸭和其他家禽）；

（2）家禽（蛋鸡和肉鸡）的屠宰、包装和冷藏；

（3）鱼和鱼类产品的生产、加工和冷冻；

（4）罐装鱼的生产；

（5）虾、蟹等贝类和软体动物的增值生产；

（6）虾、蟹等贝类和软体动物的罐装生产；

（7）海藻、苔藓等生产；

（8）兽医用具生产；

（9）蔬菜水果长期保存的加工处理；

（10）罐装蔬菜和水果的生产；

（11）从事其他未经明确指定的蔬菜和动物生产食用油和油脂；

（12）从蔬菜中生产食用油和油脂；

（13）从椰子油、仁和椰子生产面包和食物；

（14）棕榈油生产；

（15）玉米油生产；

（16）动物油脂生产；

（17）从事其他未经明确规定的蔬菜和作物生产食用油和油脂（可生产油脂的坚果，从作物种子中的提取物和粉末，人造黄油，类似的混合食品，用于煎炸的混合脂肪）；

（18）鲜牛奶和增值奶制品的生产；

（19）奶粉和炼乳的生产；

（20）其他乳制品的生产；

（21）农作物粉碎（大米、玉米除外）；

（22）大米和玉米的粉碎及米粉、玉米粉的生产；

（23）面包店；

（24）糖的生产；

（25）可可、巧克力和糖果的生产；

（26）通心粉面条、饼干、干蛋糕、面粉食品的生产；

（27）预制菜肴的生产；

（28）咖啡、茶和传统药用植物的生产；

（29）调料、酱油及其他用于烹调的产品生产（辣椒、色拉酱、芥末、米粉、醋等食品，带糖的蜂蜜、压缩肉、鱼、贝类或软体动物，碘盐等食用盐，能量饮料）；

（30）动物饲料生产；

（31）生产木板（胶合板、纤维板、刨花板等木质制品）；

（32）建筑成品木制品的生产；

（33）木盒生产；

（34）其他木制品生产（原材料如软木、干草、水葫芦、干香蕉树等可以多层折叠、扭曲、缠绕、编制生产的产品）；

（35）木质家具生产（包括竹子和藤条）；

（36）肥皂、肥皂粉、香水和清洁材料的生产；

（37）纺纱、织造、染色和定型；

（38）各种绳具网具生产；

（39）服装生产；

（40）女士内衣生产；

（41）各种帽子生产；

（42）包括行李箱、手提包、背包在内的各种包类生产；

（43）运动产品的生产；

（44）鞋类生产；

（45）成品皮革制品生产；

（46）皮革、行李箱和口袋生产；

（47）羊毛羊皮制品生产；

（48）各种塑料制品的生产；

（49）家用和个人用品的生产；

（50）纸浆、纸和纸板的生产；

（51）化肥的氧化合物的生产；

（52）农业杀虫剂和化学产品的生产；

（53）纤维的生产（仿制纤维）；

（54）医药、医药化学品和植物产品的生产；

（55）轮胎生产；

（56）橡胶轮胎及内胎的生产和修补；

（57）混凝土、水泥、石灰石、砖、陶瓷、石膏的生产；

（58）建筑材料的生产；

（59）建筑用塑料制品的生产（罐、水容器、储液槽）；

（60）钢铁生产；

（61）除机械设备外精炼金属材料的生产；

（62）成品玉、宝石、首饰的生产；

（63）计算机、电子及光学产品制造；

（64）电机、发电机（发电）、变压器（二极管）、配电及控制装置的生产制造；

（65）配电控制装置的生产；

（66）电子产品生产（视频、电视设备、广播演播室设备）；

（67）电信设备的生产（电话、传真、无线设备、专用交换机）；

（68）电子指示器及其他元件的生产；

（69）通信用数据电缆的生产；

（70）电池和蓄电池的生产；

（71）无线和无线设备的生产；

（72）铝及相关材料的生产；

（73）玻璃和玻璃制品的生产；

（74）玻璃纤维的生产；

（75）农用机械的生产；

（76）车辆的生产和组装；

（77）汽车和拖车车身设计与生产；

（78）与汽车有关的固定装置和机器零件的生产；

（79）摩托车生产（摩托车、发动机和零部件）；

（80）机械设备生产；

（81）通用机械的生产；

（82）船舶及浮动装置生产；

（83）游艇及运动艇的建造生产；

（84）机车、客车车厢、货车车厢、桥梁、混凝土轨枕生产；

（85）航空航天及相关机械生产；

（86）飞机机身、发动机和部件的生产销售；

（87）石油化工产品的生产；

（88）化工产品的生产；

（89）基于橡胶的制造业；

（90）机油的生产；

（91）传统药品生产；

（92）医疗设备生产。

5. 工业区/工业园区

建设工业区/工业园区需在符合工业区发展规划规定范围内，提供适当的基础设施，如道路、供水、供电、排水、废水处理、固体废物和危险废物管理等；以及提供公用事业服务和行政设施，如医院和诊所、职业培训学校、办公室、消防局、公园和绿地。

6. 城市新区

开发商建设城市新区，必须在符合城市发展规划和分区规定范围内，提供适当的技术基础设施和公共事业服务，如提供道路、供水、供电、通信、排水、污水处理和固体废物管理等；提供社会、商业和行政设施，如医院和诊所、学校和培训教育、办公室、市场、商业区、消防局、公园、绿地和娱乐设施。

7. 城市发展活动

（1）供水；

（2）污水净化；

（3）垃圾回收；

（4）经济适用房的建设与租赁；

（5）城市内外的公共交通。

8. 公路、桥梁和铁路线建设

（1）公路及桥梁建设；

（2）铁路建设；

（3）机场跑道建设（包括滑行道、停机坪、进港道路、外部道路）；

（4）桥梁、公路升级与隧道建设。

9. 海港、河港和无水港建设

10. 机场管理、运营与维护

11. 飞机维修和养护服务

12. 供给和运输服务

（1）铁路客运；

（2）铁路货运；

（3）铁路集装箱运输；

（4）公路客运；

（5）公路货运及仓储；

（6）内河旅客运输；

（7）内河货物运输；

（8）国际航空旅客运输；

（9）国际航空货物运输；

（10）仓库、简仓与罐的建造和租赁；

（11）冷链物流建设；

（12）货物包装服务。

13. 发电、输电和配电

14. 可再生能源生产

（1）利用太阳能、风能和地热能来发电、输电、配电；

（2）利用太阳能、风能和地热能发电和输电的工程服务。

15. 电信行业

（1）光纤、通信和输电线路的安装及通信塔的建设；

（2）地区光纤相关服务；

（3）电信服务。

16. 教育行业

（1）私立学校；

（2）应用国际课程的学校；

（3）技术与职业学校；

（4）高等教育服务；

（5）体育教育服务；

（6）民航培训服务；

（7）卫生人员的培训服务。

17. 健康服务

（1）医疗服务；

（2）药物实验室服务；

（3）传统医疗服务；

（4）私人诊所服务。

18. 信息技术服务

（1）IT 基础设施服务；

（2）软件开发。

19. 酒店和旅游业

（1）酒店和度假村提供服务；

（2）游客观光交通服务；

（3）生态旅游行业。

20. 科研开发行业

（1）农业和育种研发；

（2）医疗及医疗教育研究；

（3）工业发展、工程与技术研究；

（4）收割技术研究；

（5）农业科学基础研究（农业时间、技术、作物苗圃、人工林、畜牧业、养鱼）；

（6）传统医学与实验室服务研究；

（7）地质科学研究。

缅甸政府公布的经济发展战略对外商到缅甸投资提供指导的同时，也要求外国企业投资缅甸的项目应遵循以下 18 条原则：

（1）弥补国家发展规划不足及因国家及国民财力、技术无力实施的项目；

（2）增加就业机会；

（3）扩大出口；

（4）替代进口物资的制造业；

（5）需要大量投资的制造业；

（6）获取高技术及发展技术型产业；

（7）需要巨额投资的制造业及服务业；

（8）低能耗项目；

（9）发展地方经济；

（10）开发新能源及生物能源项目；

（11）发展现代工业；

（12）保护环境；

（13）有助于信息技术产业；

（14）不影响国家主权及人民安全；

（15）培养国民知识技能；

（16）发展国际水准的银行及金融业；

（17）国家及国民需要的现代服务业项目；

（18）保障能源及资源的短期和长期内需。

以 18 条原则为依据，缅甸政府会根据本国发展所需开展不同产业的招标投资活动。缅甸政府欢迎外国企业到缅甸投资，根据《缅甸投资法》规定，外资在缅甸可以 3 种方式投资，即外国人在委员会许可的领域进行全额投资；外国人与国民或相关政府部门、组织进行合资（如果成立合资企业，外资比例不得低于总投资的 35%）；根据双方合同进行合作。

三　限制外商投资的产业

根据新的《缅甸联邦外国投资法》《缅甸投资法实施细则》及缅甸投资委员会发布的相关通告，缅甸限制外国投资的领域分为四大类。

1. 仅允许联邦政府投资的领域

（1）政府公布的符合规定的安全和防卫产品的制造；

（2）国防用的武器与军火制造及相关服务；

（3）发行国家邮票，设立和租用只能由邮局经营者代表政府运营的邮局和邮箱；

（4）航空交通服务；

（5）领航服务；

（6）除了与减少碳排放相关的天然林和林业区域的管理；

（7）铀和钍等放射性金属的可行性研究及生产；

（8）电力系统的管理；

（9）电力检测项目。

2. **不允许外商实施投资的领域**

（1）出版发行包括缅甸语在内的少数民族语言期刊；

（2）淡水渔业及相关服务业；

（3）建立动物进出口检疫站（畜牧兽医部门负责动物检查和发放许可证）；

（4）宠物护理服务；

（5）林区和政府管理的天然林区林木产品生产；

（6）《矿业法》中规定的中小型矿产勘探、勘察、可行性研究和生产；

（7）中小范围的矿产精炼；

（8）浅油井的开发；

（9）为外国人打印签发拘留许可证和签证；

（10）与翡翠及宝石有关的勘探、开采及生产活动；

（11）导游服务；

（12）小型市场和便利店（建筑面积小于 10000 平方英尺或 929 平方米）。

3. **要求外商必须与缅甸国民公司或缅甸国民合资经营投资的领域**

（1）渔场、渔港及鱼类拍卖市场的建设；

（2）与渔业相关的调查活动；

（3）兽医诊所；

（4）农作物的种植、销售和出口；

（5）塑料制品的生产和国内销售；

（6）基于现有自然资源的化学品生产和国内分销；

（7）易燃固体、液体和气体燃料及喷雾剂（乙炔、汽油、丙烷、发胶、香水、除臭剂、杀虫剂）的生产和国内销售；

（8）氧化剂（氧气、过氧化氢）及压缩产品（丙酮、氩、氢、氮、乙炔）的生产和国内销售；

（9）腐蚀性化学品（硫酸、硝酸）的生产和国内销售；

（10）压缩、液态或固态工业用化学气体的生产及销售；

（11）饼干、威化饼干及各种面条、粉丝等谷类食品的生产及销售；

（12）糖果、可可、巧克力等各种糕点甜点的生产和国内销售；

（13）除牛奶和乳制品外的其他食品生产、保存、罐装、加工和国内销售；

（14）麦芽、麦芽酒及不含气饮料的生产和国内销售；

（15）各种烈酒、酒精、酒精饮料的制造、蒸馏、勾兑、精馏、装瓶和国内销售；

（16）冰块的生产和国内销售；

（17）纯净水的生产和国内销售；

（18）肥皂的生产和国内销售；

（19）化妆品的生产和国内销售；

（20）住宅、公寓的开发、销售和出租；

（21）当地旅游服务；

（22）患者海外就医运输代理。

除此之外，缅甸投资委员会发布的相关通告对需要与缅甸国民或公司合资经营的领域提出了进一步的规定，涉及多个领域。

第一，房地产与建筑领域。缅甸投资委员会 2016 年第 26 则通告规定，"开发、销售及租赁住宅与公寓，开发、销售办公物业与商用建筑，开发、销售及租赁工业区相关区域的住宅"，以及"开发经济适用房"都属于必须与缅甸公民合营的项目类型。然而，缅甸投资委员会在 2017 年第 15 则通告中规定的合营清单中仅保留了"开发、销售及租赁住宅与公寓"这一项。因此，在法律层面上，"开发及销售办公物业与商用建筑"、"开发、销售及租赁工业区相关区域的住宅"以及"开发经济适用房"这三项活动不再强制需要缅甸当地合作方，在获得缅甸建设部许可的情况下即可投资经营。不过，实操过程中很多项目都属于包含住宅、办公楼、商场的综合体的开发，对综合体项目整体而言，预计外商在申请投资许可的过程中仍需要本地合作方的参与。此外，各类道路、隧道、地下通道、天桥以及超过 180 英尺（54 米）的桥梁都须在依法获得建设部的许可后方可投资建设经营，但不强制要求与缅甸公民合资经营；而对于超过 100 英亩（1 英亩＝

4046.86 平方米）的城市开发项目，除仰光、曼德勒、内比都三大城市外的省会城市中，土地面积超过 4 英亩的城市改建项目以及新城镇开发项目也都须依法获得建设部的许可后方可投资经营。

第二，旅游行业。缅甸投资委员会 2017 年第 15 则通告规定，外商不得提供导游服务（包括合资的情况）。同时，在合营项目清单中还包含了"当地旅游服务"。因而，对于计划在缅经营的外商旅行社而言，仍需要与缅甸合作方合营，对于具体的导游服务，可向缅甸旅行社或缅甸本地导游进行外包，不要以自身名义承揽缅甸境内的导游服务。

第三，零售与批发行业。缅甸投资委员会 2017 年第 15 则通告明确规定外商不得投资经营小型市场、便利店（房屋面积小于 10000 平方英尺或929 平方米）。另外，对于超过上述面积的大型零售批发行业，缅甸商务部并没有对外商明确限制，且合营清单中也没有列出与零售批发行业相关的条目。因此，外商在取得商务部许可后即可独资经营大型零售、批发业（房屋面积超过 10000 平方英尺或 929 平方米）。这一规定是对缅甸本地便利店等小型零售业的保护。值得注意的是，缅甸投资委员会 2017 年第 15 则通告中并没有对零售产品的种类加以规定，而零售产品的种类可以跨度很大，比如常规日用品、服装、箱包、玩具等，故在实际操作层面须进一步观察商务部零售许可的审批标准，不排除部分产品零售需要合资经营的可能。

第四，能源与电力行业。在能源与电力行业，过去缅甸政府为了支持部分国有资产的私营化，引入了与电力与能源部（MOEE）合营的机制。在新的投资法框架下，对于多数能源与电力行业的投资活动，外商不再被强制要求与 MOEE 或其他本地合作方合营，而仅须取得 MOEE 的许可后即可依法经营。因此，外商原则上被允许从事石油进口、储藏、运输及石油产品的销售。对于以往被政府重点监控管理的能源、电力行业来说，与能源、电力行业相关投资活动能否在短期内完全向外资开放，仍有待进一步观察。由于相关投资项目仍需要取得 MOEE 的许可，MOEE 非常可能通过制定行业内的限制条件（如合资比例）实现对外国投资项目的管控。

第五，医疗行业。对比之前的法律政策，在三类医疗行业中的投资活动可向外资开放，包括生产药品原料、生产疫苗及分销麻醉药物可以由外商全资经营，但须取得工业部（Ministry of Industry, MOI）颁发的许可，私人保健服务、私人疗养院、私人医院也可以由外商全资经营，但须取得健康与体育部（Ministry of Health and Sport，MOHS）的许可，对于新型的"境外医疗交通代理"服务，则需要依法合资经营。备受关注的私人诊所，也对外资进行了完全开放，外商可以不再与本地企业合营，可独资开设私人诊所，这对缅甸医疗行业的发展将有较大的促进作用。另外，对于兽医诊所，依照新规仅允许合资经营。

第六，制造行业。在旧法下，生产及在本地批发销售各类化妆品、各类肥皂的投资活动不须合资经营，但在新法下须依法合资经营。而在旧法下，各类绳索的生产及销售、包装业、生产药品原料、生产调味粉等四项制造业投资活动须合资经营，但在新法下可由外资全资经营。

总体而言，新的《缅甸投资法》对外国投资采取了进一步开放政策，很多行业不再强制要求外商与缅甸国民或企业合资经营，缅甸市场准入程度有所提高。

4. 外商需要得到相关部委许可才能开展投资的行业

（1）须得到内政部许可的行业有1项，即含有麻醉和精神类成分的药品的生产与销售。

（2）须得到信息部许可的行业有6项，即印刷媒体与广播媒体服务的官方所有权；定期出版的外文报纸项目；FM调频广播项目；数字高清晰度直播电视（DTH）；机顶盒数字电视（DVB-T2）；有线电视。

（3）须得到农牧水利部许可的行业有17项，即与渔业资源及鱼种类相关的投资；海洋捕捞；兽用生物制品的生产及销售；兽药的生产及销售；养殖场和孵化场；动物物种的遗传学研究、基因保护和分配；动物品种（繁殖动物、冷冻精液、胚胎）的进口、生产和销售；动物饲料和动物产品安全的实验室服务；动物疾病诊断实验室服务；动物卫生研究和控制服务；种子的进口、生产、国内销售和再出口；各种植物品种的引进、生产和销售；农药、化肥、激素等的生产、存储、销售及出口；杂交种子的生产和出口；农业实验室服务；农业及农产品研究；季节性作物的生产。

（4）须征得交通与通信部许可的行业有55项，即车辆登记检查；机动车驾校业务；与铁路运营有关的新铁路轨道、车站和建筑物的建设；火车运营；机车、客车车厢、货车车厢、零配件的制造与维护及铁路养护；列车运行用电的生产；与铁路运输相关的无水港服务；邮政服务；电信服务；卫星通信产品的生产和销售；雷达通信产品及相关设备的生产和销售；无线电通信产品的生产和销售；手机及电话的生产和销售；民航培训服务；飞机维修和保养服务；机场酒店服务；地勤服务；航空运输服务的销售；计算机机票预订系统（CRS）服务；无空乘服务的飞机租赁业务；有空乘服务的飞机租赁业务；航空货运代理服务；飞机航线维护服务；停机坪处理服务；乘客运送服务；行李搬运服务；货物搬运服务；飞机加油服务；机场安保服务；机场建设、维护、管理和运营；国内航空运输服务；国际航空运输服务；飞机相关产品租赁；航海教育与培训；能够建造和维修船舶及浮式结构的船坞项目；沿海及内陆旅客水上运输服务；沿海及内陆货物水上运输服务；水运配套服务；国际旅客运输服务（不含沿海）；国际货物运输服务（不含沿海）；不含船员的船舶租赁服务；含船员的船舶租赁服务；拖船和拖轮服务；拆船业务；船舶经纪业务；船舶标准检疫服务；船台、船坞、上岸码头和挖泥船坞及河岸、水岸的防波堤、栈桥、登陆平台建设；在岸边和水边建造仓库、储罐、集装箱堆场和港口相关基础设施；建设内核港；船道的维护与整治工作；港口区及港口限制区扩建；港口及水运服务；沉船打捞；船舶代理；深海港及国际多用途港口项目。

（5）须征得自然资源与环保部许可投资的行业有 15 项，即林地和森林覆盖的政府管理区域内树木的开发利用；长期租赁林地（保护森林和受保护的森林）从事林地生产活动；木材工业及相关行业（限制必须建立森林种植园）；生态旅游；转基因生物及转基因活性生物的进口、增殖和销售；基因优良珍稀物种的种子、繁殖体、组织的生产培育研究和商业活动；林业相关的高新技术发展、研究与人力资源；商业目的的进口、出口、繁殖和生产野生动植物物种；外商投资的大型矿产的勘察、勘探和可行性研究；国民投资的小型、中型、大型矿产的勘察、勘探和可行性研究；外商投资珠宝、首饰、成品的生产和销售；缅甸国民投资的珠宝、首饰及其制品的开发生产和销售；珍珠养殖产业；破坏臭氧层的行业；纸浆和纸的大规模生产。

（6）须征得电力和能源部许可的投资行业有 8 项，即大规模电力项目

（电力法规定超过 30MW 的电力项目）；与电力系统相关的所有电力项目；各种海洋平台的建造和安装，及相关业务的进口生产、建造和安装；石油、天然气、石油产品的进出口、运输、存储、分销和销售，及储罐、装卸港口、管道、相关机械设备的建设和安装；各类炼油厂的建设、老炼油厂的维护与改造及业务的运营；石油天然气探测，及与此相关的设备、附件、备件的进口、生产、建造与安装；石油天然气开发、生产和检测，及与此相关的设备、附件、备件的进口、生产、建造与安装；石油天然气的运输管道建设，及此相关的设备、附件、备件的进口、生产、建造与安装。

（7）须征得工业部许可的投资行业有 1 项，即疫苗生产。

（8）须征得商务部许可的投资行业有 2 项，即零售服务；批发服务。

（9）须征得卫生部许可的投资行业有 12 项，即私人医院；私人健康服务；私人移动医疗服务；私人护理；私人传统医院；私人传统诊所；私人药品和医疗产品生产；传统药物的生产；传统医药原料（草药）的贸易；传统中草药的种植与生产；传统药物研究和实验项目；疫苗与诊断试剂的研制。

（10）须征得建设部许可的投资行业有 8 项，即建设部管理的公路，及与此相关的平行新车道、岔路、交会路的建设；高速公路、隧道、内环线、外环线、互通式立交、地下通道、国道、跨线桥、半地下通道、潜洞隧道的建设；180 英尺及以上长度的桥梁建设；PC 钢绞线、板梁、钢架、钢筋混凝土和预应力混凝土等与桥梁建设相关的材料生产和国内分销；100 英亩及以上的城市发展项目；经济适用房项目及与工业区发展相关的 50000 平方米及以上的住宅项目的建设销售；省或邦（内比都、仰光、曼德勒除外）的首付中超过 4 英亩的城市再开发项目；新城市/乡镇开发。

四　缅甸各类园区

（一）工业园区

缅甸政府一直努力迈向新型工业国家的道路，1990 年建立了缅甸工业发展委员会（MIDC），尝试采取合理措施来支持工业的发展。缅甸第一个工业区从 1990 年开始建立，截至 2003 年 12 月 31 日，缅甸工业区开发项目数仅有 3 个，投资额 193.11 万美元，在整个外国投资比例中占 2.56%。通过各项措施实施及积极发展，缅甸现已建成 19 个工业区，其中 4 个工业区（含 14 个分工业园区）在仰光，另外 15 个工业区在其他城市。已运转的 19 个工业区是仰光东区工业区、仰光西区工业区、仰光南区工业区、仰光北区工业区、孟邦毛淡棉工业区、掸邦东枝埃达亚工业区、实皆省蒙育瓦工业区、实皆省瑞勃工业区、实皆省吉灵工业区、马圭省帕科库工业区、马圭省耶南羌工业区、曼德勒省工业区、曼德勒省密铁拉工业区、曼德勒省敏建工业区、勃固省卑工业区、伊洛瓦底省渺谬工业区、伊洛瓦底省兴实塔工业区、伊洛瓦底省勃生工业区、德林达依省丹老工业区等。另外，兴建中的 7 个工业区是曼德勒省雅达娜蓬工业区、内比都工业区、若开邦蓬纳尊工业区、克伦邦普亚东素工业区、克伦邦妙瓦底工业区、掸邦南东工业区、克伦邦帕安工业区。正在建设的经济特区有 3 个，分别是土瓦经济特区、皎漂经济特区和迪洛瓦经济特区。

1. 仰光工业区

自 1992 年开始，仰光便投入资金建设工业区。仰光省现共有 29 个工业区，东部地区有 10 个工业区，南部 1 个，北部 18 个，面积达 5015 公顷，提供了约 30 万个就业岗位。仰光的工业区被分为四类，即外资、合资、当地私营者所有、当地政府国营。仰光不同的工业区对企业的管理规定和服务有所区别，有的只提供标准设施，每年的土地租赁和土地使用的地价也根据其位置和基础设施等因素而有所不同。相比之下，敏加拉东、达给它、南奥格拉巴和莱达雅是条件优越的工业区，而瑞庖甘、瑞比达等属于条件一般的工业区。在占地规模方面，面积最大的是莱达雅工业区，其次分别是瑞比达、达光色甘、瑞林班，占地都在 1000 英亩（约 6070 亩）以上。

供水供电方面，仰光省电力需求占全缅甸的 50% 以上，当地大部分工业区都有备用措施来保障水电供应，包括挖掘管井，建设变电站、变电所、电力传输线、备用发电机等。目前仰光省政府正与仰光电力供应集团（YESC）合作，YESC 将购买新的输电装置来更新换代。通信建设方面，敏加拉东工业园区有 300 条电话线，仰光工业区有 PSPX 系统，瑞庖甘工业区有 450 条电话线、117 台 GSM 移动电话、80 套 SDMA。工业区道路方面，每个区都建有混凝土道路，状况较为良好，重型机动车也能通过，但是雨季道路情况就不容乐观。南达光工业区在企业数量上排名首位，共拥有 1401 家企业；其次是莱达雅，有 511 家企业；再次是瑞比达，有 228 家企业。工业区内的企业有 19 种类型，服装、食品加工、日用商品企业占主体，所占份额超过 75%。每个工业区都设有工业区管理委员会来监管和提高公司的日常运作，并制定短期和长期的目标来促进工业区建设。

为进一步促进工业区发展，仰光省政府将组成一个统一的管理委员会，管理 29 个工业区。仰光省计划由该管委会来保障工业区内水电供应、排水系统等设施的运行维护，并系统地解决工业区存在的问题，并在缅甸专家及外国专家的经验和帮助下，促进这 29 个工业区发展。

2016 年，经仰光省政府批准，由缅甸第一建筑公司负责开发建设的第二中央经济区项目开工建设。项目位于仰光省木延贡镇敏丹玛路和多温路交会处，土地规模为 36.551 英亩，项目的开发有助于缓解城市拥挤。整个项目建设周期为 5 年，包括国际会展中心、酒店、写字楼、购物中心和通信大楼等。项目地下将建 3 层约 5000 个泊位的停车场。日、韩两国在建设过程中，均对缅甸提供资金、技术上的帮助。此外，不久前的缅甸仰光省议会上，计划在端低镇区（Twante）、礼居镇区（Hlegu）和东达贡镇区（Dagon）新建三个工业区，预计将提供约 7 万个就业岗位。该计划已列入仰光省政府、市政、日本国际协力机构（JICA）联合制定的战略发展年度报告中。此次开发新工业区将同国内外企业合作，并优先考虑有经济实力的企业。

2. 曼德勒工业区

曼德勒工业区于 1990 年建成，位于曼德勒市东南部，占地 1820 英亩，由敏建、密铁拉和曼德勒三个工业区组成，共有 5000 多个厂区地块。曼德勒工业区内有企业 560 家，进驻的企业主要经营业务为食品、布料、日用品、农业机械等。为了便于管理，这个区域被划分为两块，即 1 号工业区和 2 号工业区，但工业区管理委员会只有一个。

曼德勒省政府把德达宇镇区、缪达镇区、安孙镇区、当达镇区等镇区定为欠发达地区，国内外企业若在这些地区开发工业区或经营业务，依照新的《缅甸投资法》，将获得 7 年免税的待遇。曼德勒省的敏建镇区、诺头基镇区、马莱镇区、大市、良宇等镇区被定为交通困难地区，国内外企业若在这些地区投资，将获得享受 5 年的免税待遇。另外，国内外企业若在这些地区以外的其他曼德勒省地区进行投资，将获得 3 年的免税待遇。

缪达工业园新城（MIPC）是曼德勒在建工业园中发展最快的。2012 年缪达工业园新城获得缅甸投资委员会批准，2014 年曼德勒缪达工业开发有限公司（MMID）聘请了新加坡邦城规划顾问公司（SCP）编制了总体规划。项目规划用地 45 平方公里（11119.7 英亩），规划布局主要是基础产业、传统产业、高科技和密集型产业、消费性服务业和生产性服务业五大类，规划居住人口 25 万人，就业人口 20.2 万 ~33.7 万人。现已建成伊洛瓦底江沿线首个能用 50 吨现代化吊装设备装卸货物的码头，可装卸 20 英尺至 40 英尺的集装箱，满足园区内材料的装卸。新城主入口、园区主干道路、园区开发审议委员会用房都已经建成使用。供电站已经竣工，能充分满足企业生产运营所需用电量。从伊洛瓦底江斯密孔码头引流到园区内的水源能够满足用水需求。主干道宽带网络、电话、有线电视三网合一光纤已埋设，形成了一个粗具规模的工业园区，得到了广大国内外投资者的认可，并签署了多份合作协议。目前该工业区已投产的企业有印尼企业、新加坡上市公司 JAPFA 农用饲料厂、港印合资的 LOTUS 木材加工厂、中缅合资的云南 Dingwan 食品加工厂、泰缅合资的水泥制品加工厂等。有入驻意向的企业主要有饲料、农药、一般仓储、冷冻仓储、饮料装瓶等生产性、服务性产业。

值得一提的是，云南省保山市工贸园区管委会为推动保山参与和融入"一带一路"国际合作，在缅甸组建成立了曼德勒保山缪达工业开发有限公司，并由该机构与缪达工业园新城开发主体合作建设园中园，该园中园总用地面积 313.74 英亩，计划分三期建设，将重点发展以电工电器组装、制鞋产业、制帽产业、服装产业、日用品产业以及电力设计、施工与输配电产品、物流仓储等项目。作为基础配套设施，曼德勒保山缪达工业开发有限公司已在园中园内建设标准厂房、仓库、产品展示中心、办公用房、生活用房等。现已有制鞋、制衣、生活用品、电器、摩托车、输配电产品等十余家企业与曼德勒保山缪达工业开发有限公司达成入园意向。

（二）经济特区

2010 年缅甸领导人丹瑞访问中国时特意到深圳参观，之后缅甸经济特区的发展借鉴了中国发展经济特区的经验，并受中国经济特区发展"先立法、再开发"模式的启发，于 2011 年颁布了《缅甸经济特区法》和《土瓦经济特区法》。为吸引外来投资，缅甸于 2014 年修订出台了新《经济特区法》，2015 年 8 月颁布了《缅甸经济特区法实施细则》。2014 年 2 月在内比都举行的缅甸经济特区中央工作组会议上，缅甸政府提出"经济特区建设是一项长期经济投资，有利于增加就业和推动国家经济发展"的观点。目前缅甸三个主要的经济特区是土瓦经济特区、迪洛瓦经济特区和皎漂经济特区。

1. 土瓦经济特区

土瓦经济特区位于德林达依省的土瓦首府，地处沿海，与泰国接壤，历来都是缅甸从事对外贸易和海洋经济的重要区域。缅甸在土瓦设立自由贸易港和重工业为中心的特大型经济特区，是希望利用泰国资本将土瓦建设成区域贸易中心。土瓦经济特区占地面积约为 6.4 万公顷，包括德耶羌、耶漂、龙龙和土瓦 4 个镇区，距离泰缅边境的泰国北碧府 300 公里。2008 年 5 月，缅泰两国在新加坡签署谅解备忘录，缅甸港务局与泰国意泰公司于 2010 年 11 月签署框架协议。根据协议，土瓦特区一期项目包括修建缅泰公路、深水港和工业区，计划于 2015 年竣工。由于项目盘子大、资金短缺及缺乏外资投入等因素，项目搁浅中断。2012 年缅泰两国签订了新的土瓦经济特区谅解备忘录，并成立了相关高级委员会、联合工作协调委员会、联合工作组。

根据意泰公司公布的文件，框架协议有效期为 60 年，在双方都同意的情况下可再延长。这项预算投资 134 亿美元的工程将采取 BOT（建设—运营—移交）模式实施，将在 10 年内分三个阶段完工。项目包含的工程有以下几个方面。第一，土瓦深水港，包括南港和北港，共 22 座栈桥，可同时供 25 艘 2 万至 5 万吨轮船停靠，年处理货物 1 亿吨。第二，东南亚最大的工业园区，用地 250 平方公里，投资约 13 亿美元，包括港口和重工业区、油气区、上游化工区、下游化工区、中轻型工业区等 6 个区，用来建设钢厂、化肥厂、发电站和其他服务设施以及住宅区、商业区和一个旅游观光休闲区。第三，一个能满足整个项目用电的 400 万千瓦发电站，一个满足供水的蓄水量达 2.19 亿立方米的大坝、一个日处理 97.5 万立方米的净化水厂。不过，迫于舆论"环境污染"的压力，2012 年 1 月，缅甸政府叫停了土瓦经济特区的火电厂。第四，土瓦港通往缅泰边境长约 170 公里的公路、铁路。该路经曼谷—柬埔寨诗梳风市可以到达越南头顿市和归仁市，从而与 GMS 南部经济走廊连接，沿路平行铺设输变电线及石油和天然气管道。意泰公司还计划推动丹荖群岛的旅游业发展，该地区以未受污染的海滩和海产品而闻名。

根据框架协议，特区开发第一阶段为基础设施建设阶段，从 2010 年到 2015 年间由意泰公司联合其他 4 家公司（日本钢铁、泰国 PTT 公司、泰国电力局和马来西亚 Petronas 公司）组成合资公司承担。其中最重要的项目是修建土瓦经济特区到泰国的 160 公里 8 车道高速公路和铁路。高速公路项目又被称为西门路桥工程，共投资 6600 万美元。2011 年 4 月，意泰公司完成了从土瓦特区到北碧府 Phu Nam Ron 检查站的跨境公路，以便运输原材料到建筑工地。此外，缅泰两国继续签署协议推进土瓦特区后续建设，泰国政府将为缅甸政府提供 45 亿泰铢（约 1.33 亿美元）贷款，建设土瓦特区深水港至甘恰那布瑞市 132 公里公路项目，借贷利息为 0.1%，还款期限 30 年，前 10 年无须支付利息。项目公路建设计划由于缅甸新政府重新评定该项目而暂停。2015 年签署的协议还包含双车道公路、港口、第一工业区、第一电站和首个住宅区的建设，以及城区建设、供水、通信等方面的建设项目，并且还包含耗资 5 亿美元，年发电量达 450 兆瓦的天然气供电项目。

此外，为了能让边境地区前往泰国务工的当地人回国工作，德林达依省将在土瓦县位于缅泰边境地区的梯客口岸（Tee Khi）附近建设一个占地 6000 余公顷的新工业区。工业区位于连接缅甸土瓦经济特区与泰国敢恰纳卜依市的公路之间，有良好的交通基础。工业区将由 KUN-4 下属公司

NOBLE PRINCE 和 SUN AND RAINBOW 合作建设。

实施土瓦经济特区项目及相关项目的高级别委员会由副总统亨利·范迪友担任主席，成员包括交通与通信部长、资源与环保部长、电力与能源部长、劳动、移民与人口部长、计划与财政部长、建设部长、德林达依省长、外交国务部长、副联邦首席检察官。商务部长担任委员会秘书，土瓦经济特区管委会主任担任联合秘书。该项目开工以来进展并不顺利。2017年，一度被搁置的土瓦经济特区项目数年后重回正轨，土瓦经济特区委员会与意大利-泰国发展股份有限公司（ITD）互动频繁。

2. 迪洛瓦经济特区

迪洛瓦经济特区位于仰光市以南 25 公里处，距出海口约 20 公里，距仰光老港区 8.6 海里，属于仰光河航道下游，是缅甸船舶进出的主要航道。迪洛瓦港泊位长 1 公里，水深 10 米，集装箱起重机 2 个，RTG 起重机 3 台，仓库面积 2 万平方米。作为缅甸最大的经济特区，迪洛瓦经济特区占地 2400 公顷，于 2015 年开始建设。该项目由缅甸-日本私人企业及政府联合组建的"缅甸-日本迪洛瓦开发有限公司"负责实施。缅甸-日本迪洛瓦开发有限公司成立于 2014 年 1 月，迪洛瓦特区投资达 10.55 亿美元，合资公司中缅方占 51% 股份，日方占 49% 股份。缅方股份中，迪洛瓦特区管委会占 10%，缅甸私人企业联合体"缅甸迪洛瓦经济特区控股集团"占 41% 股份；日方股份中由 3 家企业（丸红、住友、三菱）组建的 MMS 迪洛瓦开发有限公司占 39% 股份，日本国际合作机构（JICA）占 10%，是日本在缅甸最大的投资项目。同时，迪洛瓦经济特区也是三个经济特区中配套条件最完整的经济特区，税收优惠政策也已经落地。

2015 年，由日本国际协力机构（JICA）援建的迪洛瓦工业区装机容量 50 兆瓦的天然气发电厂项目开始投入建设，至 2016 年 2 月已完成了 99% 的工程量。项目完工并发电后，将解决迪洛瓦工业区的用电问题，多余电量将供应仰光市。2015 年 9 月，迪洛瓦特区 A 区正式对外开放。为营造良好的投资环境，迪洛瓦经济特区向外国投资商收取的土地租赁费为每平方米 80 美元，根据每财年的情况进行调整。

2016 年 3 月，韩国 Yojin 建筑公司在迪洛瓦经济特区第二区域内建水泥厂，该厂占地面积 24 英亩，投资总额约 8000 万美元，生产设计规模为年产水泥约 100 万吨，计划在 2018 年投入使用。汽车制造方面，日本铃木公司与缅甸政府在长达 12 年的合作后，于 2013 年 5 月再次获得新的投资许可证，重新开始生产汽车，年产量为 1200 辆，生产轻卡和轿车两种汽车。该公司已在迪洛瓦经济特区内租用了 20 公顷的土地，正准备在这块土地上建工厂，计划在仰光的经济特区内生产日本铃木汽车以满足仰光的需求。

从迪洛瓦经济特区开发委员会的公告来看，自 2015 年迪洛瓦经济特区 A 区项目完工并对外开放后，吸引了大批投资者前来投资。2016 年 10 月，迪洛瓦经济特区 B 区项目建设合同签署仪式在内比都举行并同期开始建设，第二期项目（B）占地 101 公顷，基础设施建设已经完成，预计 2018 年年中完工。截至 2017 年年底，迪洛瓦经济特区共有来自 17 个国家的 87 家公司进驻。在这些公司中，84 家公司已获运营权，其中 32 家公司已开始进行商业运营。A 区和 B 区两个区域计划可容纳 150 家工厂，可提供 4 万多个工作岗位。

在迪洛瓦经济特区内投资的企业有玩具制造业、汽车零件生产业等，缅甸与日本还计划在该特区开发深水港。迪洛瓦经济特区内的投资额约为 7.13 亿美元，投资国已达 13 个。其中，新加坡的投资额最多，达 2.98 亿美元，日本的投资额为 2.35 亿美元。

3. 皎漂经济特区

皎漂是缅甸若开邦的主要城镇之一。皎漂半岛西邻印度洋，岛西北端至东部航道是优良的天然避风避浪港，自然水深约 24 米，可航行、停泊 25 万 ~ 30 万吨级远洋客货轮船，是未来缅甸最大的远洋深水港。皎漂经济特区是缅甸政府规划兴建的第三个经济特区，占地 1736 公顷。

为开发皎漂特区，缅甸政府于 2014 年 9 月面向国际社会公开招标。2015 年 12 月 29 日，缅甸联邦议会批准了皎漂特区的用地计划。2015 年 12 月 31 日缅甸皎漂经济特区招标审查委员会在内比都宣布：由中国中信集团、中国招商局集团、中国港湾工程有限责任公司、泰国正大集团组成的中信联合体成功中标皎漂经济特区深水港和工业区项目。2016 年 12 月，据皎漂经济特区管理委员会发布的消息，缅甸政府将组建股份有限公司，实施皎漂经济特区项目。皎漂经济特区建成后，若开邦其至缅甸全国都会受益。

2017 年 2 月 13 日，皎漂经济特区管理委员会副主席吴貌博士向媒体表示，该委员会已选择 22 家民营企业与中国公司合作实施皎漂经济特区项目。委员会已把该 22 家企业名单提交给缅甸经济特区中央委员会，中央委员会审查后再提交给中央委员会主席、副总统吴亨利班提育。在申请合作开发皎漂特区的 22 家国内公司中包括缅甸皎漂特区股份公司（MKSH），该股份公司由 16 家国内公司组成。

皎漂经济特区项目将分为三个阶段，开发期限为 2018 年 1 月至 2028 年。开发特区后，将能为 50 万当地居民提供就业服务。通过项目，不但能提高国内就业率，还将会与国际接轨成为经济中枢。在各类投资项目中，特区管理委员会将逐年增加缅甸人在雇工中所占的比例。通过年均 25% 的增幅实现职工国民化，并在保障工资待遇和职业培训方面加大工作力度，充分增加就业机会。同时，缅甸政府在修建通往中国云南省油气管道起点的皎漂设立特区，则是希望利用地处印度洋战略通道的有利地理位置，吸引中国、印度和孟加拉国投资者前来投资。

4. 其他

2017 年 5 月，缅甸伊洛瓦底省马乌宾工业园举行开工奠基典礼。马乌宾工业园位于缅甸伊洛瓦底省南部河三角洲地区马乌宾镇，距离仰光 60 公里。该项目由中国上海央东投资发展有限公司联合缅甸马乌宾公共有限公司、缅甸南方金属股份有限公司共同开发建设，是马乌宾经济技术开发区的项目之一。该项目是依据当地农民意愿，由项目开发者与当地农民合作开发，土地所有者在项目合作方公司中占有相应的股份，是缅甸首个与当地企业及农民合作开发的工业项目。项目规划面积约 284.41 英亩，包括 249.48 英亩的工业实施面积及 33.93 英亩的房屋面积，分三期开发建设，预计总投资 10 亿美元以上，重点打造纺织产业集群规模建设。在完成样板示范区和基础配套建设之后，2017~2018 年前后，有 10 家中国上海地区的纺织龙头企业入驻。马乌宾经济技术开发区的第一期工业园项目能提供 7 万个就业岗位，在经济开发区项目全部实施后就业岗位将增加至 20 万个，这就有利于缓解缅甸的就业压力，同时能吸引在外地工作的当地人回乡就业。开发区三期全部整体建设完成后，预计将吸引 250 家企业入驻。区内纺织类企业年产将达到 15 亿套服装的产业规模，累计投资超过 50 亿美元，工业年产值预计 100 亿美元以上。

（三）缅甸园区投资建设政策法规

2011 年 1 月缅甸和平与发展委员会颁布《缅甸经济特区法》，使经济特区有了法律依据和保障；2011 年 2 月，缅甸和平与发展委员会颁布了《土瓦经济特区法》，所规定内容更为详细充实。这些法律从特区的管理机构、投资者的权利、土地使用、银行和金融管理、保险和劳动力等事宜进行一系列规定，在很多方面都给予了投资者很大的投资空间。对投资方较为明显的优惠政策有如下几方面。

第一，政府划分土地建立经济特区，并规定经济特区包括高科技工业园、信息通信技术区、出口加工区、港口区、物流和运输区以及科技研究和开发区，还规定了经济特区、出口加工区和间接贸易区三种特区类型。

第二，优先鼓励投资人对高科技生产项目、有助于加速国家经济发展的项目、提高贸易和服务业的项目、发展基础设施的项目、增加国民就业的项目、外资项目中有缅甸国民投资的项目、环保项目和中央委员会确定的其他优先项目等方面进行投资。

第三，投资者开始从事生产或服务之日起，头 5 年出口收入可以申请免除所得税；第二个 5 年，可以申请出口收入减所得税 50%；第三个 5 年，用出口盈利再投资，可以申请赢利减税 50%。

第四，减免税期结束后，对于大型投资项目，出口值超过生产总值 50% 以上；对于中等投资项目，出口值超过生产总值 60% 以上；对于小规模投资项目，出口值超过生产总值 70% 以上的年份，可以申请减免所得税。

第五，经济特区生产的出口产品，可以免交营业税和增值税；为本企业从国外进口的原材料、机器设备、企业用物品，可以免除海关税和其他费用；进口投资企业使用的车辆和机械从项目开始 5 年内，可以免海关税和其他费用，接下来的 5 年可以减半征收海关税和其他费用。

《土瓦经济特区法》中将土瓦经济特区划分为 9 个区域，分别是高技术工业区、信息通信区、出口产品生产区、港口区、后勤运输区、科技研发区、服务区、二级贸易区、政府临时指定的区域。在特区可以建深水港、钢铁厂、化肥厂、原油炼油厂、油气厂、火电厂、天然气发电厂等工业项目；在特区还可以开展服务业、修建从项目所在地通往边境地区的公路、铁路，修建输变电线路、铺设油气管道，建立包括住宅、旅游景点和度假设施在内的基础设施以及经管委会批准的不违反现行法律的其他经济项目。该法对投资人应享有的特殊待遇做了明确表述，如投资人在该特区内可从事的行业有原料加工、机械化深加工、仓储及运输服务；投资项目所需的原材料、包装材料、机器零配件、机械用油可以从国外进口；生产的产品除药品和食品以外，其他未达到质量标准但还可以使用的产品，如果符合特区管委会规定的可以在国内市场销售；经特区管委会批准，投资人和国外服务商可在特区内设办事处。

为进一步吸引外资缅甸政府于 2014 年 1 月 23 日修订出台新的《经济特区法》。该法共分为 18 个章节，其中规定投资建设者在经济特区开始商业运营之日起第一个 8 年可免除所得税，在第二个 5 年期间减免 50% 所得税；土地使用年限为 50 年，期满后准许延期 25 年，等等。

尽管缅甸政府大力支持在全国各地兴建新工业区，但工业区内业主仍期望缅甸政府在各方面制定政策促进工业区继续发展。根据缅甸国家工业政策，在工业区购买的土地若在三年内尚未启动业务，政府将收回土地，购买土地者不会得到任何赔偿金。全国大多数工业区都存在未启动业务的空地问题，其中仰光省工业区这一问题最为突出，尚未启动业务的地块将近 50%。同样，曼德勒省各工业区也有半数以上的土地未进行工业生产或是被挪作其他用途，5000 多个厂区地块中有超过 2500 多个地块未进行与工业相关的任何生产项目。闲置土地的原因是部分企业主获得工业区的土地后，不进行生产而是将土地作为赚钱的一种商品囤积起来，这种情况一方面造成了工业区无法正常发展，另一方面又给投资方制造了困难。因此，为了推动工业区发展，缅甸政府可以重新审查工业区地块使用情况，对未开展项目的厂区地块将重新由国家收回，依法严厉打击土地囤积行为。缅甸政府采取这一举措，可以减少工业区炒作土地现象，加快创新型工业的发展步伐。

第二节　缅甸的外商投资政策与法规

一　外国投资法及其实施细则

缅甸联邦投资委员会（MIC）是缅甸主管投资的部门。民盟政府上台执政后，于 2016 年 6 月重组投资委员会，并分别于 2016 年 10 月和 2017 年 3 月颁布新的《缅甸投资法》及其《实施细则》。这部法律将 2012 年的《缅甸外商投资法》和 2013 年的《缅甸国民投资法》中的部分内容进行合并，同时参照国际投资准则及缅甸与部分国家签订的双边投资条约对原法律进行了补充修订，以进一步规范国内外投资的操作流程，增加外商投资缅甸的积极性。新的《缅甸投资法》包括 23 章 101 项条款，详细规定了投资法的立法目的、适用范围、委员会组成、提交投资申请、提交投资认可申请、投资项目类别划定、投资者待遇、土地使用权、人员雇用、投资保障、资金划转、投资者责任、保险、税收减免、争议解决、行政处罚、国家安全例外等内容。该法的实施以 2016 年 12 月 31 日作为一个时间节点，在该时间以前（含当天）正式提交的投资项目提案依照之前的《缅甸国民投资法》和《缅甸外商投资法》及其相关配套实施条例、通告进行受理。同时，根据新的《缅甸投资法》第 93 条规定，任何依《缅甸外商投资法》和《缅甸国民投资法》已经授予的投资准证，在其有效期内继续有效。此外，缅甸投资委员会还发布了一系列投资通告，如《2017 年第 10 则通告》（2017 年 2 月 22 日）、《2017 年第 11 则通告》（2017 年 3 月 3 日）、《2017 年第 13 则通告》（2017 年 4 月 1 日）、《2017 年第 15 则通告》（2017 年 4 月 10 日），分别对发展区域、投资规模、鼓励投资领域及限制投资领域进行了规定。

新的投资法赋予外国投资者以国民待遇和最惠国待遇、公平和公正的待遇、使用土地的权利、雇用外籍人士的权利、投资获得保证的权利以及资金汇出的权利等。同时，在新的投资法框架下，项目的投资申请分为投资许可申请和投资认可申请。须依法向投资委员会申请投资许可的项目类别减少，仅涉及国家战略必要的投资项目、资本密集的大型投资项目、可能对环境和本地社群存在潜在重大影响的投资项目、使用国有土地和建筑物的投资项目及政府指定要求向委员会提交投资申请的投资项目等五大类别。

其中，国家战略必要的投资项目是指：第一，对于涉及科技产业（如信息、通信、医疗、生物或类似技术产业）、交通基础设施、能源基础设施、城市发展基础设施及新城市建设、采掘自然资源、传媒、根据政府部门授予的特许、协议或其他类似授权进行的投资项目，且投资额超过 2000 万美元的项目；第二，外国投资者在边境地区或受冲突影响地区的投资项目、跨境投资项目，缅甸国民在边境地区或受冲突影响地区的投资项目、跨境投资项目，且预期投资额超过 100 万美元的项目；第三，以农业为主要目的，占地或用地超过 1000 英亩的投资项目，以非农业为主要目的，占地或用地超过 100 英亩的投资项目。资本密集的大型投资项目是指投资额超过 1 亿美元的项目，无论项目归属哪个行业均须获投资委员会投资许可。可能对环境和本地社群存在潜在重大影响的投资项目是指：位于现行法律（包括《环境保护法》）所指定的保护区、保留区或生物多样性保护区内或位于已待定明确用于支持和保护生态系统、文化和自然遗产、文化纪念和未受破坏的自然环境区域内的项目；根据联邦法律已经或可能通过征收、强制收购程序或以事前协议方式征收或强制收购的土地，并且将导致至少 100 名永久居民迁离该土地或涉及超过 100 英亩区域的项目；涉及超过 100 英亩区域，且可能导致对拥有合法土地使用权或自然资源使用权的人士使用土地和自然资源施加非自愿限制的项目；可能会对至少 100 名个人占有或继续占有土地的合法权利产生不利影响的项目。

依照《缅甸投资法》的相关规定，使用国有土地和建筑物的投资项目也应依法申请投资委员会投资许可。然而，《缅甸投资法实施条例》则明确了一些例外条件，即当投资者租用或被授权使用的土地或建筑物期限少于 5 年；或者国有土地或建筑物是投资者从那些依据缅甸法律从政府处取得国有土地或建筑物使用权的人士处分租或被授权使用；或者从那些政府授权对国有土地或建筑物进行转租或转授权的人士处租用，在这些情形下，投资者无须根据《缅甸投资法》申请投资许可。对于政府指定要求向委员会提交投资申请的投资项目，该类别的存在意味着在决定项目最终是依照投资许可申请或投资认可申请路径的问题上，当地政府依然保留着"一事一议原则"的决策空间。

新的《缅甸投资法》第 37 条的规定，除上述该法第 36 条规定的投资外的其他投资，投资者无须向委员会提交投资申请。但是，投资者要享受该法第 12 章规定的土地使用权和第 75、77、78 条所列的税收减免优惠，则应以规定的表单向委员会提交投资认可申请。另外，缅甸投资委员会2017 年第 11 则通告，对上述内容所指的审批权限在投资额方面进行了明确，即对于投资额不超过 500 万美元或 60 亿缅元的项目，批准权限下放至省邦投资委员会。

值得注意的是，实施细则规定了新的外商在缅投资程序，即首先需要到缅甸投资理事会和公司管理局（DICA）处收集信息；收集完信息后将准备好的资料提交 DICA 评估，DICA 对申请资料进行评估，并组织评审会和联系相关部门出具推荐信；随后 MIC 对投资申请进行审核；审核通过后MIC 批准投资申请，投资人取得 MIC 的投资许可证（详见表 2-1）。

表 2-1　在缅投资申请投资许可和投资认可的程序

第一步	从缅甸投资理事会与公司管理局处获取投资信息		
第二步	申请投资许可	申请投资认可	
		500 万美元或 60 亿缅元以上的项目	500 万美元或 60 亿缅元及以下项目
	向投资与公司管理局总部提交申请文件	向投资与公司管理局相关投资部门提交申请文件	向投资与公司管理局省/邦政府机构提交申请文件
第三步	出席投资与公司管理局提案评估小组会议并进行汇报	由投资与公司管理局的投资部门审查	由投资与公司管理局的省/邦办事处审查
第四步	出席缅甸投资委员会会议并进行汇报	由缅甸投资委员会会议审查（无须出席会议）	出席地区的投资委员会会议并进行汇报
第五步	获取结果（通过或拒绝）		

资料来源："Derctorate of Investment and Company Administration," *Myanmar Investment Guide 2018*, https://dica.gov.mm/en。

　　关于在投资法三类区域的划分，实施细则给出更细的认定。三类区域划分的标准是根据地区的发展程度，即将欠发达地区认定为一类地区，将一般发达地区认定为二类地区，将发达地区认定为三类地区。对于在一类区域内进行投资的企业，若在该区域投资额超过 65% 就认定其投资项目位于该域区；若超过 65% 的投资额同时位于两类地区就认定为其投资项目位于享受税收豁免待遇少的那类区域，具体为：投资额同时在一类区域和二类区域，则该投资被视为位于二类区域；投资额同时在二类区域和三类区域，则该投资被视为位于三类区域；投资额同时在一类区域和三类区域，则该投资被视为位于三类区域。

二　环保政策

　　缅甸民选政府上台后，加大对环境保护的力度，于 2012 年颁布《环境保护法》。该法确定了环保部的 16 项职责，授予环保部建立了除国家预算外的专门的环境管理基金，并在该法下组建了环保委员会，规定了经济开发项目的环境保护要求。该法的颁布拉开了缅甸环境法改革的序幕。2014 年，《环境保护法实施细则》出台，对环保法的具体实施给出更详细的解释，包括制定环境质量标准和环境影响评估相关标准等。2015 年 12 月，在亚洲银行技术援助的支持下，世界银行、日本协力机构（JICA）的专家协助缅甸政府制定并出台了《缅甸环境影响评估规则》［Myanmar Environmental Impact Assessment（EIA）Procedures］。此外，2016 年缅甸政府出台《环境质量（排放）指南》［Environmental Quality（Emission）Guidelines］草案。2016 年民盟政府上台后，将环保与林业部改名为资源与环保部，该部对外公开的"百日计划"内容包括提高管理技术、保护湿地，绿化干旱地区，扩大永久性自然保护林，维护湿地林地和沿海地区生态系统，等等。

　　缅甸《环境保护法》规定了环境质量的标准，包括江河、运河、湖泊、沼泽、水库及饮用水等地面水质量标准；海岸及入海口的水质量标准；地下水标准；空气质量标准；噪声分贝标准；烟雾排放标准；污水标准；废弃固体物标准；联邦政府规定的其他环境质量标准。环保部还建立了环保监测制度，管理的事项包括：明显影响环境的农用化学物品使用；

工业领域的污染物、危险物运输、仓储、使用、净化和废弃；矿产原料和珠宝玉石开采、废弃物的废弃；排污及净化作用；发展和建设工程；其他需要的环保监测事项。该法规定污染企业等污染物制造者要按照环境质量标准要求对污染物进行净化、排放、废弃和囤放。企业、业主或持有人在排放污染物前，需及时安装使用污染监测、控制、治理等相关辅助设施和设备。而工业区、经济特区企业或环保部指定的企业需要履行缴纳环保管理使用的规定费用和执行有关环保规定的义务。

在办理项目提前许可上，环保部规定了影响环境质量的企业、工地或作坊的类别。投资人想要得到项目提前许可，须向环保部提出申请，环保部审查其申请后决定是否发放项目提前许可，而环保部在发放提前许可时，可对环保提出规定，这个规定可作为其他政府部门和组织监管该企业的依据。如果发现申请人未履行提前许可中的环保规定时，可对申请人做出警告并责成履约和书面保证及处以罚金的处分。未经环保部批准，缅甸禁止进口、出口、生产、储存、运输或买卖环保部限制的影响环境的物资。违反此项规定的，情节严重将被处以 3~5 年有期徒刑，或处以 10 万至 200 万缅元不等的罚金，或两项并罚。

缅甸最新的投资法也明确规定了可能带入或导致危险或有毒废弃物进入联邦的投资项目以及可能对自然环境和生态系统带来重大影响的投资项目为禁止类投资项目，并提出对于可能对环境有重大影响的投资项目，投资委员会在准备核发投资许可证时，应经政府呈交国家议会批准。2014年，缅甸环保部门公布 7 类在缅投资项目须先进行环评，即特别投资项目；能源项目；农业与林业项目；工业项目；基础设施与服务项目；矿业项目；制造业项目。其中工业项目包括食品与饮料、服装及纺织品、皮革、林业产品、化学品、日用品、建筑、金属、电器、废弃物与饮用水项目等。缅甸环保部门规定上述 7 类项目须进行自然环境评估（EIA），提出关于自然环境影响的报告（IEE），并拟订环境管理计划（EMP）。

三 土地政策

缅甸实行的是土地国有制，土地归国家所有。1991 年颁布的《缅甸空地、闲地、荒地管理实施细则》规定了所有符合程序的个人或组织都可以申请投资空地、闲地和荒地用于从事种植业和养殖业，但是申请者或申请的组织及其成员必须是缅甸公民。同时，根据投资的用途不同享有不同年限的免收地税。投资种植业分为种植常年果树地和种植园林作物两种形式，分别给予8年和6年的免收地税。投资养殖业的分为用于养鱼业的土地和用于家禽牲畜饲养业的土地，前者享受3年免收地税，后者又根据养殖不同的家禽牲畜给予不同年限的免收地税，比如饲养水牛、黄牛和马可享受8年免收地税，饲养绵羊和山羊享受4年免收地税，饲养猪和饲养鸡鸭分别享受3年和4年免收地税。在使用期限上，只要不违反规定，用于长年果树种植和园林作物种植的土地、用于饲养鱼的土地和用于饲养家禽及牲畜的土地，从批准使用年起，都是30年内有效。但是，对于季节性的作物，使用期无限制。

实际上，在缅甸与土地相关的法律多达几十部，这些法律从不同层面、不同角度对土地做出相应的限定，国家在不同的历史时期、不同的条件下将土地交由相关部门管理和使用，或赋予私人对土地的使用权。依据不同法律和土地政策，再加上各地方管理部门的实际操作方式上的差异，批准的土地在批文的内容方面甚至出现"一事一议"的情况，这就造成了缅甸境内的土地类型繁多及没有统一的分类标准。

吴登盛政府执政后，开始制定全国土地政策，土地法的改革也随即启动。2011年9月之前，外国人和外国企业不得在缅甸持有或租赁土地超过一年（但由政府按照1987年《不动产移转限制法》批准的除外）。2011年9月30日，政府签发了《关于缅甸联邦共和国外国投资法的土地使用权通知》，该法赋予了外国投资者获得土地的租赁权。根据该通知，外国投资者首次租用土地的年限是30年，并可获得15年延长。2012年《外国投资法》颁布后，取得外国投资委员会许可证的外国企业租用土地，根据许可的投资期限，通过租赁取得土地使用权，租赁的来源可以是政府或个人，但须由政府批准；或政府机构以土地使用权向合资企业出资。按土地的所有权性质来分，外商可以利用的土地有三种，即永久权土地、出让土地和政府租赁土地。具体的租赁期限也有所调整，变成了"50+10+10年"的制度。此外，外国投资者可以基于建设—经营—移交模式（BOT）投资开发房地产。

2012年3月缅甸议会通过《缅甸农业土地法》及实施细则和《空地、闲地和荒地管理法》及实施细则。但缅甸还有大量的土地，没有在这两部新法律的涵盖范围内。2012年7月，吴登盛政府成立了土地使用分配审查委员会，作为一个部级的委员会，负责全国的土地使用、土地规划、土地分配等工作。委员会于2014年颁布了缅甸《土地政策草案》，并开始长期的公开咨询意见过程。该委员会于2014年10月被撤销，取而代之的是在环保与林业部下（2014年为该名，2016年改为"资源与环保部"）设立的国土资源管理中央委员会。而永久的国土资源管理中央委员会在缅甸联邦议会中设立。

2016年1月，环保与林业部领导的国土资源管理中央委员会多次公开征询意见，经过6次修订后，终于颁布了《国家土地使用政策》最终草案，旨在指导起草新的、更规范化的土地法。该政策与现行的《农业土地法》和《空地、闲地和荒地管理法》完全不同，除了依据宪法进一步保护公民的私有财产权外，还承认了少数民族人口的习惯性土地使用权（customary land use rights）。该政策还提出将对全国的土地进行重新划界和分类，并将依法建立透明、公平、独立的土地争端解决机制。民盟上台后，对于土地问题更加重视，昂山素季在2016年5月27日接见高官时就专门强调了要讨论侵占土地和归还土地的问题。民盟政府"百日新政"计划中专门指示仰光市政府要带头开展土地问题审查。

依照民盟政府颁布的新《缅甸投资法》，取得投资许可或投资认可的投资者，可以免除部分限制，而进一步获取投资项目所需的相关土地使用权益。新《缅甸投资法》规定，依法取得投资许可或认可的投资者可以长期租赁私人的、政府部门或组织管理的土地或建筑物及政府拥有的土地或建筑物从事投资活动。从获得投资许可之日起，外国投资者可以向上述个人和组织租赁首期最长为50年的土地或建筑物，租期满后，经过投资委员会批准还可以再续租10年，第一次续租期满后可以再次续租10年。当然，出于国家全面发展的目的，经政府提交议会批准后，委员会可以授予投资欠发达和偏远地区的投资者享有更长期限的土地或建筑物租赁权和使用权。投资者租赁土地需要依据缅甸的土地登记法，向文契登记办公室登记租赁协议。对于投资者租用工业区内的土地或厂房的流程进行了显著性的简化，无须另行申请土地使用权。

在缅申请与投资相关的土地权利授予的一般流程是：申请者提交申请材料，申请说明应该包括土地建筑物的面积和类型及地址、业主信息、其他政府部门和组织出具的推荐信或类似文件或批准使用土地是否会对地貌进行重大改变、土地授予期限、租赁协议（草稿）。提交申请材料后，投资委员会根据申请材料的不完整或其他不适当情况，在受理之日起15个工作日内驳回申请，并在做出驳回决定之日起5个工作日内通知投资者并告知驳回理由。如果申请没有被驳回就视为申请通过，投资委员会审查决定批准土地权利许可申请，然后在做出决定之日起10个工作日内出具土地权利许可。此外，如果投资者想要改变土地的使用目的需要根据相关的变更程序，依法进行变更。

四　会计和审计政策

缅甸的《公司法》规定，每家公司都应该进行书面财务记录，使用缅语或英语进行编写的财务报表应该符合会计标准。其中，应该包括公司收到的和支出的所有款项、公司所有销售和购买的货物、公司的资产和负债，以及缅甸《公司法》或其他适用法律规定的其他财务事项。公司的财务报表应该交由审计人员审计，审计报告的副本应寄给公司的每位股东，应在公司的例行会议上被公开，接受公司成员的检查。

公司需要编制年度资产负债表，在资产负债表的内容上，《公司法》规定损益账户应显示所付金额总数的详细资料，无论是以费用、百分比还是其他方式作为管理代理人（如果有的话）和董事的服务报酬，还有关于折旧的总额。此外，任何一个因其才能受到公司其他董事的直接或间接提名的董事在为自己使用而收到的任何报酬或其他酬金，或是作为董事或其他与公司管理有关，都应该在账户底部的一个注释中显示，或是附在一份说明中。控股公司的资产负债表中须附有该附属公司的最后一份经审计的资产负债表。损益表及该附属公司的审计人员的报告应该符合缅甸《公司法》或其他适用法律，资产负债表还应由控股公司签署一份说明，说明子公司的利润和亏损。如果有两个或两个以上的子公司，应说明这些公司的总利润和总损失已经在控股公司的账户中被处理，包括如何处理和处理的程度。

五　涉外劳工政策

2011 年吴登盛政府执政以来，开启缅甸劳动法改革历程。颁布新法律和对已有法律进行修订是劳工法改革的两大部分，主要负责的部委是劳工部，草拟成法案之后经联邦议会通过、总统签署后生效。议会在该领域通过的新法律包括《劳工组织法》《解决劳动纠纷法》《社会保障法》《最低工资法》等。此外，缅甸吴登盛政府颁布的《外国投资法》《外国投资法实施细则》，及 2014 年进一步细化颁布的《外国投资指南》，三部法律中均有专门的章节规定职员和工人的聘用与涉外劳工直接相关。

2012 年的《缅甸外国投资法》规定，投资方对缅甸国民的使用，从项目开始之年起，第一年内国民职员占比至少 25%，第二年内至少 50%，第三年内至少 75%（投资委员会对技术含量高的项目适当放宽期限），并对缅籍职员进行培训，而"不需要熟练技术的项目"须全部雇用缅籍员工。同时还规定，工人招募可由专业部门或国内职业中介及按投资人的安排办理；项目招工需按规定由当事人双方签订用工合同；国民专家任用后的工资待遇，需与同级外国职员一致。《缅甸外国投资法实施细则》规定，投资者在提交申请书时需要写明拟聘用的熟练工人、技术人员和职员的数量及非熟练工人的数量。所聘用的工人工资不得低于法定标准。无论是聘用缅甸国民还是外国人员要在自录用之日起的 30 天内依法签署劳动合同。投资者每年 1 月 31 日前，要向投资委员会提交员工培训年度计划。投资者聘用的外国职员、工人要依法向劳动就业和社会保障部申请工作许可，向投资委员会申请居留证明。投资者要在项目开始后的 15 天内在社会福利部门登记注册，确保所有员工都能享受到《社会福利法》赋予的权利，并每 6 个月向投资委员会提交一次结清社会福利机构社保资金的证明。企业雇用外国专家和技师要经缅甸投资委员会许可。雇用外国专家和技师的要求包括：投资者填写申请表，将拟雇用的专家和技师的数量上报投资委员会；获得委员会许可后，企业为拟雇用人员申请委员会任命和境内停留许可；

获得投资委员会担保后，企业向劳动、就业和社会保障部下属的劳工管理委员会提交申请。居留许可和签证从劳工、出入境管理和人力资源部下属的出入境管理局获得。

2016 年颁布的新的《缅甸投资法》取消了外资公司对缅甸国民的雇佣比例限制，但仍规定，在现行法律下，任何国籍的人都可以在投资中担任高级经理、技术和运营专家及顾问。公司聘用外国专家和技术人员时须在投资申请表中注明聘用的人数，并须获得缅甸投资委员会的准许。为了使缅甸国民有能力取代外籍工作人员，投资者应该安排相应的课程帮助缅甸国民提升能力。对于那些不需要技能的工作，投资者应该只雇用缅甸国民来做。同时，雇主和雇员应当签订劳动合同，劳动合同须明确雇主和雇员双方权利义务。劳动合同内容包括最低工资、休假、法定节假日、加班工资、损害赔偿、工伤赔偿、社会福利及其他与雇员有关的保险等待遇和权利。在雇主间、雇员间、雇主和雇员和技术人员或员工之间的纠纷需要解决时，应根据现行的法律解决。

同时，缅甸相关劳动法规定，在私企工作的员工每年可享受的假期为6 天临时请假、30 天病假、10 天带薪休假、21 天公共假期。如果雇主提前解除劳动合同，在公司工作 3 年以下的雇员，雇主需要支付员工 3 个月工资作为赔偿；在公司工作超过 3 年的雇员，雇主需要支付员工 5 个月工资作为赔偿。外国人到缅甸工作须办理商务签证，办理商务签证需要出具缅甸相关部门和企业的邀请函，缅甸商务签证的有效期为 70 天，可办理延期。如果想要在缅甸连续待 90 天以上，要到移民局办理暂住证。

六　中缅关于促进和保护投资的规定

《中缅两国政府关于鼓励促进和保护投资协定》于 2001 年 12 月 12 日在仰光签订。该协定旨在为双方投资者在各自领土进行投资创造有利条件，激励投资者的积极性和增进两国繁荣，在平等互利的基础上加强中缅合作。协定规定缔约双方的投资者在对方境内投资，应该享受持续的保护和安全，在不损害其法律法规下，缔约方不得对对方投资者在投资管理、维持、使用、享有和处分采取任何不合理或歧视性措施，应该为对方国民获得签证和工作许可提供帮助和便利。

在投资待遇上，投资者在对方领土内的投资应该享受公平与平等待遇；投资所在国给对方投资者的待遇应不低于其给本国投资者的待遇，即国民待遇；给对方投资者的待遇应不低于给第三国投资者的待遇，即最惠国待遇。但是，关税同盟、自由贸易区、经济联盟以及形成关税同盟、自由贸易区、经济联盟的任何国际协议；任何与税收有关的国际协议或安排属于例外情况。投资缔约双方不得对对方投资者采取征收、国有化或其他类似措施，除非是为了投资所在国的公共利益，依照国内法律程序，不带歧视性及给予投资者补偿。这个协定还规定了缔约双方保证对方投资者转移在其领土内的投资和收益、依法获得的补偿，这些转移应该以可自由兑换的货币按照转移当日接受投资一方通行的市场汇率进行。

在关于双方投资者的争议解决规定上，一般程序是，先应尽可能由争议双方当事人协商友好解决，如果 6 个月内没有协商解决好，投资者可以将争议提交给具有管辖权的法院解决，也可以将争议提交到"解决投资争端国际中心"或者是专设仲裁庭。

第三节　缅甸涉外税收及其优惠政策

一　缅甸税务法与国内税收实施细则

1. 缅甸税务法

缅甸所有关于税收的法律大致包括：《缅甸投资法》（2016 年）、《商业税法》（1990 年）、《商业税法修正案》（2015 年）、《联邦税收法草案》（2017 年）、《所得税法》（2011 年）、《所得税法修正案》（2011 年）、《所得税条例》（2012 年）、《所得税细则》（2012 年）、《关税法》（1992 年）、《印花税条例修正案》（2011 年）、《印花税票条例修正案》（2011 年）、《仰光市政发展法》（1990 年）、《特殊商品税法》（2016 年）、《综合税法》（2016 年）等。

2. 《缅甸国内税收实施细则》

《缅甸国内税收实施细则》于 1987 年由缅甸税务局公布，1991 年修改后重新发布。该实施法则一共有 7 章，共包括 4 个项目、15 种不同类型税收和关税。4 个项目分别为对国内生产和公共消费征收的税、对个人所得和所有权征收的税、关税、对国有财产征收的公用事业税。对国内生产和公共消费征收的税又分为商业税、货物税、进出口许可证费、运输税、国家彩票税、印花税 6 种。对个人所得和所有权征收的税分为所得税和利润税 2 种。对国有财产征收的公用事业税分为林产税、货物税、矿产税、水源和灌溉税、橡胶税、渔业税 6 种。

在缅甸成立的公司以及获得缅甸投资委员会批准的企业的所得税率为 25%。非居民的税率是按照从 0% 开始的累进制决定的，并且在减去扣除额之前上升到年总收入的 25%。外国居民和缅甸居民均需缴纳所得税，税率由 1% 开始以累进制上升到 20%。此外，在所得税上，又对外国人或外资企业进行了两种划分，分别是"居住外国人"和"非居住外国人"。"居住外国人"有三种情形适用：纳税年度在缅甸居住不少于 183 天的；公司股东全部或部分为外国人或外国机构的；业务的监控、管理和决策完全在缅甸境内进行和实施的。缅甸利润税率为 10%，纳税人应该在相应时间里填写税单，而税额最高不超过资产值减去 50000 缅元后剩余部分的一半。如果一年内转让资产少于 50000 缅元就不用缴税。纳税人应该向有关行政部门递交资料，由税务局对利润税进行估算。在纳税年度规定上，时间是从每年 4 月 1 日到第二年的 3 月 31 日。有收入的年份称为所得税年，下一年为估算年。

缅甸财产税由财产所有者负责缴纳，无论该财产是被占用或租赁。土地税由土地所有者缴纳。缅甸广泛征收印花税，印花税由印花税理事会和国内税务总局商业理事会负责征收，并对自然资源的开采课征特许使用金。缅甸的彩票税由国内税务总局彩票理事会征收，昂巴勒国家彩票是唯一的官方彩票。

二　缅甸商业税法及修正案

《缅甸商业税法》于 1990 年 3 月 31 日颁布，该法主要内容包括相关商品的税率、缴纳税款的相关规定以及对违规违法的相关惩处等。

1. 商品税率

缅甸将商品所征税率分为五个档次，分别是不需缴税的商品、需按10%征税的商品、需按20%征税的商品、需按30%征税的商品、征税60%到225%的商品。由此得知，缅甸商品税率幅度从一些不需要缴税的粗加工农产品到最高达到225%税率的朗姆酒、非国产白兰地等商品。服务业方面的税率分为四个档次，铁路、水路、航空和公路运输的税率为8%；娱乐业的税率为30%；从事商品买卖的贸易税率为5%；酒店、住宿和餐饮业的税率为10%。

2. 征税流程

任何从事须纳税的商品生产或服务型行业的人，需要到有关乡镇税务局税务官员登记注册，然后送达开业通知书。纳税人需分别送达月收入申报表和年终收入申报表。月收入申报表在每满1个月后的10天内递交，同时缴纳相应的税款。年终收入申报表在一年后的3个月内递交。但是以下四类人员必须在本财政年度内完成纳税，即到国外定居者、停业者、娱乐业主、按固定月税率纳税者。若是乡镇税务官员有理由认定纳税人所缴税款低于应交数额，那么税务官员会让纳税人补交所缺税款。纳税人若有不满，可根据税款的不同数额向相应的税务官员提出上诉。

3. 违规违法的惩处

若纳税人违反征税的相关环节规定，税务官员则对当事人处以应缴税额10%以下的罚款，比如未在规定时间内递交申报表。纳税人不按时申报或者申报金额少于实际取得，除了要缴纳上述的罚款还会被追究法律责任。如果罪行严重会被判处1年以下有期徒刑或5000缅元的罚款，或两者并举。纳税人故意谎报申报表，制作虚假账目和报表，或企图欺诈，如果被发现除了缴纳罚款外，还要追究其法律责任，如果罪行严重会被判处3年以下有期徒刑或10000缅元以下的罚款，或两者并举。情节最严重的是收受贿赂、意图收受贿赂、教唆他人收受贿赂、以不诚实或欺诈的意图滥用商务税收法授予的某项权利，任何人犯了上述罪行，若罪行明显，将会被判处3年以上、7年以下有期徒刑。

《缅甸商业税法》至今分别经过 2006 年、2011 年和 2015 年的三次修改并颁布了相应的修正案。2006 年 3 月 24 日颁布的《商业税法修正案》的主要内容是，对边境贸易中所征进口商品商业税的支付货币进行了规定，如果用缅元支付进口商品，那么商业税收也用缅元缴纳；如果用美元支付进口商品，则用美元缴纳商业税。2011 年 9 月 29 日颁布的商业税法修正的主要内容是对商业税法中规定的，必须在本财政年度内完成纳税的四类人修改为三类，分别为准备永久性出国者、停办企业者和举办娱乐活动者。在罚金上，对商业税法中的"处以不超过 10% 的罚金"修改为"处以等同于 10% 的罚金"。此外，在原来的基础上，修改了商业税法中规定的各项罚金的数额。2015 年 4 月颁布的商业税法修正案的主要内容是政府鼓励民众对在交易中不开具发票或未对发票进行完税等违法行为进行检举。违反商业税的行为人将会被处以 3 年以上、7 年以下的监禁。缅甸 2015 年的商业税法修正案，规定免征贸易税商品共 102 种，主要为农副产品、特定部门用品及服务类行业等。除石油、天然气、柚木、硬木、玉石和珍贵宝石外，其他出口商品免征贸易税。除特殊商品及免征税商品外的所有国产及进口商品征收 5% 的贸易税。对 16 种特殊商品征收贸易税的税率分别为：柚木及硬木板材 25%，珠宝玉石毛料 15%，珠宝玉石成品 5%。税率降低后对翡翠、红宝石、蓝宝石、钻石和其他高档珠宝征收的出口关税标准为原料 15%，成品 5%，此前的税率分别为原料 30%，成品 15%。同类珠宝原料的进口关税也由原来的 30% 降为 15%，成品税率由 10% 降为 5%。缅甸国税局从 2015 年 5 月 16 日起对承建政府招标建设工程的承包商征收 5% 的商业税。缅甸政府下属部门的建设项目大多采取公开招标形式，私营企业通过投标参与项目建设，而在 2015 年前参与招投标的承包商从未缴纳税款。

三　缅甸进出口商品关税

缅甸对进出口商品征收的关税税率是依据《缅甸关税法》实施的，《缅甸关税法》颁布于 1992 年 3 月 12 日，全法分为 7 个章节，对包括关税义务、关税价格等进行了定义。在关税的确定上，计划与财政部部长有权对缅甸陆、海、空发生的货物进出口发布以下事项：（1）确定应纳税货物的性质、种类，并有权取消或补充应纳税货物的名单；（2）在按照签字进行确定时，划分每种货物的质量等级，并有权降低或提高质量等级；（3）按前两款项确定应税货物的关税价格，并有权增加或减少应税价格；（4）基于关税价格确定关税，并有权确定关税的增加或减少，在此基础上，部长可以通过通知对边境进出口给予特殊的税率削减，并可以决定增加或减少关税。

在关税的评估和征收上，税务局根据关税法的规定，对应征税商品种类和质量所规定的税率征税。对于已在任何一个海关缴纳全部关税的，不能在其他海关被重复征税。当海关发现关税少征时，应当重新评估和征收少缴的关税。如果发现关税多征，应该将多征的关税退还给纳税人。在免税规定上，部长有权为了国家利益对进出口缅甸货物的性质和种类及任何政府部门或经济组织进出口缅甸货物的性质和种类，减免部分或全部关税。税务局局长有权确认任何产品的生产国或原产国。

在具体关税税率上，缅甸在 2012 年发布的关税表将商品按统一代码（HS 分类）分成 9558 个税目。关税税率表有 4 个章节，分别为进口税、特许税、出口税和边境税。出口税由 24 个税率组成，税率范围为 0 到 40%。特许税的税率最高为 10%，或者免税。出口税的税率中，对一般商品出口不计税，但以下商品须计税：大米及其制品，按每吨 100 缅元计征；豆类及其他作物、油籽饼、生皮和皮，5% 的出口税率；对竹子也征收 5% 出口税率。边境出口税的税率范围为 0 到 15%。

四　外资企业税收优惠政策

1.《缅甸投资法》税收优惠规定

最新的《缅甸投资法》规定，投资委员会以支持国家发展和平衡各省邦发展的目的，可以授予投资者一项或多项税收减免待遇。在企业所得税豁免上，投资法里通过划分三类区域来给予相应的所得税豁免待遇。投资委员会将会给予在一类地区投资的企业最多连续 7 年的企业所得税豁免，给予在二类地区投资的企业最多连续 5 年的企业所得税豁免以及在三类地区投资的企业最多连续 3 年的企业所得税豁免。值得注意的是，所得税的豁免仅仅适用于投资委员会所指定的鼓励投资行业。

经投资者申请，委员会可给予下列情况以关税和其他税种的税收减免优惠：（1）在投资项目建设期或筹备期（可申请延期，延长期最长不超过原建设期的 50%，延期次数不超过两次），确实需要进口的机械、设备、器材、零部件及无法在本地取得的建筑材料和业务所需材料可申请减免关税；（2）出口导向的投资项目（至少 80% 预期收入为投资出口所得外汇），为生产出口产品而进口的原材料和半成品可减免进口关税；（3）为生产出口产品而进口的原材料和半成品可减免进口关税；（4）经委员会批准增加投资体量而使投资期限内原投资项目规模扩大，在投资项目中确需进口的机械、设备、器材、零部件及无法在本地取得的建筑材料和业务所需材料可减免进口关税。

经投资者申请，委员会在必要时还会给予下列税收减免优惠：（1）投资者将投资项目所得利润，在一年内再投资于同一项目或类似项目，则其所得税可以被豁免或减轻；（2）为所得税纳税评估目的，自投资项目开始运营的年度起，以一个低于投资中所使用的机械、设备、建筑物或资产规定寿命的期限进行加速折旧（1.5 倍）的权利；（3）自应税收入（不超过应税收入的 10%）中扣除与投资项目有关并为联邦经济发展实际需要的研发费用的权利。

此外，新的《缅甸投资法》增加了外国公民与缅甸公民征收所得税待遇一致的条款。

2. 其他法律的税收优惠规定

在《缅甸商业税法》第三章中对减税和免税进行了规定，政府可以发文对某种商品、某项服务、某位纳税人实行减税或免税；划定不需要纳税的销售收入或服务收入的额度；对国内生产专供出口的商品减税或免税；对于新组建的企业有两种税收优惠政策，第一种是用于新项目建设安装而从国外进口的机器、设备和其他物品，可免税或减税，第二种是生产或服务型企业，自成立当年起，连续 3 年内可减税或免税。

在《缅甸关税法》中规定计划与财政部部长可以为了国家利益，有权对进出口货物减免部分或全部关税。对原材料、包装材料、剪切缝制和包装等三种为再出口而进口的商品给予免税。此外，《缅甸关税法》里还有对退税和保税有相应的规定。

五 缅甸联邦税收法

2017 年 3 月，缅甸联邦议会在《2016 年联邦税收法》基础上出台《2017 年联邦税收法》。该法共九章，对商业税及免征商业税的特别商品、收入税及行业税等进行了明确规定。

1. 商业税

依据《特别商品征税法》，缅甸合作社和私营企业在国内市场供应的烟草、雪茄等特别商品，若一个财年的销售额不超过 2000 万缅元，则不用纳税。依据《2017 年联邦税收法》，稻谷、大米、碎米、谷壳、花生、芝麻、棉花、玉米、豆类、油棕、洋葱、大蒜、土豆、蔬菜与瓜果、活禽畜、藤产品、食油、盐、鱼虾与肉类、辣椒粉、化肥、电脑、手机、太阳能电池板、太阳能充电控制器、药品原料、教育用具、防护与安全工具、能源部向外国驻缅使馆、联合国等机构供应的燃油、联邦议会批准免税的商品、由政府主持的珠宝交易会售出的玉石与珠宝等 87 种商品，免征商业税。除以上 87 种商品以外的其他商品，若是在国内产销，须以销售额为基础缴纳 5% 的商业税；若是从国外进口，须以到岸价为基础缴纳 5% 的商业税。相比《2016 年联邦税收法》，《2017 年联邦税收法》对香烟、酒类、汽车等特别商品的税率略为调高。

依据《2017 年联邦税收法》，停车场租赁、人身安全保险、小额贷款、卫生服务、教育服务、物流服务、资金市场服务、金融服务、进出口通关服务、宴请装备租赁服务、原料加工、丧事服务、幼儿护理服务、文化艺术、彩票行业等 29 种服务业务获得免税待遇。除此 29 种服务业务以外，其他服务业务须以营业额为基础缴纳 5% 的商业税；国内航空公司须以客运收入为基础缴纳 3% 的商业税；建筑商须以建筑销售额为基础缴纳 3% 的商业税；对于金银饰品的销售，须以销售额为基础缴纳 1% 的商业税。向国外销售的电力，须以销售额为基础缴纳 8% 的商业税；向国外销售的原油，须以销售额为基础缴纳 5% 的商业税。销售额若是外币，收入税也须按照此法计算缴纳。

2. 收入税

依据《2017 年联邦税收法》，任何人，如年收入不超过 480 万缅元，免征收入税；如年收入超过 480 万缅元，扣除减税部分后的年收入，须依法缴纳收入税（详见表 2-2）。其中，减税部分包括：和父母居住，每位减税 100 万缅元；有配偶，减税 100 万缅元；有子女，每位子女减税 50 万缅元。

表 2-2　缅甸个人收入税缴纳标准

扣除减税部分后的年收入（缅元）	收入税税率（%）
1 万 ~ 200 万	0
200 万 ~ 500 万	5
500 万 ~ 1000 万	10
1000 万 ~ 2000 万	15
2000 万 ~ 3000 万	20
3000 万及以上	25

资料来源：《2017 年缅甸联邦税收法》。

依据《2017 年联邦税收法》，从土地、建筑、房屋租赁取得的租金，须在扣除减税后缴纳 10% 的收入税；国营经济机构，经缅甸投资委员会批准经营的公司及合作社须按照规定缴纳收入税；在国外务工的缅甸公民，在扣除减免部分前，须用外币缴纳 10% 收入税；根据《缅甸公司条例》或《1950 年公司特别条例》在缅甸注册的公司，在扣除减免部分前，须缴纳 25% 收入税；在缅甸石油和天然气领域投资经营的公司，若获得 1000 亿缅元的利润，须缴纳 40% 收入税；若获得 1000.01 亿缅元至 1500 亿缅元的利润，须缴纳 45% 收入税；若获得 1500.01 亿缅元以上的利润，须缴纳 50% 收入税。

同时，依据《2017 年联邦税收法》，任何公民若购买基础设施、兴建基础设施或创办新业务、扩展业务，若能证明收入来源，将不用缴纳收入税；若不能证明收入来源，须按照以下规定缴纳收入税：年收入 3000 万缅元者，须缴纳 15% 的收入税；年收入 3000 万缅元至 1 亿缅元者，须缴纳 20% 的收入税；年收入 1 亿缅元以上者，须缴纳 30% 的收入税；新成立的中小企业，从开始营业之年的 3 年内，年利润如不超过 1000 万缅元，免征收入税；年利润若超过 1000 万缅元，将以超过的利润数目为基础征收收入税。不过，为协助抓获毒品而取得的奖金、为协助抓获非法走私品而取得的奖金、国家授予的奖金、政府彩票中奖取得的奖金、公务员退休金等均免征收入税。

3. 行业税

依据《2017 年联邦税收法》，相关政府部门须按现行法律对酒类税、进口执照费、缅甸彩票、车照驾照费、印花税、关税、田地税、水税、水坝税、林业品生产税、金属开采税、渔业税、金属与珠宝税、电信服务业经营税、水力生产电力税等规定相应的税率和减税标准或给予免税。

第四节　缅甸的金融政策

一　缅甸主要金融机构及其功能

为了适应市场经济的需要，1990 年 7 月以来，新军人政权对金融体制进行了重大改革。新的银行体系由中央银行、国有专业银行、私人银行以及外国银行驻缅甸办事处组成。2011 年 4 月民选政府对金融体系进行进一步的改革与完善。目前，缅甸已建立以中央银行为中心，以国有专业银行为主体，多种金融机构并存的金融体系。

（一）国有银行

1. 缅甸中央银行（Myanmar Central Bank）

缅甸中央银行即国家银行，成立于 1948 年，前身为缅甸联邦银行，1990 年改称为中央银行，注册资本为 5 亿缅元，交付资本为 2 亿缅元。其主要职责是在国内外稳定缅币价值，制定并实施货币政策，是缅甸国内流通货币的唯一发行者，行使缅甸政府的银行职能；作为政府有关经济事务顾问，监督、检查、指导国营和私营金融机构的业务工作，管理外汇储备金，以政府的名义参与国际金融事务，代表政府同国际机构进行业务往来。缅甸央行的基本目标是建立有效的支付体系，保证流动性和金融体系的基本功能；培养健康的货币、信用和金融环境，推进经济有序、平衡、协调发展。缅甸总统于 2013 年 7 月签发《中央银行法》，过去隶属于财政部的央行获得独立地位，并由总统直接管理。随着该法案的生效，缅甸央行将制定货币政策，并对国家货币流通的所有领域制定计划，为建立现代银行制度迈出重要一步。

2. 缅甸经济银行（Myanmar Economic Bank）

缅甸经济银行是缅甸最大的国有商业银行，成立于 1967 年，前身为国家商业银行。其主要职能是接受定期的和其他形式的存款，向各类工商企业提供贷款，发放退休金，销售汇票及承兑票据，等等。新军人政府上台后对金融机构进行改革和重组，缅甸经济银行更强调给个人和私营企业的贷款，大部分贷款给了各种类型的商人，尤其是从事农产品生意的商人。缅甸经济银行被认为不仅是实行政府政策的机构和扩大降价贷款及其他类型赠品的媒介，还是国有及合作企业的主要资金供应方，拥有一系列社会责任，包括为政府雇员提供无偿房屋贷款。此外，缅甸经济银行也在政府的指导下贷款给缅甸农业发展银行和缅甸小额贷款公司，对这两家银行的贷款利率为 10%~11%。缅甸经济银行可以在特殊分行从事有限的外汇兑换业务，今后计划将该业务从国内商业银行扩展到国际金融服务。2005年，缅甸经济银行在全国有 300 多家分行及 40 家左右的次级分行和代理点，是缅甸下属机构最多的国有银行。

3. 缅甸农业与发展银行（Myanmar Agriculture and Development Bank）

缅甸农业与发展银行前身是 1953 年成立的国家农业银行，1976 年改为现名，是缅甸第二大商业银行。根据 1990 年颁布的《缅甸农业与农村发展银行法》，该银行主要目标是提供短期和季节性的农业贷款，虽然中长期贷款仍旧是银行职能的一部分，但在实践中这种贷款并不多。该行从

1993/1994 财年开始实施乡村储蓄动员计划，根据计划向所有农民提供储蓄和贷款服务业务。① 缅甸农业贷款的 80% 都为水稻业，贷款的规模由贷款需求和贷款者还款能力决定，原则上缅甸农业与发展银行期望贷款额能达到农产品费用的 30%。由于职工缺乏风险管理、信用评价、会计、审计和资产评估等方面的知识，银行运行并不十分成功，没能满足缅甸农业贷款的需求。1997 年，缅甸颁布《缅甸农业与农村发展银行法》修正案，其中最大的改变是缅甸农业与发展银行收归农业与灌溉部管辖。到 2004 年为止，缅甸农业与发展银行在缅甸境内开设了 204 家分行及 48 家次级分行和代理点。② 不过，因为缺乏先进的传输技术，直到 2004 年银行的资金无法在总行与分行间自由运转，分行与总行之间的交流依旧要靠邮政，这使得政策制定和执行都很困难。

4. 缅甸外贸银行（Myanmar Foreign Trade Bank）

缅甸外贸银行是缅甸第三大国有银行，成立于 1976 年。主要业务是处理国际银行业务、为发展外贸向国内外借入资金、处理外贸业务中的外汇、对非贸易外汇进行管理、缔结或签订有关外汇收支方面的合同、代表缅甸央行控制外汇的收支。1990 年重建后的缅甸外贸银行尝试接受存款以及为企业和个人提供贷款。但是，外汇账户仍旧只向有限的个人和企业开放，如驻缅甸外国大使及大使馆员工、联合国代理处及其外国工作人员、其他国际组织及外国工作人员、外资企业及其外国工作人员、缅甸有合理理由接收外国货币的企业、合资企业及政府部门和国有企业。即使外贸银行努力涉及个人领域，但它的主要对象仍旧是政府和国有企业，个人的外汇业务多由缅甸投资商业银行进行，该行唯一开展的个人业务是为在缅甸的侨民提供金融服务。外贸银行是缅甸所有银行中与国外银行联系最密切的银行，受美国和欧洲经济制裁的影响也最大。缅甸外贸银行计划今后将逐步从专业银行转变为普通商业银行。

5. 缅甸投资与商业银行（Myanmar Investment and Commercial Bank）

缅甸投资与商业银行是缅甸四大国有商业银行中规模最小的银行，始

---

① 中国商务部：《缅甸投资指南》，2013，第 44 页。

② Myanmar: *Agriculture Sector Review and Investment Strategy*, Volume 1 – Sector Review, Food and Agriculture Organization of the United Nation, Rome: FAO, 2004, pp. 3 – 4.

建于 1989 年，初始功能是作为缅甸经济银行的一部分，在私营银行能够良好运营之前为个人提供投资和商业贷款。该银行还是一家本外币兼营的股份制银行，设有 100 万股，每股 1000 缅元，政府投资 6 万股，合 6000 万缅元。缅甸投资与商业银行曾在仰光和曼德勒国际机场开设外汇柜台，在该处兑换货币的游客需要购买外币兑换证书，为发展私营经济提供必要的国内外银行业务服务。为广泛扩展银行业务，1993 年 6 月缅甸投资与商业银行在曼德勒开设了分行，仰光也设立了分行，专营向个人、本国企业、外资和合资企业提供缅元贷款。缅甸投资与商业银行与国际银行的联系也较密切，因此与缅甸外贸银行一样受美欧经济制裁的影响也较严重。

（二）国有非银行金融机构

1. 缅甸小额贷款公司

根据 1990 年颁布的《缅甸金融机构法》，为适应市场经济政策的需要，增进金融活动效率，1992 年 3 月小额贷款业务从缅甸经济银行分离出来组成单独的缅甸小额贷款公司。[①] 缅甸小额贷款公司由缅甸经济银行提供资金，同时支付缅甸经济银行每年 11% 的利息。该公司的贷款额最高只能为担保物市场价格的 40%，收取每月 3% 的利率，贷款平均周期为 6 个月。

2. 缅甸保险公司

缅甸保险业务发展比较晚，原来只是中央银行的一个职能部门，1972 年才从央行分离出来组建独立的保险公司。改革开放以来，缅甸政府采取了一些措施促进本国保险业的发展。1996 年缅甸正式颁布该国有史以来的第一部《保险法》。这部由 12 章组成的法律使缅甸保险业有法可依、有章可循，并重新允许缅甸私营公司和外国投资者从事保险业。缅甸保险公司是缅甸唯一的国营保险机构，其任务是为保护投保者和国内外企业业主的社会及经济利益，提供人寿、航空、工程、石油天然气、伤残、旅游等多种保险。缅甸保险公司在全国建有 34 家分支机构。虽然缅甸政府对其保险

---

① Sean Turnell, *Fiery Dragons: Banks, Moneylenders and Microfinance in Burma*, Malaysia: NIAS Press, 2009, p. 288.

业政策做了较大调整，但其保险业仍处于起步阶段，私营企业和外国投资者对从事缅甸保险业仍持观望态度。2012 年缅甸财政和税收部宣布准许私营企业开办保险公司，现有 12 家私营保险公司，在缅甸开设的外国保险公司代表处扩展至 14 家。[①]

3. 缅甸证券交易公司

缅甸证券交易公司于 1996 年 6 月由缅甸经济银行和日本大和研究所合作建立。由于缅甸国内没有交易需求，缅甸的证券业发展一直缓慢。2010 年，政府委托缅甸证券交易公司和缅甸经济银行进行国库券的发行工作。缅甸国库券市场规模极小，在证券市场流通的资金约有 2 万亿缅元，高达 95% 的国库券由国内银行收买。为了有序地建立能为国家发展长期累积资金的证券市场，提高国家和私营金融业务的能力，以正确的方法监管证券业务，依法保护证券市场从业人员，缅甸于 2013 年 7 月颁布《证券交易法》。缅甸证券交易公司开设证券交易柜台，为无资格上市的缅甸股份公司进行证券交易。仰光证券交易所于 2016 年 3 月正式开业，现只有缅甸第一投资公司、迪洛瓦经济特区公司、缅甸公民银行、缅甸第一私人银行等四家上市公司。

（三）缅甸私人银行

缅甸独立后曾有多家私营银行，奈温政府实行银行国有化，将所有私营银行收归国有。1988 年缅甸新军人政权上台后，实行市场经济体制改革，重新允许开办私营银行。1990 年，缅甸政府先后颁布《缅甸中央银行法》《缅甸金融机构组织法》，规定按经营业务不同可以成立三类私人银行：第一类是国内商业银行，只能经营短期贷款；第二类是投资和开发银行，可以发放长期贷款和办理投资业务；第三类是国际商业银行，可以开展外汇及外汇兑换券业务和国际结算业务。后来缅甸政府先后批准了 7 家私营银行从事外汇业务，以加大金融机构对外汇市场的调控能力，缅甸的私人银行才慢慢发展起来。

---

① 《外国保险公司将获准在缅经济特区经营保险业务》，缅甸《金凤凰》2014 年 11 月 25 日。

缅甸第一家私营商业银行于 1992 年 6 月正式开始营业。到 2002 年金融危机爆发前，缅甸境内一共建立了 21 家私营银行。其中，缅甸公民银行（Myanmar Citizens Bank）是第一家私营银行，建立于 1992 年 6 月，注册资金为 1 亿缅元；缅甸工业银行（Myanmar Industrial Bank）建立于 1996 年 2 月，注册资金为 12 亿缅元，是 21 家私营银行中规模最大的银行。缅甸私营银行所有者只将银行按照一般的企业来经营，但依然出现较活跃的银行，即当时被称为五巨头的银行，包括亚洲财富银行（Asia Wealth Bank）、佑玛银行（Yoma Bank）、缅甸五月花银行（Myanmar Mayflower Bank）、甘巴扎银行（Kanbawza Bank）和缅甸环球银行（Myanmar Universal Bank）。五巨头有共同的特点，它们都是大集团公司的一部分，与对缅甸有较大影响的华族关系密切。除了甘巴扎银行外，其他四家银行的创立者都具有华裔血统。此外，缅甸还有一群较小型的私营银行，有的几乎不从事银行业活动，有的是 2003 年经济危机之后才发展起来的。[1]

2011 年缅甸民选政府上台，进一步放松金融市场的限制，私人银行快速增长。2011 年 3 月，全缅开设的私人银行分行共有 292 家，到 2014 年 1 月私人银行分行增至 658 家，私人银行的业务规模在 2011 年至 2013 年的 3 年间约增长了 5 倍。从 2013 年 4 月起，缅甸中央银行由原先的只准许私营银行在所得地皮和建筑物开设分行，改为分 3 个阶段批准私营银行开设分行，即私营银行可在银行所得地皮兴建建筑开设分行；私营银行可租赁地皮和建筑开设分行；私营银行可在百货商店开设分行。但私营银行须按开设的分行规模，向缅甸中央补充资金。现缅甸主要私人银行有：嘎莫萨银行、妙瓦底银行、甘巴扎银行、合作社银行、伊诺瓦底银行、亚洲绿色发展银行、佑玛银行、环球银行和东方银行等，其中市场分量最多的是嘎莫萨银行，妙瓦底银行和合作社银行次之。

总的来看，缅甸私人银行发展缓慢，分行的覆盖面远远不够。缅甸的面积和人口同法国不相上下，但法国的银行分行大约有 39000 多家。缅甸的银行业服务社会民众的深度和广度同发达国家甚至新兴市场经济体都有

---

[1] Sean Turnell, *Fiery Dragons: Banks, Moneylenders and Microfinance in Burma*, Malaysia: NIAS press, 2009, p. 262.

较大的差距。

（四）缅甸外资银行

1990 年 6 月新军人政府颁布《缅甸金融机构法》，重新允许外资银行进驻缅甸。缅甸政府对外资银行的开放一般有三个步骤：第一步，允许外国银行在缅甸开设代表处，但代表处不得行使普通金融机构的职能；第二步，已经在缅甸建立代表处的外资银行，可以与本土银行合作开展项目；第三步，允许外资银行在缅甸建立分行。[①] 这三个步骤并没有实际的时间表，正式运行过程中，开放程度仅限于第一步。在实践中，缅甸对外国银行开放的措施差强人意。20 世纪 90 年代中期，是国外银行设立代表处的高峰期，共有 50 家外资银行在缅设立代表处，但由于缅甸政府对活动范围的限制以及缅甸令人失望的经济表现，大部分银行在几年后都从缅甸撤离。在 20 世纪末，只有 15 家左右外资银行留在缅甸。这 15 家银行中，多为母公司涉及以缅甸为主体的工程，它们为母公司处理离岸金融事务，只执行母公司联络处的职能。

民选政府上台后扩大对外资银行的市场准入。2014 年 10 月，缅甸 43 家外国银行代表处中有 29 家参与竞标外资银行营业执照，最终由包括中国工商银行在内的 9 家银行获批。另外获批的 8 家银行中，3 家来自日本，2 家来自新加坡，其余 3 家分别来自澳大利亚、泰国和马来西亚。缅甸央行规定，这 9 家境外银行初步核准有效期为 12 个月，在此期间银行需要达到央行的规定，然后再正式批准。审批要求至少 7500 万美元的注册金，另需在资本金外再缴纳 4000 万美元保证金。12 个月的试运行合格后，方可获得在缅甸开展银行业务牌照。根据规定，获得批准的外资银行可设立一家分行，并可向外国公司和缅甸当地银行提供全部银行服务。其中，向外资公司提供贷款必须是外币贷款，而向缅甸企业放贷必须通过缅甸本地银行来办理，或者与本地银行合作开展贷款业务。[②] 2016 年 3 月缅甸政府又批

---

① Sean Turnell, *Fiery Dragons: Banks, Moneylenders and Microfinance in Burma*, Malaysia: NIAS press, 2009, p. 259.

② 《缅甸向外资开放银行业》，缅甸《金凤凰》2014 年 10 月 10 日。

准印度国家银行、越南投资与发展银行、中国台湾玉山商业银行和韩国新韩银行等 4 家外资银行在缅设立分行。

政府允许外资银行在缅开设分行，这一举动使本地银行产生忧虑。因为即使缅甸所有本地银行的资本相加也不抵一家外国银行的资本。外资银行获准在缅开设分行后，本地银行将会失去市场份额，同时还面临人才的流失。由于西方长期的制裁，缅甸银行业十分落后，使用银行服务的人数不到全国人口的 10%，单纯依靠本国银行而不融入国际社会和吸引外资，无益于缅甸经济的发展。缅甸央行参考越南和其他东盟国家的成功经验，通过对外资银行的运营限制来确保本地银行的现有业务。然而，基于金融市场的稳定考量，缅甸政府于 2017 年 5 月暂停批准外资银行设立分行。

二　缅甸的货币与外汇管理

（一）货币管理

1990 年以来，新军人政府对货币管理进行了一系列调整，出台了《缅甸中央银行法》，规定缅甸银行的流动资产必须高于责任金额的 20%（流动资产包括货币、在缅甸央行内的存款现金、国债、黄金以及在其他银行拥有的现金账户资源）；银行需要准备货币需求的 10% 以及定期存款的 5% 作为准备金，其中 75% 需要存入缅甸央行，剩下的 25% 可以作为现金留用，银行需将净收益的 10% 存储到基本准备金户，直到该数额达到注册的缴付资金。缅甸银行不允许将超过其资金总额的 10% 借贷给任何单独机构，包括个人、企业或者团体。

同时，新军人政府对储蓄制度进行改革，改变了过去存款没有利息，取款时填写支票还得退出邮费的做法，但对利率实行管制，规定私人银行存款利率均不得超过国有银行，以免私人银行与国有银行争夺资本市场。1996～2006 年，缅甸央行利率（央行向商业银行贷款利率）为 12%，允许商业银行在 3% 范围内制定利率，即不得设置低于 9% 的存款利率和高于 15% 的贷款利率。2006 年 4 月央行将存款利率下限和贷款利率上限分别确定为 12% 和 17%。

民选政府执政后，为了促进经济发展，着手货币政策改革，逐步赋予中央银行制定国家货币政策的独立性。新时期缅甸中央银行制定货币政策的主要目标是维持国家宏观经济稳定的同时促进国内储蓄，利率是其主要利用工具。2011 年 9 月，缅甸中央银行将各银行存款利息由原来的 12%下调至 10%，贷款利息由原来的 17%下调至 15%；自 2012 年 1 月 1 日起，又再次下调存贷款利息各 2%。

2015 年由世界银行主编的《缅甸投资环境评价报告》指出，难以获取金融服务是限制缅甸私营企业发展的最主要因素，强调政府应破除阻碍私营领域发展的种种障碍，鼓励私营企业增长并创造就业。在世界银行调查的超过 1000 家内外资企业中，仅 1%的固定资产投资来自银行贷款，高达 92%的企业仅依靠自有资金维持商业运转。

（二）外汇管理

缅甸的外汇管理主要由外汇管理委员会、外贸银行负责，外汇管理委员会负责分配外汇，缅甸央行是制定外汇政策的唯一机构。一直以来，缅甸政府对外汇实行严格管制，禁止外汇自由出入和兑换。新军人政府针对个人手中外币增多的情况，从 1990 年起允许私人开设外汇账户。为打击外汇黑市，以便从蓬勃发展的旅游业中获取更多外币，政府于 1993 年推行外汇兑换券制度，禁止直接用美元兑换缅币，须通过外汇券转换，并规定未经允许缅甸公民不得持有外汇现钞，但允许外国人使用外汇现钞或美元兑换券支付机票、住宿费用等。外国人入境缅甸时只可携带不超过 2000 美元或相当的外币，才不必向海关申报。任何人未经外汇管理局批准，在国内不得持有、买卖、借贷、兑换外汇，缅币不得自由出入国境。

民选政府上台后，着手外汇和汇率制度的改革。2012 年以来，缅甸政府陆续出台了缅甸《外汇管理法》和《外汇管理法实施细则》等法律法规，对外汇管制有所放松，但尚未完全解除对外汇的管制。2013 年 3 月 20 日，缅甸联邦议会通过取消外汇券的议案，至 2014 年 3 月 31 日缅甸完全废止外汇兑换券的使用。随着对外开放力度的加大，外汇汇进汇出与以前相比自由度增加，外国企业可通过大华银行将美元汇进缅甸，中国工商银行也可协助企业与缅甸外贸银行协商，将投资资本金汇入。此外，缅甸现已不限制国有银行和私人银行为经常账户交易提供支付和转账服务。

在外汇兑换方面，从 2012 年 2 月 1 日开始，在政府指定的外汇兑换处和私人银行，兑换 1 万美元以内无任何限制。而此前兑换外汇时，外国人须出示护照，超过 2000 美元还必须提交海关证明；缅甸国民则必须提交外汇来源的说明，若购买美元必须提供用途证明。对外国企业而言，须将美元汇入缅甸银行，再由银行提领外汇券换取缅币，若从银行直接兑换缅币，则须按现行官方兑换汇率执行。缅甸中央银行宣布，自 2012 年 4 月 1 日起，外国人携带 10000 美元或等值的外币进入缅甸境内时，无须向海关申报，远远高于过去的 2000 美元的限制。2013 年 3 月中旬开始，在缅甸开设美元账户的缅甸公民及外国人可每天提取 1 万美元，规定美元存款没有利息。以外国公司名义开设美元账户，需提交投资委证明书、公司申请函、公司执照、进出口许可证、办理人的护照号码等资料，最少存入 1000 美元。外国人个人开设美元账户，需提交使馆证明、护照号、当前工作机构证明等。

在外汇汇出方面，缅甸投资委员会规定，相关外币可通过银行按现行官方兑换率汇往国外。依据 2013 年缅甸国家计划和经济发展部颁布的《外国投资法实施条例》，外国投资者可通过投资委员会规定的银行，用外汇汇出相应款项，包括带来外汇资金者应得的外汇、带来外汇资金者每年的利润付税后剩下的净利润、外国职工所得薪金在付税和扣除家庭费用后剩下的合法收入等。外汇汇出需要在缅甸中央银行的同意下，外国投资者可将相关外汇通过有外汇经营执照的缅甸国内银行汇出国外，并规定外国投资者可在有权进行外国银行业务的银行开设外汇账户或缅元账户，可将合法缅元在有权进行外国银行业务的银行兑换成外汇；对于投资项目中的外国职工，须在有权进行外国银行业务的银行开设外汇账户或缅元账户。从 2014 年开始，缅甸央行规定，来缅投资的外资企业，从国外贷款时需向缅甸央行备案，否则企业资金从缅甸国内银行汇至国外时，央行不予办理。根据缅甸《外汇管理法》第 26 条规定，为使外资企业的资本、利润、利息等企业收入资金顺利汇至国外，央行有责任审核外资项目的资金来源。而外资公司要向央行提交资金来源证明与金额，如证据不充分，央行可以拒绝办理该业务。

根据 2016 年缅甸最新的投资法及其实施细则，对于外国投资者与投资有关且符合条件的资金，可依法汇出境外。例如，符合缅甸中央银行关于资本账户规范的资本金；收益、财产获益、股息、特许权使用费、专利费、授权使用费、技术协助和管理费及其他与投资有关的利益分享和经常性收入；整体或部分出售投资或其财产，或清算投资所得的资金；依合同（包括借贷合同）所获款项支付；因投资纠纷解决所获款项支付；因投资或征收所获的补偿和资金补偿；在境外依法雇佣的外籍人士所得的薪资和报酬。但是，如果发生严重收支失衡和金融困境时，依据缅甸《外汇管理法》和其他国际规范，政府可以采取或维持与投资有关的对境外付款或划转限制。

在汇率方面，2012 年以前缅甸存在汇率双规制，中央银行确定的缅币兑换美元和人民币等外汇的官价极不合理，2006 年官方平均汇率为 1 美元兑 5.8 缅币，而在自由市场上，缅币汇率已经下跌到 1 美元兑 1280 缅币。比价不合理使外国投资者不得不先用外汇进口货物售卖后换取黑市价缅币再进行投资活动，这无疑大大增加了投资者的麻烦。2012 年 4 月，缅甸废除过时的双重汇率政策及特别提款权和汇率挂钩的制度，采用了基于市场情况并加以调控的浮动汇率制度，缅元的汇率在 2012 年 4 月 1 日的 818缅元/美元的基础上浮动。尽管汇率改革迈出了第一步，汇率对该国的外资企业而言仍是重要风险之一。缅甸放弃多重汇率制度，但缅甸央行无法管理全国的外汇储备，这导致缅甸央行无法在汇率波动剧烈时干预汇市，阻止币值出现剧烈波动，外资承受的汇率风险依然较大。[1] 从历史情况看，由于缅甸政府的金融管理能力较弱，制定和执行新的汇率制度的能力仍需经过实践检验。采用市场化的汇率决定机制，要求缅甸中央银行必须采取步骤逐步建立国内的外汇交易市场，这在客观上需要一个过程。由于缅甸目前尚未成立外汇管理的专门机构，建立外汇交易市场需要央行具有足够数量的外汇储备，这也需要相当长的时间。

总的来看，缅甸的货币政策和外汇政策表现出显著的金融抑制特征。

---

[1] 张金宝：《外资投资缅甸的经济和金融风险分析》，《前沿》2013 年第 17 期。

虽然缅甸民选政府采取了一系列改革，并取得了一定的成效，但改革远远没有改变金融抑制的根本，多年来政府管控的经济成为制约国民经济各部门发展的瓶颈。此种金融抑制是由缅甸的现状所决定的，为了解放生产力，采取金融自由化对缅甸来说具有迫切性。金融自由化的前提需要缅甸国内保持一个良好持续的政治态势，既要改革导致金融抑制的根源因素，也需要和其他改革尤其是促成经济环境稳定的改革配套进行。

三　缅甸的证券与保险政策

（一）证券政策

缅甸民选政府上台后，分三个阶段进行证券交易所的建设工作。第一阶段，进行必要的准备工作，成立证券交易委员会；第二阶段，确定证券交易所开设计划；第三阶段，对准备上市的公司提供必要的培训和帮助。

第一阶段的工作重点，是确保开设证券交易所的法律基础。缅甸政府由 2013 年 7 月 31 日颁布了《证券交易法》，根据该法，联邦政府成立了至少有 5 名成员组成的委员会，并选定委员会主席、副主席和秘书长；委员会成员的任期，每两年有两位委员须按照规定轮流退出。委员会负责审理证券业务的执照申请书，可以发给执照和拒绝发给执照；审理执照延期申请书和可以准予延期；审理成立证券交易所的申请书，可以发给执照和拒绝发给执照；如证券交易所违规，可以规定停止执照一个时期或吊销执照；如证券交易所出现停业、解散、证券公司少于规定的数量等情况，可以收回其执照。根据《证券交易法》规定，欲经营证券业务者，须依法成立证券公司和注册；须投入规定的资金；须按规定设置同业务有关的记录；须向委员会提交账目审核报告书；如没有预先得到委员会的许可，不得缩减资金，须按规定向委员会提交业务报告书；每年须从纯利中设置专项基金，该基金只能用于弥补亏损，如要用于其他方面，须预先得到委员会的许可。同公众有关的证券公司，如向公众销售证券，须预先向委员会报告售卖方式。

第二阶段工作是证券交易所开设计划。财政部收集了有资格上市的公司名单，仅有 5 家左右，而一家证券市场最少要有 80 家上市公司才算基本合格。获准的证券公司将经营 4 种证券业务，分别为：证券自营业务（证券公司以自由资金进行股票买卖业务，赚取差价和利润）；证券经纪类业务（证券交易服务或代理业务）；投资银行业务（也就是从事证券发行承销与保荐）；证券投资咨询业务（与证券有关的财务顾问业务）。

2014 年 12 月 23 日，缅甸财政部与两家日本公司签署协议，正式建立仰光证券交易所。该协议是缅甸签署的首个证券交易协议，该证券交易所建成后也是缅甸首家证券交易所。证券交易公司为缅日合资公司，证券交易所的投资金为 32 亿缅元，缅甸经济银行占股 51%，日方两家公司共占股 49%。缅甸建立证券市场工作面临 5 个大问题，即需要证券市场委员会的专业人士；需要有关专业市场的建筑；需要与资料和技术有关的基础设施；需要对证券市场委员会和工作人员开办训练班；需要对证券市场上市的股份公司进行有关证券市场的常识普及。

由于较多缅甸公司不愿意透露公司的实际财务，并对上市表示犹豫，仅有少数公司表达了对上市有兴趣。据缅甸投资与公司局统计，在缅甸投资与公司局办理注册的股份公司共有 100 多家，但仅有几家准备上市。这使缅甸证券交易所计划进展缓慢。与缅甸经济发展水平类似的柬埔寨和老挝两国证券交易所目前分别只有 1 家和 2 家公司挂牌上市，因此部分业内人士对缅甸证券市场前景持谨慎态度。[①] 2016 年 3 月 25 日，缅甸仰光证券交易所正式开盘交易，只有缅甸第一投资公司（FMI）一家上市公司的股票可供交易。5 月 20 日，仰交所推出缅甸股票价格指数，这是仰交所自开业以来推出的首个市场指数，以仰交所所有上市公司的普通股为编制对象。当天，迪拉瓦经济特区控股有限公司股票开始在仰交所交易，为第二家在仰交所上市的公司。8 月 26 日，缅甸公民银行（MCB）的股票在仰交所交易，为缅甸第三只上市交易股票。仰光证券交易所是缅甸唯一的资本市场，暂时只接受缅甸本国投资者交易，全部交易均用缅元结算。

---

① 《日方表示缅甸证券交易所将如期开设 面临 5 大问题仍没得到解决》，缅甸《金凤凰》2014 年 4 月 16 日。

（二）保险政策

几十年来，国有的缅甸保险公司是全国唯一一家保险公司。1988年新军人政府执政，开始采取措施促进本国保险业的发展，并于1993年正式颁布了缅甸第一部《保险业法》，对保监会的成立、职责和权力，以及保险公司营业执照的申请、职责和处罚等条款均做了明确规定，并允许外国保险公司经营保险业，国民保险公司不再垄断保险业。1996年新军人政府又允许私营企业从事保险业，包括人寿保险、水灾保险、现金安全保险等业务。

民选政府执政后，于2012年5月宣布准许私营企业开办保险公司，有20多家私营公司申请经营权，缅甸保险业务监管委员会批准了12家经营保险业务。准许私营的保险业务有人寿保险、火灾保险、汽车运输保险、资金运输保险、资金安全保险等6类，而国有的缅甸保险公司可经营51种保险业务。10家私营保险公司于2013年9月开始营业，在开始营业的6个月，每家私营保险公司约获得20亿缅元保险金。这些私营保险公司已在曼德勒和仰光开设了10多家保险分局，约有30万人投保。

在批准的12家私营保险公司中，3家经营人寿保险业务，9家经营综合保险业务，有4家私营保险公司获准以美元结算来经营保险业务。经营人寿保险业务启动资金须达到60亿缅元，经营火灾、汽车、资金运输、财产等综合保险业务的公司须投资400亿缅元，经营2种以上保险业务的公司，须投资460亿缅元。获准经营保险业务的私营公司需进行6个月或1年的培训，培训结束后才准许启动相关业务。缅甸保险业务委员会将对运营的私营保险公司每月检查一次。2015年6月缅甸向私营保险公司开放内河水运保险业务，国际水运业务暂不向私营保险公司开放。

随着缅甸逐渐开放市场，不少国际保险公司有兴趣进入缅甸市场，共有14家外国公司在缅开设了代表处。这些国际保险公司来自英国、法国、澳大利亚、新加坡、中国、日本、美国等。2015年1月，缅甸批准外国保险公司在土瓦经济特区、迪洛瓦经济特区、皎漂经济特区经营保险业务。同年5月，缅甸政府允许第一家外国公司——日本财产保险公司在迪洛瓦经济特区运行，之后又允许两家外国公司进入。在缅甸经济特区经营保险业务的外国保险公司，无须向缅甸投资委员会递交申请，只需向缅甸保险业务监管委员会提出申请。在获得监管委员会的批准后，外国保险公司可在缅甸经济特区经营保险业务，但不准在其他地方经营保险业务。缅甸私营保险公司经营保险业务起步晚，尚处于不稳定和不成熟阶段。如果过多地允许外国公司进入缅甸经营保险业务，本土保险公司将会面临竞争压力和发展受阻的不利局面。

第三章　投资缅甸的准备与程序

第一节　投资准备

一　了解缅甸国情

2011 年缅甸民选政府重组投资委员会，大力提高对外资项目的审批进度，提出以快捷的一站式服务在短期内办结外资审批。最新的《缅甸投资法》于 2016 年 10 月经总统签署正式颁布。相较于 2012 年的《外商投资法》和《公民投资法》，新法呈现内外合一、程序松绑、导向清晰等主要特点。新法注重对内外资投资方向的引导，具体表现在：发展有利于国家和人民且不对环境和社会产生损害的产业作为首要目标，强调发展高科技含量、高附加值工业；还有再次强调本地人才的国际化和吸引并提倡培育符合国际标准的投资和商业活动。

根据缅甸投资与公司管理局的资料显示，截至 2017 年 5 月，在所有对缅投资国家和地区中，中国以总投资额 180 亿美元居于首位，共有 183 个已经批准的投资项目，中国对缅投资额占缅甸吸收外资总额的 26%，这表明越来越多的中国企业赴缅投资。中国企业到缅甸投资除了要对缅甸政治经济社会发展的基本情况进行详细的了解外，更要对缅甸投资的外资政策、投资程序、允许外资进入的行业和领域、税收和汇率状况等做细致了解。

如今获得这些信息的途径很多，除包括本书在内的各种参考书外，投资者还可以通过商务部、各省份商务厅（局）和中国政府驻缅甸大使馆经商处的网站了解很多投资信息，条件允许的话，最好直接找商务部亚洲司、商务部对外贸易司、商务部经贸关系司、商务部投资事务局等部门和各省份商务厅（局）负责对外投资的官员当面咨询。投资者也可以与缅甸驻华大使馆经商处和驻昆明、香港等地的总领事馆联系，可以与中国国际投资促进会、中国国际贸易促进会、国际经济技术交流中心、各种行业进出口协会以及缅甸中国企业商会等服务机构和咨询机构联系。

在初步调查了解缅甸国情的基础上，结合投资者自身的实际情况，确定大致的投资方向和重点领域后，就应该主动跟中国驻缅甸大使馆经商处联系，征求使馆官员对公司拟在缅甸投资项目的意见，也可以要求使馆官员协助提供跟项目相关的更详细信息。中国驻缅甸大使馆经商处的官员长期在缅甸工作，广泛收集商业信息，对缅甸的经济情况和投资环境相当熟悉，他们对拟投资项目的意见和看法不一定完全正确，但却非常值得投资者重视。

一旦确定了赴缅投资的初步意向，到缅甸进行实地调研就显得非常必要，而中国驻缅甸大使馆经商处可以为中国投资者提供许多帮助。投资者到达缅甸之后，最好先与中国驻缅甸大使馆经商处取得联系，认真倾听商务参赞和经商处项目官员对投资的意见，在使馆的帮助下还能够相当容易地拜会到缅甸政府有关部门的官员，对拟投资项目做更详细的了解。还可以请我使馆官员介绍一些了解情况的华人华侨商人，或者找一些前期在缅甸投资成功的中国企业家，对投资项目做进一步的深入调研，通过多方面的反复调查，才能对拟投资项目做到胸有成竹。有实力的企业还可以找当地有信誉的咨询公司开展对拟投资项目的可行性研究。

就赴缅甸实地调研来说，需要调查的内容相当丰富。首先是投资所在地的电力、交通、通信、银行等基础设施状况和原材料供应情况。其次是市场调研，除了了解市场情况、竞争对手的情况之外，还有诸如新产品市场进入机会研究、消费者动态和潜在需求研究、预测性调研、细分市场研究等。当然，由于企业产品不同或行业不同，面临的市场竞争不同，市场调研的侧重点也可能不同，但市场调研是不可或缺的一个重要环节。最后是当地劳动力状况和人均消费能力的调查，在缅甸投资办企业，尤其是那些劳动力密集型企业一定要考虑当地人力资源问题，而欲在加工生产、服务、商品出口等领域进行投资的企业一定要考察当地居民的消费能力。此外，投资者还应对当地居民的宗教信仰、生活习惯、民风民俗等做一些调研。

二　寻找可靠能干的代理人

中国驻缅甸大使馆经商处的官员经常告诫那些想去缅甸投资的中国企业，要想在缅甸站稳脚跟、开展业务，就必须在当地至少聘请一位能干且可靠的代理人。特别是那些首次到缅甸进行投资的企业，由于不了解当地的法律法规和投资流程常常会遇到很多麻烦，可靠的代理人不仅能够提高办事效率，比如代理人可以代理注册公司，还能规避很多的风险。投资者可以请中国驻缅甸大使馆经商处的官员帮忙推荐，也可以请当地华商的头面人物或者当地的华人华侨商会领导予以推荐，还可以请已经在中资企业担任代理人工作且有良好信誉的当地人予以推荐。

三　选择合适的当地合作伙伴

对于那些既不熟悉缅甸当地情况、自身的资金实力又并不雄厚的中国投资者来说，选择一个合适的当地合作伙伴应该是一种明智的决定。2012年的《缅甸外国投资法》取消了外资在合资企业中最高占50%股份的限制，2016年新的《缅甸投资法》将外资股份占比在35%以下的合资企业都视作国内企业，这让更多中国投资者选择和缅甸当地企业合作。中国公司在缅甸建立合资企业尽管也存在很多风险，但总体来看好处还是很明显的，因为按照缅甸投资法规定，合资企业由双方共同投资，通常情况下缅甸方是以土地、资源、厂房、劳动力和少量的缅币流动资金入股，中方企业多以技术、设备、外汇现金作为投资，产品或利润按照双方投入的比例分成，这样一来中方企业的外汇投资相对减少了，还可以得到一些额外的优惠待遇，合资企业把双方的利益捆绑在一起，缅甸合作方的主动性和积极性会更高一些。

另外，根据缅甸投资法的规定，有一些行业外商只能与缅甸本地企业合资才能经营，比如2017年4月10日缅甸投资委员会发布的公告，公布了限制投资行业清单，外商与本地企业合资经营的行业包括渔场、渔港及鱼类拍卖市场的建设；与渔业相关的调查活动；兽医诊所；农作物的种植、销售和出口等 22 类行业，中国企业想要投资这些行业就必须选择合适的当地伙伴。

四　选择合适的投资方式

要顺利实现在缅甸的投资，除了选择合适的项目、可靠又能干的当地代理人、合适的当地合作伙伴之外，还应根据投资项目的实际来选择合适的投资方式。

1. BOT 模式

即建设—经营—移交，在中国称为"交钥匙工程"。西方国家一般把市政工程承包给私人建设，建成之后由承包工程公司经营一段时期，再把市政工程移交给政府管理。缅甸有一些重要的公共工程建设项目，如码头、公路、宾馆等，需要由国外公司投资承建，项目完成之后由国外公司经营几年再全部移交或完成之后马上移交。

中国在缅甸水电投资项目主要采用 BOT 方式，建设运营时间一般为 40 年。目前在运营的瑞丽江一级电站和太平江一级电站均采用 BOT。酒店以及房地产项目也可以采用 BOT 方式，而自然资源的开发和开采则可以采用产量分成合同（PSC）方式。

2. PPP 模式

国内 PPP 包含 BOT、TOT 等多种模式，国外 PPP 指公共部门与私人部门之间所建立的各种合作关系，是社会资本参与收益性公共事务投资和运营，让政府与社会资本收益共享、风险共担的过程，强调政府、市场和社会之间的共赢。2015 年 12 月，缅甸电力部与法国电力公司签署瑞丽-3水电开发项目谅解备忘录，双方采取 PPP 模式进行开发，法国将提供 14 亿美元投资，项目预计装机容量 105 万千瓦。

由于 PPP 模式下的项目投资大、周期较长、过程不稳定，这意味着投资面临较多的风险因素，因此需要建立合理的风险分担机制，保证自己的利益不受损害。

3. PSC 模式

即产量分成合同，适用于国际油气田开发项目的合作。东道国提供资源作为出资方式以此来吸引外部投资，实现其油气的勘探、开发、生产及销售。PSC 模式历经时间长，一般从合同的订立、实施到合同的终止需要 20~30 年的时间，故需要加强对合作风险的全过程监控，建立一整套风险管理机制，尤其是财物风险管理机制。赴缅投资的中国企业应该对自己的财务状况和资源国的财务状况进行细致的分析。由于油气价格是重要的不确定因素，中国企业方也应该对油价进行风险管理。在合同结束期还要做好后期评估工作，财务上进行清查和相关税费的清缴。

4. 设立独资企业

一个国家的法人或自然人在东道国独立投资建立的企业，独资经营，企业归该国所有。独资企业的特点是东道国只提供劳力、原材料、土地、公用设施等，投资方投入全部资金，负责经营管理、产品销售和承担企业盈亏。

5. 成立联营企业

联营企业是指投资者对其有重大影响，但不是投资者的子公司或合营企业的企业。当某一企业或个人拥有另一企业 20% 或以上至 50% 表决权资本时，通常被认为投资者对被投资企业具有重大影响，则该被投资企业可视为投资者的联营企业。投资者对联营企业只具有重大影响，即对被投资企业的经营决策和财务决策只具有参与决策的权利，而不具有控制权；而合营者对投资企业的经营决策和财务决策具有控制权，虽然这种控制权是共同控制。

当前，在缅甸开展业务的企业形式主要有股份制有限公司（私营或国营）、担保有限公司、海外公司（需要在投资与公司管理局注册）、协会、合伙公司和特殊公司（依 1950 年的《特别公司法》设立）。缅甸政府于 2017 年 12 月颁布新的《公司法》，为外国投资者提供更为宽松的准入条件。根据该法，公司注册由投资与公司管理局负责，投资与公司管理局从 2018 年 8 月 1 日起提供在线注册，只需提交少量的重要文件即可，如海外公司必须提交公司章程、议定书等文件；在合资公司中，外国投资者最多可持有缅甸公司 35% 的股份仍不被视为外国公司；本地股东和外国股东之间转让公司股份没有限制，但须向投资与公司管理局报备；允许设立单一股东和单一董事的公司，但要求所有在缅甸注册成立的公司至少任命一名在缅"常住"董事，即持有永久居留权或每年在缅居住至少 183 天，而不必是缅甸公民；公司成立时没有最低资本要求。

五　与投资项目所在地政府建立良性合作关系

中国企业选择了在缅甸投资的项目后，更应该与投资所在地政府建立良性合作关系，因为政府控制着市场进入和地区专有优势，和政府建立良性合作关系能够及时掌握投资国的政策趋势和动向，方便企业和政府之间信息交流，减少信息成本，有利于企业应对政府政策变化。中国在缅甸投资的企业，尤其是在矿产、水电、橡胶种植、能源开发等领域有长线投资的大型企业，必须与项目所在地政府长期打交道，建立良好的合作关系对项目的顺利实施非常重要。当地政府对企业的态度直接影响着企业的生产经营能否顺利进行，对企业的生存与发展发挥着至关重要的作用。选择合适的当地合作伙伴一个重要目的就是通过合作伙伴来实现与所在地政府建立良好关系。

六　拟定全面详尽的合同或者协议

随着越来越多的中国企业到境外投资，发生争议并且诉诸法律的情况也越来越多，而当前在国际上，仲裁是解决这类争端的首要法律途径，这时详尽的投资合同或协议能在关键时刻成为法律上的"利器"，能成为决定案件成败的关键，能帮助企业规避风险。因此，赴缅甸投资的企业应该在缅甸相关法律法规下拟定详细的合同。首先要明确合同主体，因为这直接决定争议解决的过程中以何方为相对方提起仲裁或诉讼，并且核实合同记载的主体与注册信息。其次，对合作的内容、方式、时间、地点、双方的权利和义务、违约的责任等尽可能详细地一一列举出来，合同的文本需要符合缅甸的法律规范要求，用词造句要仔细斟酌，不要让人产生歧义，也要避免被人钻空子。清晰、详尽而又责权利清晰的协议，会对双方的合作产生积极的作用。最后，企业拟定合同或协议尽量寻求当地有经验的事务所或其他专业机构的帮助。

第二节　投资流程

一　在缅甸申请投资项目所需要的材料和审查提案

打算到缅甸进行投资的中方投资者，在经过对拟投资项目进行实地考察、深入分析评估的基础上，选定投资项目之后，需要认真撰写项目可行性研究报告，寻找可靠的合作伙伴，与合作伙伴洽谈并签署合作协议，中方企业在获得国内商务部门的境外投资批准证书后，根据《缅甸投资法》及其实施细则的规定，还需要向缅甸联邦投资委员会提交申请。

1. 申请材料

投资者或主持者向委员会提交申请时要填写包含以下各项内容的申请表。

（1）投资者或主持者姓名、国籍证明、住址、项目所在地、依法确实实施的项目、确实实施管理的总部所在地、建立经济组织所在地、项目种类；

（2）如系合资或者需要投资，拟参与合资合作项目者的上条所述有关各项内容；

（3）与前两条相关的证据；

（4）投资者，或主持者，或参与（合资合作）者的与项目和资金有关的证据；

（5）需投资的生产性项目或服务性项目的相关证据；

（6）投资期、建设期；

（7）需投资的地区；

（8）生产、销售拟使用的技术和方式；

（9）需使用的能源种类和数量；

（10）建设期内项目需使用的主要机械设备、器材、原材料和类似物资的数量及价值；

（11）所需的地域和面积；

（12）项目每年生产和产量预估，或实施服务的预估数额和价值；

（13）执行项目每年所需外汇和估计可能得到的外汇；

（14）每年在国内、国外预计销售的数额，预估价值和时限；

（15）（是否划算的）经济评估；

（16）按照需遵从的现行法律规定撰写的保护环境和社会的计划安排；

（17）在国内投资拟采取的组织形式；

（18）如需组建合资企业，需填写合资企业协议草案、股东投入的资金比例和数额，利润分成比例和股东的责任权益；

（19）如需组建有限责任公司形式，要填写合同草案、组建记录和章程草案，公司的获准注册资金、股份种类、股东拟投入的股份数额；

（20）拟投资组织的管理者的姓名、国籍、住址和职务；

（21）拟投资组织的总投资、国内和国外拟投入资金的比例和将汇入缅甸的外国投资的总价值和拟汇入的时间。

2. 审查提案

（1）为资金信誉应要求提供审查：

1）银行账单；

2）公司最后审计报告；

3）公司经营状况报告。

（2）为基础审查项目是否划算（有效益）：

1）预计每年将获得的纯利润；

2）预计每年将投入的外币和每年将使用的外币；

3）收回成本时间，提供就业机会的情况；

4）国民收入增加的可能；

5）国内、国外市场情况；

6）国内消费需求状况。

（3）责成内行人审查技术工艺是否恰当。

（4）取得环境保护司对保护环境和社会拟采取措施的意见予以审查。

（5）审查是否对国家和国民负责任，是否重视社会利益的投资。

（6）审查建议书与现行法律的条款是否相悖。

二　在缅甸申办公司、办事处所需要的材料和流程

在缅甸申办公司或办事处，需要得到国内商务部门的批准，然后才能到缅甸办理相关手续。

1. 在国内需要办理的手续和流程

依据商务部令 2004 年第 16 号《关于境外投资开办企业核准事项的规定》，中国企业赴境外投资开办企业需要首先向商务部门提出申请，企业若需要购买外汇，或是需要汇出外汇，还需要外汇主管部门出具境外投资外汇资金来源审查意见，商务部门受理申请，审核批准之后发给《中华人民共和国境外投资批准证书》（如图 3-1）。

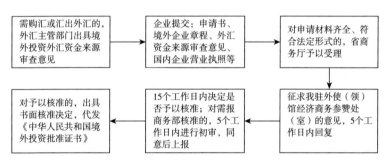

图 3-1　国内商务部门办理赴境外投资流程

具体程序如下。

第一，企业向商务部门提出赴境外投资的申请。按照商务部令 2004 年第 16 号的规定，中央企业直接向商务部提出申请；其他企业向省级商务主管部门提出申请。企业提交的申请材料应包括：

（1）申请书（包括开办企业的名称、注册资本、投资金额、经营范围、经营期限、组织形式、股权结构等）；

（2）境外企业章程及相关协议或合同；

（3）外汇主管部门出具的境外投资外汇资金来源审查意见（需购汇或从境内汇出外汇的）；我驻外使（领）馆经济商务参赞处（室）的意见（仅对中央企业）；

（4）国内企业营业执照以及法律法规要求具备的相关资格或资质证明；

（5）法律法规及国务院决定要求的其他文件。

第二，商务部门进行形式审查，决定是否受理企业的申请。商务部和省级商务主管部门收到申请材料后，对于申请材料不齐全或者不符合法定形式的，应当在5个工作日内一次告知申请人需要补正的全部内容，逾期不告知的，自收到申请材料之日起即为受理。对于申请材料齐全、符合法定形式，或者申请人按照要求补正申请材料的，应当予以受理。

第三，商务部门的核准程序。省级商务主管部门受理企业赴境外投资的申请之后，首先应征求我驻外使（领）馆经济商务参赞处（室）的意见。中央企业径向我驻外使（领）馆经济商务参赞处（室）征求意见。我驻外使（领）馆经济商务参赞处（室）自收到征求意见函之日起5个工作日内予以回复。

省级商务主管部门按照委托核准的权限，自受理之日起15个工作日内做出是否予以核准的决定；如需上报商务部核准的，自受理之日起5个工作日内进行初审，同意后上报商务部。省级商务主管部门向商务部提交的材料包括：本部门初步审查意见；我驻外使（领）馆经济商务参赞处（室）意见；企业提交的全部申请材料。

商务部自受理之日起15个工作日内做出是否予以核准的决定。商务部和省级商务主管部门对予以核准的，应出具书面核准决定；中央企业的申请获得核准后，由商务部颁发《中华人民共和国境外投资批准证书》（简称《批准证书》）。其他企业由省级商务主管部门代发《批准证书》。对不予核准的，应出具不予核准决定书。

第四，外汇业务办理。经批准在境外投资的公司、企业或者其他经济组织（以下简称境内投资者），应当向外汇管理部门办理登记和投资外汇资金汇出手续，外汇管理部门对境外投资企业建立档案，实行有效的监督管理。

所需材料包括：

（1）国家主管部门的批准文件；

（2）外汇管理部门关于投资外汇风险审查和外汇资金来源审查的书面结论；

（3）投资项目的合同或者其他可证明境内投资者应当汇出外汇资金数

额的文件。

向外汇管理部门办理登记和投资外汇资金汇出手续时，外汇管理部门应当对境内投资者的投资外汇资金来源进行复核。境内投资者在办理登记时，应当按汇出外汇资金数额的 5% 缴存汇回利润保证金（以下简称保证金）。保证金应当存入外汇管理部门指定银行的专用账户。汇回利润累计达到汇出外汇资金数额时，退还保证金。保证金存款的利息按照国家规定标准支付给境内投资者。

境内投资者缴存保证金确有实际困难的，可向外汇管理部门做出书面承诺，保证境外投资企业按期汇回利润或者其他外汇收益。境内投资者来源于境外投资的利润或者其他外汇收益，必须在当地会计年度终了后 6 个月内调回境内，按照国家规定办理结汇或者留存现汇。未经外汇管理部门批准，不得擅自挪作他用或者存放境外。境内投资者从境外投资企业分得的利润或者其他外汇收益，自该境外投资企业设立之日起 5 年内全额留成，5 年后依照国家有关规定计算留成。

境外投资企业可以根据经营需要，自行筹措资金，但未经国家外汇管理局批准，其境内投资者不得以任何方式为其提供担保。境外投资企业的年度会计报表，包括资产负债表、损益计算书，在当地会计年度终了后 6 个月内，由其境内投资者向外汇管理部门报送。

境外投资企业变更资本，其境内投资者应当事先报经原审批部门批准并报送外汇管理部门备案。境内投资者转让境外投资企业股份，应当向外汇管理部门提交股份转让报告书，并在转让结束后 30 天内将所得外汇收益调回境内。

境外投资企业依照所在国（地区）法律停业或者解散后，其境内投资者应当将其应得的外汇资产调回境内，不得擅自挪作他用或者存放境外。境外投资企业未按利润计划汇回利润或者其他外汇收益的，其境内投资者应当向外汇管理部门提交不能按时完成利润计划或者经营亏损的报告书。如无正当理由，外汇管理部门可从保证金中将相应比例的外汇数额结售给国家；未开立保证金账户的，从其境内投资者的留成外汇中扣除相应数额上缴国家，但累计扣除数额不超过汇出外汇资金数额的 20%。境外投资企业在当地注册和开户后，应在 30 天之内将当地注册证明及企业开户银行、银行账号等有关材料，由其境内投资者报送外汇管理部门备案。

2. 在缅甸申办公司需要办理的手续和流程

根据缅甸投资和公司管理局（DICA）、缅甸投资委员会（MIC）和外国人投资规则（FIR）的规定，外资在缅甸投资的一般程序为：首先，到DICA处收集信息；进行材料准备；其次，将材料提交DICA提案评估团队审核，由DICA评估申请材料、组织评审会和联系相关政府部门出具推荐信；MIC将审核投资申请；最后在MIC批准投资申请后，投资人取得MIC的许可证。具体流程如图3-2所示。

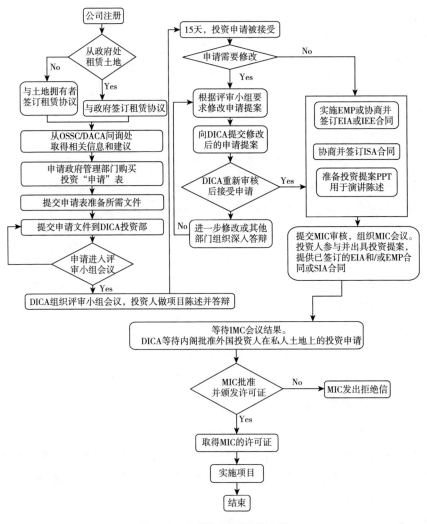

图3-2 投资缅甸的具体流程

三　向国家政策性银行申请贷款和向中信保申请保险的手续和流程

（一）向国家开发银行申请贷款的手续与流程

国家开发银行（以下简称国开行）是全球最大的开发性金融机构，中国最大的对外投融资合作银行、中长期信贷银行和债券银行。它较一般商业银行具有利率上的优势，但申请的贷款一般为政策性贷款。

1. 申请材料

（1）注册登记或批准成立的有关文件及其最新有效的年检证明（副本及复印件）；

（2）经年检的组织机构代码证（副本及复印件），有效的税务登记证及近两年的完税证明或缴税凭证（复印件）。特殊行业经营许可证（复印件），法定代表人身份有效证明（复印件）；

（3）企业章程或合资、合作的合同或协议，验资报告，包括注册验资及历次增资证明（复印件）；

（4）人民银行核发经年检有效的贷款卡及密码（若无贷款卡，立即办理）；

（5）公司章程对办理信贷业务有限制的，需提供章程要求的股东会或董事会决议或其他文件；

（6）项目可行性报告或商业计划书；

（7）提供近三年年度财务报告及最近一期财务报表，成立不足三年的，提交成立以来的年度财务报告及最近一期财务报表。财务报告须经会计事务所审计，若未审计，需法人和财务主管出具保证财务报告真实性的承诺书；

（8）提供企业基本账户近半年的对账单；

（9）借款/担保申请书（写明企业概况、申请借款/担保金额、期限、用途、用款计划、还款来源等）；

（10）原、辅材料采购合同、产品销售合同、进出口商务合同等；

（11）法人或实际控制人同意查询个人征信系统的查询授权书；

（12）与借款/担保相关其他资料。

以上资料按一式两份准备，一份提供给国开行，一份提供给再担保公司，双方均需核实资料原件，留存复印件。

2. 具体流程

第一，贷款准备程序。由于在国开行申请的贷款一般为政策性贷款，所以用款主体先要取得项目立项批文，提出利用国开行贷款申请。随后，借款主体审核贷款申请，报领导小组办公室，办公室成员单位会审借款主体贷款申请，报领导小组。最后，领导小组批准贷款申请，办公室通知借款主体进入项目核准程序。

第二，贷款合同核准程序。这里分为政府不承担补贴或承诺还款责任的项目和涉及财政还款或补贴的项目。前者具体为：用款主体办理各种文件报批手续后，借款主体审核项目文件、配套资金、还款来源，初步商定合同框架。然后，国开行核准，借款主体办理《项目借款合同》签约手续。后者具体为：用款主体办理各种文件报批手续，与国开行、借款主体谈判后，借款主体审核项目文件、配套资金、还款来源，初步商定合同框架，领导小组办公室重点审核配套资金、还款落实情况，审核合同框架。然后，领导小组核准贷款项目，并由省开发银行转报国家开发银行。最后，国开行批准签约，办公室下达《项目借款合同签约通知书》。

（二）向中国进出口银行申请贷款的手续与流程

到缅投资的中国企业可以在中国进出口银行了解具有政策导向性的、在利率和期限上具有优惠的贷款方式。

1. 申请材料

（1）借款申请书；

（2）借款人及担保人的基本情况、经年检的营业执照副本，近三年（成立不足三年的，成立以来）经审计的财务报告及本年近期财务报表及附注，其他表明借款人及担保人资信和经营状况的材料；

（3）还款担保意向书（如涉及）；采取抵（质）押担保方式的，须提供有效的抵押物、质物权属证明，由中国进出口银行委托外部机构评估抵押物、质物价值的，还应提供价值评估报告；

（4）海外投资保险承保意向性文件（如涉及）；

（5）中国进出口银行认为必要的其他材料。

2. 具体流程

首先，借款人向国家主管部门上报项目建议书（包括投标建议书）或可行性研究报告时，抄送中国进出口银行，并同时向进出口银行提出贷款申请。然后，国家主管部门核准或初审项目建议书，将批复文件抄送中国进出口银行，作为进出口银行受理贷款申请参考依据。中国进出口银行就项目使用境外投资贷款出具意见函，作为国家主管部门核准或初审项目可行性研究报告的参考依据。最后，项目可行性研究报告经核准（备案）后，中国进出口银行正式受理贷款申请。

（三）向中国出口信用保险申请保险的手续与流程

中国企业到缅甸投资，投保中国出口信用保险（以下简称中信保）可以规避投资、保障收汇安全，能够利用保单融资、加速资金周转，以及提高风控能力。

1. 申请材料

（1）投资者情况介绍，包括营业执照复印件、有资格进行海外投资的证明文件、最近 3 年的年报和财务会计报表、与投资项目相关的经验以及能够证明投资者有能力经营投资项目的其他材料；

（2）投资项目背景情况及简要介绍，包括投资金额、方式、期限，出资方式及来源，目前的进度、对中国和投资所在国的影响等；

（3）融资情况介绍，包括融资银行、融资金额、还款期限等；

（4）项目建议书和可行性报告；

（5）与投资项目相关的协议、担保、保证和投资所在国和中国政府的批准文件；

（6）其他资料。

2. 具体流程

第一，询保。项目初期，申保人按项目情况填写询保单，对基本符合承保条件的项目，应出口商要求可以出具兴趣函支持企业投标。经初审符合条件后，可获得意向书，按其中载明的参考费率和保险条件继续商务谈判。

第二，风险评估。中信保对相关风险进行进一步的考察分析，并参与有关商务合同和贷款协议的谈判。

第三，投保和承保。商务合同或贷款协议签订后，投保人可正式填写投保单，并随附项目有关资料。按相应程序要求审批通过后，中信保将出具相应保险单，并通知收取保险费，在收到保险费后保单正式生效。

第四，权益转让。出口卖方信贷保险经中信保同意，出口商可以将保险单项下的赔偿权益转让给贷款银行，取得融资的便利。

第三节　服务机构

一　缅甸投资管理服务机构

1. 投资委员会

投资委员会是缅甸主管投资的政府部门，由来自政府部门、非政府机构的代表和专家组成，其主要职能：根据《缅甸投资法》的规定，投资委对申报项目的资信情况、项目核算、工业技术等进行审批、核准并颁发项目许可证，在项目实施过程中提供必要帮助、监督和指导，同时也受理许可证协定时限的延长、缩短或变更的申请等。

2. 计划与财政部

2016 年，为了将各职能相互联系的部委结合起来，民盟政府将国家计划与经济发展部和财政部合并为计划与财政部。计划与财政部包括计划部门、项目评估和进度报告部门、中央统计组织等相关的 20 个部门/组织/企业。根据国家发展在政策上的要求，计划与财政部实施货币服务、银行服务、财政管理、税收体系等方面的工作；制定经济、投资、人力资源开发等政策；并负责协调和沟通等方面的工作。

3. 商务部

缅甸商务部（MOC）设有部长办公室、贸易部、消费者事务部和缅甸贸易促进组织。它的主要任务包括：增加贸易量；按照市场经济体制鼓励私营部门的发展；通过与国际组织合作，扩大缅甸产品在世界市场的份额；为贸易便利化提供支持。当前缅甸商务部的五项三年规划目标分别是：按照市场经济体制系统制定和实施贸易政策；以先进的信息通信技术手段促进出口和加强贸易；通过区域和国际合作扩大贸易；改善贸易环境；为国内消费和制造业生产保持足量的商品和价格稳定。

4. 工业部

从 2011 年 12 月 2 日起，为加强对第一工业部和第二工业部的组织和有效管理，缅甸巩发党政府将两个工业部合并成一个工业部，下设以下组织：联盟部长办公室、工业协作理事会（DIC）、工业监督检查局（DISI）、第一重型工业企业（HIE-1）、第二重型工业企业（HIE-2）、第三重型工业企业（HIE-3）、缅甸制药工业企业（MPIE）。

5. 投资与公司管理局

作为缅甸建立市场经济体系的一部分，1993 年 10 月 13 日，当时的国家计划和经济发展部成立了投资与公司管理局（DICA）。作为企业与政府之间的主要接口，DICA 的任务是促进私营部门的发展，创造有利的投资环境，促进国内外投资。DICA 承担着以下几项职能：作为投资和公司的监管机构，负责公司的注册、变更登记；作为投资促进的机构，担任缅甸投资委员会（MIC）的秘书处，负责投资建议分析及报批、对投资项目的监督等事务。此外，DICA 还负责起草、谈判和批准双边投资促进和保护协议，并作为东盟投资相关事务的重点部门。

6. 中央银行

缅甸中央银行的主要职责是在国内外稳定缅币价值，制定并实施货币政策，行使缅甸政府的银行职能；作为政府有关经济事务顾问，监督、检查、指导国营和私营金融机构的业务工作，管理外汇储备金；以政府的名义参与国际金融事务，代表政府同国际机构进行业务往来。其目标是建立有效的支付体系，保证流动性和金融体系的基本功能：培养健康的货币、信用和金融环境，推进经济有序、平衡、协调发展。

7. 能源部

能源部是缅甸能源产业的主管职能部门。自 1985 年改革以后，能源部下设能源计划司、缅甸石油与天然气公司、缅甸石化工业公司、缅甸石化产品贸易公司。能源部的主要职责是勘探、开采、精炼原油及天然气，生产和运输石化产品，分销石油产品。

8. 矿业部

矿业部是缅甸矿业生产经营管理职能部门。下属机构包括联盟办公室、矿业司、地质调查与勘探司、缅甸珠宝公司、第一矿业公司、第二矿业公司、缅甸珍珠公司。矿业部负责矿业政策的制定，颁发开采证，矿产和宝石的开采和冶炼。

9. 农业畜牧与灌溉部

农业畜牧与灌溉部是缅甸农业水利主管职能部门，下设计划司、水资源利用管理司、农机局、农业公司、中央土地委员会、多年生林木公司、棉花蚕丝公司、黄麻公司、甘蔗公司、土地测量管理局、农业发展银行等。该部门鼓励外资企业以风险共担的形式建立相互获利的贸易和投资机构。

10. 资源与环保部

民盟上台组阁后，环保与森林部更名为资源与环保部。根据 2012 年的《缅甸环境保护法》第四章，环保部在国家政策层面开展以下工作：落实环保政策，实施防止、控制和减少污染的相关政策；向环境保护委员会提出与环境相关的法律法规建议；为实现可持续发展，提出最佳的经济活动环保方案及控制方案；等等。

在环境质量标准和监管层面：为维护和提高环境质量，规定烟雾排放、污水排放、废弃固体、生产环节及产品等环境质量标准；负责规定工业、农业、矿业、排污等领域的化学废弃危险品的分级分类；规定对环境具有现实及中长期影响的物品种类；进一步加强包括有毒物质在内的废弃固体、污水、烟雾等处理设施建设；规定工业区、建筑物等地的污水处理工作要求及机器、车辆等排放指标；针对政府部门、组织或个体从事的生产经营活动，制定环境监测制度和社会影响评估规范；保护臭氧层、生物多样性、海滩环境，减缓全球变暖、气候异常，治理沙漠化及管理持续污染物，制定环境管理和维护工作要求；等等。

在国际合作层面，开展与环境事务相关的国际、区域及国家间协议方案的讨论、合作和落实工作；按照联邦政府及环境保护委员会的工作意见，落实被缅甸认可的国际、区域及国家间协议。

处理环境污染赔付，负责环境服务机构赢利缴纳及自然资源开采经营企业的部分利润的归口缴纳工作；协助调解环保纠纷，视情成立工作组，完成联邦政府委派的其他有关环境保护的工作。

二　中国（云南）投资管理服务机构

1. 中国驻缅甸联邦大使馆经济商务参赞处

中国驻缅甸联邦大使馆和领事馆的经济商务参赞处是商务部派驻缅甸归口管理对外贸易和国际经济合作事务的代表机构，是我国驻外使（领）馆的重要组成部分。驻外经商机构的主要任务是：贯彻执行我国内外贸易和国际经济合作的发展战略和方针政策，按照"信息、服务、协调、调研、交涉、保护"12 字方针的要求，维护国家利益和经济安全，为我国企业开拓缅甸市场服务，为我国对外经贸事业的发展服务，为促进多、双边外交关系服务，为全面建设小康社会服务。

经商处的主要职责是，根据我国政府对外经济贸易的方针和国别政策加强与缅甸政府有关部门、经贸机构等社会各界及区域性组织、国际组织等的联系，疏通和拓展经贸合作渠道，促进经贸关系的发展。认真维护我国在经贸方面的合法权益，为我国政府有关经济部门在缅甸的重大经济活动提供必要的便利和协助，为中外企业提供经贸咨询服务。

（1）中国驻缅甸联邦使馆经商处

地址：缅甸仰光联邦林荫路 53 号

电话：0095-1-222803

传真：0095-1-220386、215423

电子邮件：mm@mofcom.gov.cn

（2）中国驻缅甸联邦曼德勒总领馆经济商务室

地址：缅甸曼德勒市延吉昂路亚达娜巷（66条街34条街与35条街中间）

电话：0095-2-34457，34458

传真：0095-2-35944

工作时间：星期一至星期五（上午：08：00—11：30 下午：14：00—16：30）

休息日：星期六、星期天

2. 中国商务部

组建于2003年的中华人民共和国商务部，是我国主管国内外贸易和国际经济合作的国务院组成部门。主要职责有：拟定国内外贸易和国际经济合作的发展战略、政策，起草国内贸易、外商投资、对外援助、对外投资和对外经济合作的法律法规草案及制定部门规章，提出我国经济贸易法规之间及其与国际经贸条约、协定之间的衔接意见，研究经济全球化、区域经济合作、现代流通方式的发展趋势和流通体制改革并提出建议；拟定国内贸易发展规划，促进城乡市场发展，研究提出引导国内外资金投向市场体系建设的政策，指导大宗产品批发市场规划和城市商业网点规划、商业体系建设工作，推进农村市场体系建设，组织实施农村现代流通网络工程；负责对外经济合作工作，拟定并执行对外经济合作政策，依法管理和监督对外承包工程、对外劳务合作等，制定中国公民出境就业管理政策，负责牵头外派劳务和境外就业人员的权益保护工作，拟定境外投资的管理办法和具体政策，依法核准境内企业对外投资开办企业（金融企业除外）；等等。

（1）政研室

研究经济全球化、区域经济合作、现代市场体系和现代流通方式的发展趋势并提出对策建议；研究扩大对外开放、国内外贸易流通体制改革并就重大问题提出意见和建议；研究提出健全现代市场体系的综合政策建议等。

电话：010-65197454

（2）综合司

组织拟定国内外贸易和国际经济合作的发展战略、规划；监测分析商务运行状况，研究商务运行和结构调整中的重大问题，提出相关政策建议；承担有关统计及信息发布工作。

电话：010-65198403

传真：010-65198445

（3）反垄断司

依法对经营者集中行为进行反垄断审查，负责受理经营者集中反垄断磋商和申报，并开展相应的反垄断听证、调查和审查工作；负责受理并调查向反垄断执法机构举报的经营者集中事项，查出违法行为；负责依法调查对外贸易中的垄断行为，并采取必要措施消除危害；负责指导中国企业在国外的反垄断应诉工作；牵头组织多边协定中的竞争条款磋商和谈判；负责开展多边竞争政策国际交流与合作；等等。

电话：010-85093154

传真：010-65198998

（4）外贸司

拟定进出口商品管理办法和目录；承担重要工业品、原材料和重要农产品进出口总量计划的组织实施工作；编排进出口商品配额、关税配额年度计划并组织实施；拟定和执行进出口商品配额招标政策；拟定机电产品和高新技术产品进出口、成套设备出口和加工贸易管理政策和有关目录并组织实施；拟定进口机电产品招标办法并组织实施；指导外贸促进体系建设；等等。

电话：010-65197435

传真：010-65197952

（5）服贸司

①牵头负责服务贸易工作；牵头拟定服务贸易的发展战略、方针、政策、规划并开展相关工作；拟定于服务贸易相关的部门规章和促进服务出口的规划、政策并组织实施。

②负责全国技术进出口管理工作；拟定技术贸易政策和部门规章，制定技术进出口目录，并组织实施；依法监督管理技术进出口工作。

③负责全国服务贸易统计工作；拟定服务贸易统计制度和部门规章并

组织实施；负责收集、管理、分析和发布贸易统计数据。

④负责全国服务贸易促进工作，指导服务贸易促进体系和服务贸易出口品牌建设的相关工作，推动服务贸易公共平台建设，组织相关促进活动，促进重点服务贸易领域出口。

⑤负责服务贸易部际联系机制相关工作，指导有关行业和地方服务贸易进出口工作；参与国际多双边服务贸易谈判。

⑥规范服务贸易经营秩序，指导服务贸易标准化体系建设。

⑦负责会展业促进与管理工作，指导、管理境内外对外经济技术展览会和赴境外非商业性办展活动。

⑧拟定中国国际货运代理发展政策；负责对国际货运代理企业备案工作；参与多双边物流及运输协定的谈判。

⑨拟定并组织实施促进服务外包发展的政策、法规、规划、标准和规章；负责全国服务外包业务信息管理工作，指导服务外包人才培训；指导和管理服务外包基地城市、示范园区、重点企业等平台建设工作。

⑩承担商贸服务业（含餐饮业、住宿业）的行业管理工作。

⑪承办部领导交办的其他事项。

电话：010-65197355

传真：010-65197926

（6）安全与管制局

拟定并组织实施国家进出口管制、进口安全、最终用户和最终用途管理、提升产业发展水平等方面的政策、法规和规章，拟定并组织实施扩大高技术合作与战略贸易的政策、法规和规章；承担国家进出口管制体系建设，拟定、发布、调整国家两用物项和技术出口清单，拟定中国易制毒化学品及消耗臭氧层物质进出口目录，依法颁发两用物项和技术出口许可证件、易制毒化学品及消耗臭氧层物质进出口许可证，审核相关进出口企业经营资格登记等。

电话：010-65198796

传真：010-65198775

（7）外资司

宏观指导和综合管理全国吸收外商投资工作，分析、研究跨国投资趋势和全国外商投资总体情况，定期向国务院报送有关动态，协调各部门的意见，提出吸收外商投资重大问题的建议；参与制定利用外资的发展战略及中长期规划和产业区域结构优化目标；起草吸收外商投资的法律、法规，拟定相关规章、政策和改革方案并组织实施，监督检查执行情况，参与拟定《外商投资产业指导目录》并共同发布，拟定向外商转让资产、股权、经营权以及相关的兼并、承包、租赁工作的有关政策；协调相关部门拟定服务贸易领域利用外资方案并组织实施；等等。

电话：010-65197962，010-65197875

传真：010-65197829

（8）援外司

拟定并组织实施对外援助的政策和方案，推进对外援助方式改革；组织对外援助谈判并签署协议，处理政府间援助事务；编制对外援助计划并组织实施；监督检查对外援助项目的实施；等等。

电话：010-85093526

传真：010-85097901

（9）对外经济投资和经济合作司

①组织、协调实施"走出去"战略；指导和管理对外投资、境外加工贸易和研发、境外资源合作、对外承包工程和对外劳务合作（含公民出境就业）等对外投资和经济合作业务。

②起草对外投资和经济合作法律、法规，拟定相关部门规章和保障、监管等制度；会同有关部门提出财政、金融保险、外汇、出入境等促进政策的建议；拟定并组织实施对外投资和经济合作业务的发展战略及规划。

③依法核准境内企业对外投资（金融类除外）并实施监督管理；制定国内企业开展对外投资和经济合作（含境外就业）的资格标准和管理办法并组织实施，规范对外投资和经济合作经营秩序。

④监测、分析对外投资和经济合作运行状况，制定和完善对外直接投资、对外承包工程和对外劳务合作等统计制度并组织实施。

⑤牵头研究、拟定重大战略性项目的规划布局和支持政策，统筹协调项目实施。

⑥拟定对外投资综合绩效评价和年检办法、对外承包工程企业分级分

类管理办法并组织实施；指导对外劳务合作企业信用等级评价工作。

⑦开展对外投资和经济合作方面的多边、双边交流与合作，建立相关机制，商谈落实政府间合作项目；建立重点产业、企业联系制度，指导重大对外投资和经济合作项目的实施。

⑧会同有关部门负责对外投资和经济合作境外安全保护和突发事件处置工作；负责牵头外派劳务（含境外就业人员）的权益保护相关工作。

⑨指导、组织、协调境外经济贸易合作区建设的相关工作。

⑩按有关规定牵头负责优惠出口买方信贷相关工作。

⑪指导和管理对外投资和经济合作方面的相关培训工作，指导对外投资的经济合作的促进工作。

电话：010-65197163

传真：010-65197992

（10）贸易救济调查局

承担进出口公平贸易工作和贸易救济调查工作及对外事务；分析各国（地区）的贸易及投资法律法规、政策及措施，调查涉及中国的歧视性贸易壁垒和措施并开展应对工作，进行相关磋商谈判，建立并完善国外贸易投资壁垒预警网络和应对机制，定期发布国别（地区）贸易投资环境调查报告；指导、协调国（境）外对我出口商品实施贸易救济措施及其他限制措施的应对工作，包括交涉、磋商、应诉、抗辩、WTO诉讼等，建立并完善贸易摩擦应对机制；指导和协调我国商（协）会和企业开展中外业界对话磋商及实行行业自律；承担进出口公平贸易及贸易救济的多双边交流与合作，建立完善多边贸易救济合作机制，开展对话与磋商；等等。

电话：010-65198167

传真：010-65198172

（11）国际经贸关系司

拟定并执行多边、区域经贸政策；根据分工处理与多边、区域经贸组织的关系；组织实施自由贸易区战略；牵头组织多边、区域及自由贸易区等经贸对外谈判；承担联合国等国际组织对中国经济技术合作的中方有关管理事务；管理多双边对中国的无偿援助和赠款（不含财政合作项下外国政府及国际金融组织对中国赠款）；等等。

电话：010-65197703

传真：010-65197903

（12）世界贸易组织司

①拟定并负责组织实施我国的多边贸易政策。拟定并执行中国关于多边贸易体制的战略、策略和方针。研究并负责多边贸易规则的制定、发展和完善，拟定并组织实施相关谈判计划。

②代表中国政府处理与世界贸易组织的关系，负责中国在世界贸易组织框架下的各种会议、多双边和诸边谈判，承担与有关国家的自贸区谈判，包括拟定谈判方案，协调国务院有关部门在谈判过程中的立场和意见，具体组织对外谈判。

③履行中国在世界贸易组织中承担的关于贸易和投资等方面的政策审议、通报、咨询义务。

④负责贸易政策合规工作，在中国制定与经济贸易相关法律、法规、政策过程中，根据世界贸易组织规章，提出合规性意见。

⑤协调中国在其他国际组织中有关世界贸易组织问题的意见立场，根据世界贸易组织规则，对有关工作提出意见和建议。

⑥履行中国在世界贸易组织中承担的通报义务，承担政府间通报工作（具体工作由中国政府世界贸易组织咨询局承担）。

⑦会同条法司、地区司及其他相关局司，负责涉及中国的贸易争端在诉诸世界贸易组织争端解决机制前的对外磋商工作；配合条法司做好世界贸易组织中涉及中国的贸易争端的起诉、应诉和上诉以及中国作为第三方参加世界贸易组织争端解决的工作。

⑧协调中国加入世界贸易组织承诺履行和世界贸易组织框架下有关协定的实施。

⑨联系中国常驻世界贸易组织代表团。

⑩承办部领导交办的其他事项。

电话：010-65197313

传真：010-65197310

（13）亚洲司、西非亚洲司、欧亚司、欧洲司、美大司

拟定并组织实施所负责国别（地区）经贸合作发展战略、规划和政

策；建立双边、区域政府间经济贸易联委会、混委会等机制；组织双边、区域经贸谈判；处理国别（地区）经贸关系中的重要事务；监督外国政府履行与中国签订经贸协议情况并承担对外交涉工作，协助中国企业获得外国市场准入；管理与未建交国家的经贸活动。

（14）台港澳司

拟定并执行对香港、澳门特别行政区以及台湾地区的经贸规划、政策；牵头组织与香港、澳门特别行政区有关部门和台湾地区受权机构进行经贸磋商；会同有关方面承担内地与香港、澳门特别行政区更紧密经贸关系安排磋商及实施工作；协调处理对台经贸工作中的重大问题，拟定对台直接通商方案；牵头处理多双边经贸领域的涉台问题；管理和指导对台贸易，协调台商投资管理工作。

（15）电子商务司

制定中国电子商务发展规划、拟定推动企业信息化、运用电子商务开拓国内外市场的相关政策措施并组织实施。支持中小企业电子商务应用，促进网络购物等面向消费者的电子商务的健康发展；推动电子商务体系建设，建立电子商务统计和评价体系，等等。

电话：010-65198082

传真：010-65197491

3. 云南省商务厅

云南省商务厅是主管云南省内外贸易、口岸与经济合作的省政府组成部门，主要职责是：拟定国内外贸易、外商投资、对外投资和对外经济合作、口岸建设发展的政策措施并组织实施；研究经济全球化、区域经济合作、现代流通方式的发展趋势和流通体制改革并提出建议；负责推进流通产业结构调整，指导流通企业改革、商贸服务业和社区商业发展，促进商贸中小企业发展的政策建议；拟定国内贸易发展规划，促进城乡市场发展；推进出口贸易标准化工作，依法监督技术引进、设备出口、国家限制出口技术工作；负责对外经济合作工作；承担组织协调反倾销、反补贴、保障措施的应诉及有关工作；负责拟定商务涉外事务规章制度；会同有关部门编制和申报口岸、通道（边民互市点）的开放、建设规划；指导、协调口岸建设、通道建设，负责推进口岸"大通关"工作；等等。

（1）口岸规划处

负责编制口岸、通道（边民互市点）中长期开放发展规划；负责口岸年度建设资金计划的编制、项目审核和汇总上报；拟定口岸发展政策、规章措施并提供法律咨询服务；统筹协调口岸信息化工作；监督口岸、通道运行动态工作；组织开展口岸重大问题调查研究并提出分析建议。

（2）口岸通关处

组织协调口岸、通道大通关建设；负责口岸年度通关运行维护资金计划的编制和审核工作；组织落实口岸、通道通关便利化促进和考核工作；监测口岸、通道运行动态工作；统筹协调推进口岸信息化工作，协调和推动口岸通关中各有关部门的协作配合，研究解决口岸通关中的重大问题；推动口岸大通关的国际合作与交流，参与处置口岸通关突发事件。

联系电话：0871-63210121/63210097

（3）对外投资管理处

①指导和管理对外投资、境外加工贸易和研发、境外资源开发、境外农业与加工业开发等对外经济合作业务。

②拟定并组织实施对外投资、劳务合作业务的发展规划。

③核准国内企业对外投资开办企业（金融类除外）并进行监督管理。

④监测、分析对外投资企业运行情况。

⑤组织实施对外直接投资统计、对外投资综合绩效评价和年检，规范对外投资经营秩序。

⑥推动建立外派劳务合作基地，管理对外劳务合作和出境就业。

⑦组织对外投资的促进工作，指导重大对外投资项目和境外经济合作区建设的实施。

（4）外事和国际经贸关系处

①负责起草全省商务涉外工作规章制度。

②协调并参与安排重要商务外事活动；接待或参与接待外国政府商务代表团及重要外商；负责与外国驻滇官方商务机构的日常业务联络工作；根据授权，审批其主管经贸业务范围内县处级及其以下人员以及外

派劳务人员的因公出国事项；办理厅机关及直属事业单位人员的出国（境）有关手续；为本系统的下属单位代发签证通知；指导直属单位外事礼宾工作。

③贯彻执行国家和省委、省政府对东盟和南亚国家发展经贸合作的政策；负责研究、分析云南省与东盟和南亚国家开展经贸合作的发展状况、云南省在东盟和南亚国家的大型重点项目实施情况及其贸易方式，及时向省委、省政府提出调整全省对东盟和南亚国家经贸发展的战略、政策的措施建议。

④协调东盟和南亚各国商务主管部门和区域性国际组织在滇开展的有关经贸事务；参与云南省推进澜沧江-湄公河次区域经贸合作的工作。

⑤参与全省对东盟和南亚国家经贸合作项目的发布、洽谈和招商；负责与我国驻东盟和南亚国家使领馆经参处（室）以及东盟和南亚国家驻云南省的官方、民间商务机构的日常联络工作。

⑥申报、协调、管理和执行联合国多边组织、双边政府对滇无偿援助项目；指导、协调联合国儿童基金会昆明经验交流中心、云南省联合国开发计划署扶贫项目专家工作站以及澜沧江-湄公河次区域经贸开发中心的业务工作。

（5）对外经济合作处

①归口管理全省对外承包工程、劳务合作、设计咨询、对外援助、边境经合等对外经济合作业务，并进行宏观指导、协调服务和监督检查。

②贯彻执行国家有关对外承包工程、设计咨询、劳务合作、对外援助、边境经合业务的方针、政策和法律、法规，研究制定云南省对外经济合作业务的方针、政策、规章制度。

③研究制定云南省对外经济合作业务中长期发展规划和发展战略；调查研究、及时上报、协调解决全省对外经济合作业务的动态和问题。

④负责指导、组织、协调全省对外承包工程、设计咨询、劳务合作、边境经合的国际市场开拓。

⑤建立重点产业、企业以及银行、中信保等金融机构和相关行业协会的联系制度。

⑥指导、协调重大对外经济合作项目的实施；负责指导、协调云南省

外经企业承揽的带资承包的工程项目（如 BOT、BOO、BT、EPC 等）；负责指导、协调对外承包工程有关的成套设备出口。

⑦负责组织、指导全省对外经济合作业务的培训工作。

⑧负责全省对外经济合作业务的统计工作，监测、分析对外经济技术合作运行情况。

⑨负责全省各类企业申请对外承包工程、设计咨询和劳务合作的资格的初审和上报工作；负责全省外经企业申领、更换《对外劳务合作经营资格证书》和《对外承包工程经营资格证书》；负责全省外经企业经营资格的年度审核工作。

⑩负责争取、指导、协调交付云南省实施的对外援助项目；负责云南省对外援助培训项目、企业对外援助资质的初审和上报。

⑪负责云南省边境工程承包业务的指导、审核和核准工作。

⑫推动建立外派劳务合作基地，管理对外劳务合作和出境就业。

⑬负责云南省商务维稳工作。

⑭联系云南省对外投资合作协会的工作。

⑮负责完成其他交办工作。

（6）对外贸易处

拟定并实施外经贸以质取胜战略、科技兴贸战略、市场多元化战略和积极的货物进口战略；参与拟定并实施云南省对外贸易的发展战略、中长期规划、政策措施和工作目标，综合分析全省外贸进出口运行情况；统筹推进外贸进出口工作，指导对外贸易促进体系建设，拟定外贸促进政策和计划，指导、协调组织企业参加国内外重点经贸展会，开拓国际市场；负责全省机电高新技术产品进出口管理工作；推进外贸创新驱动、贸易新业态、出口基地、出口品牌体系、国际营销网络建设，培育形成以技术、质量、品牌、服务为核心竞争力的出口新优势；承担加工贸易管理、机电产品国际招标监督管理、货物进出口配额和许可证管理；负责两用物项和技术（包括敏感物项和易制毒化学品等）的进出口管理工作；指导、办理对外贸易经营者的备案登记；审核、管理国（境）外非企业经济组织常驻本省代表机构；规范进出口经营秩序，协调指导外贸信用体系建设，促进贸易便利化。

（7）东盟贸易处

拟定与东盟国家开展对外贸易的发展政策、发展计划并组织实施；负责对东盟国家进出口商品及边境贸易进出口商品的管理，申报和下达重点商品进出口配额；负责协调与东盟国家经贸合作机制，协调、解决与东盟国家对外贸易和边境贸易发展中出现的特殊情况和重大问题；负责与周边国家边境地区边民互市贸易政策协调和管理工作；负责东盟国家境内外会展项目的组织协调工作。

（8）电子商务和信息化处

拟定商务信息化建设、运用电子商务开拓国内外市场的有关政策、措施；鼓励和支持云南省企业加快运用电子商务开拓国际、国内市场；建立完善商务信息公共服务体系，管理有关网站；负责商务信息服务体系的建设，开发和利用商务信息资源的有关工作；组织商贸领域信息化的培训与交流；负责新闻宣传和新闻发布工作。

电话：86-871-63210188

传真：86-871-63210091

（9）商务代表处

管理云南省驻国（境）外商务代表机构的有关工作，负责日常联络、队伍建设、人员选派等工作；研究提出调整对东南亚国家经贸发展的政策建议。

电话：0871-63138023

第四节　经常性手续的办理

随着缅甸对外开放政策的进一步推进，中国企业和公民到缅投资、旅游的数量日益增多，他们会遇到不知如何办理经常性手续的难题。一般来说，中国企业和公民赴缅或常驻（住）需要办理的手续有：签证、出入境及海关、医疗、个人保险、个人金融、子女入学教育、汽车驾驶证、如何应对官司等。

一　如何办理签证

（一）签证类型

中国公民进入缅甸，持外交、公务护照可免办签证，凡持因公普通护照和因私护照去缅甸都需办理有效签证。缅甸驻北京大使馆、驻云南昆明的总领馆、驻广西南宁的总领馆和驻香港总领馆受理办理签证的业务。缅甸签证分为礼遇、旅游、商务、社交、宗教、过境、公务、工作、学习、记者、乘务、学术等12类。缅甸各类签证停留期、费用、所需材料及是否可办理延期详见表3-1。

表3-1　缅甸各类签证的办理信息

序号	类别	停留期	费用	是否可延期
1	礼遇	视情	免费	是
2	旅游	28天	40美元	否
3	商务	70天	单次：50美元；多次：200美元（3个月）、400美元（6个月）、600美元（12个月）	是
4	社交	70天	单次：50美元；多次：150美元（3个月）、300美元（6个月）、450美元（12个月）	是
5	宗教	70天	单次：50美元；多次：150美元（3个月）、300美元（6个月）、450美元（12个月）	是
6	过境	24小时	20美元	否
7	公务	70天	单次：50美元；多次：200美元（3个月）、400美元（6个月）、600美元（12个月）	是
8	工作	70天	50美元	是
9	学习	90天	单次：50美元；多次：200美元（3个月）、400美元（6个月）、600美元（12个月）	是
10	记者	28天	40美元	否
11	乘务	90天	单次：50美元；多次：200美元（3个月）、400美元（6个月）、600美元（12个月）	是
12	学术	28天	40美元	是

资料来源：中国驻缅甸大使馆。

（二）办理方式

1. 通过缅甸驻华使领馆申请

中国公民可前往缅甸驻华使领馆或驻昆明、南宁、香港总领馆申办签证。基本材料包括护照（有效期 6 个月以上）、签证申请表（需粘贴一张 3.8cm×5.4cm 白底彩色证件照片）、机票预订单、身份证复印件，附加材料详见缅驻华使领馆网站。缅驻华使领馆详细信息如表 3-2。

表 3-2　缅驻华使领馆详细信息

名称	领区	地址	联系方式
驻华使领馆	—	北京市朝阳区东直门外大街 6 号	电话：010-65320359 转 23/15；传真：010-65320408；电子邮箱：csmebeijing @ gmail. com
驻昆明总领事馆	云南、四川、贵州、重庆	云南省昆明市官渡区迎宾路 99 号	电话：0871-68162804/14/18；传真：0871-68162808；电子邮箱：mcgkunming @ gmail. com
驻南宁总领事馆	广西、广东、湖南	广西南宁市东盟商务区桂花路 16-7 号	电话：0771-5672845/5672391；传真：0771-5672192；电子邮箱：myanmarCGNN @ gmail. com
驻香港总领事馆	香港、澳门	香港湾仔新鸿基中心 2401-2405 及 2436-2440	电话：+852-28450810/1；传真：+852-28450820；电子邮箱：myancghk @ biznetvigator. com

资料来源：中国驻缅甸大使馆。

2. 通过网络申请电子签证（E-Visa）

中国公民可通过缅甸移民局网站申请电子签证（E-Visa），目前仅限旅游、商务两类，审批时间为 3 个工作日。电子签证有效期为 90 天，其中旅游签证停留期 28 天，费用 50 美元；商务签证停留期 70 天，费用 70 美元。申请电子签证需提交有效期 6 个月以上的护照，上传 3 个月内拍摄的 4.8cm×3.8cm 彩色证件照片，使用 Visa、Master、American Express、JCB 等四类信用卡进行网上付款。

3. 申请落地签证

中国公民可在仰光、曼德勒、内比都国际机场办理落地签证，但仅限商务、学术、过境、乘务四类。申请落地签证需提供有效期 6 个月以上的护照、6 个月内拍摄的 4cm×6cm 彩色证件照片 2 张，并如实、完整填写申请表格。落地签证类别、停留期、费用及所需材料如表 3-3。

表 3-3 缅甸落地签证办理信息

类别	停留期	费用（美元）	所需材料
商务	70 天	50	商务邀请函及邀请方营业执照复印件
学术	28 天	40	会务邀请函
过境	24 小时	20	前往目的地的机票
乘务	28 天	40	—

资料来源：中国驻缅甸大使馆。

4. 持商务签证在缅长期经商

凡持商务签证在缅长期经商，还需办理如下手续。

（1）劳动卡（LABOUR CARD）

根据缅甸政府规定外国人在缅甸长期经商，若需办理签证延期，首先要办理劳动卡。办理劳动卡需要以一个当地合法注册登记的公司（包括已在缅甸注册的中国公司）雇员身份到缅甸劳动部办理劳动卡，同时需提供相片并交费。

（2）办理签证延期（VISA EXTENSION）、逗留许可（STAY PERMIT）

办理劳动卡后，办理签证延期及逗留许可同样要当地合法注册登记公司出具证明，到贸易部办理手续，然后再到缅甸移民局办理签证延期及逗留许可，一般一次可延期三个月到一年不等，也需提供相片并交费。

（3）办理外侨登记证（F. R. C.）

凡到缅甸后居住时间超过三个月者，均需提前到国家移民局办理外侨登记证，需提供相片并交费。超期未办者将被罚款。凡到缅甸后一个月内申请办理外侨登记证的外籍经商者只需交纳 9 美元，超过一个月后换取者需交 18 美元。

（4）离境表（DEPARTURE FORM）

凡到缅甸居住超过一个月者，离境前需到缅甸移民局办理离境表。长期居住者，需向移民局交回外侨登记证，并领取 2 张离境表，其中一张离开时交机场移民局，另一张下一次回缅时，再到移民局换回原有的外侨登记证。回到缅甸一个月内换证交 6 美元，超过一个月需交 12 美元。

（5）办理往返签证

往返签证有多次往返签证和单次往返签证。多次往返签证有效期一般有三个月、半年和一年 3 种。单次往返签证有效期一般为一个月。在缅注册的外资合资公司董事可申请六个月或一年有效期的多次往返签证。一般外国经商人员可申请三个月有效期的多次往返签证。多次往返签证不分有效期长短，收费均为 180 美元。一次性往返签证收费 54 美元。

以上涉及的费用和所需提交材料可能会随时变动，建议办理前提前咨询相关领馆。

5. 签证注意事项

（1）为避免入境受阻给旅行带来不便，建议中国公民提前通过缅驻华使领馆或网络办妥相应签证，尽量不要选择落地签。

（2）取得签证后要看清楚签证上注明的日期，并要注意看有无"不得从陆路过境"（Land Route Not Permissible）的规定，如果有则只能乘飞机入境，外国公民在缅甸出入境一般遵循"陆进陆出，飞进飞出"的原则，乘飞机来仰光的中国公民是不允许从中缅边境陆路回国的，反之从中缅边境陆路进入缅甸的，不能从仰光或者曼德勒乘飞机回国。具体需要咨询清楚，就目前来说，缅甸是不允许中国公民从陆路往返缅甸的。

原则上，进入缅甸可以采取陆路交通和航空两种方式，但有些特殊时期也不允许陆路交通。缅甸目前正式对中国开放的边境口岸共有 5 个，即木姐、雷基、拉咱、清水河和甘拜地。如果要从陆路进入缅甸，可以从陆地口岸入境。中国国际航空公司、东方航空公司有直接到缅甸仰光、曼德勒、内比都的航线。因中缅边境缅方一侧口岸尚未升级为国际口岸，中国公民目前无法持护照通过上述缅方口岸入出境。

在使领馆办理签证一般需要 3~4 个工作日。如果在缅期间发生逾期滞留的情况，应注意逾期滞留三个月内每超一日罚款 3 美元，超期三个月后罚款 5 美元/天。签证停留期超期是违法行为，赴缅公民应特别注意护照签证上注明的停留期，如需延期，应及时提出延期。在缅停留超过 3 个月需办理外侨登记证，延期签证分 1 个月、3 个月和 1 年，办理时需要交纳费用。旅缅华侨持中国护照出境前需在缅移民局办理回缅签证（RE-ENTRY VISA）。

（3）从中缅边境陆路进入缅甸可持地方政府边境通行证，但活动范围有限，赴缅经商不宜持边境通行证。缅甸有些地区为敏感地区，缅甸政府限制外国人进入，如出产玉石的帕敢和出产宝石的抹谷均为缅政府划定的禁区，中国公民切忌前往，以免给自己带来麻烦。

（4）在缅甸出生的中国小孩必须在出生后一个月内凭出生证和父母的护照、结婚证到中国驻缅甸使馆申办护照，然后及时去缅移民局办理居留许可证。出生超过一个月未办居留许可证者则按签证停留期超期罚款。

6. 暂住证

外国人连续在缅甸居留 90 天以上者须到移民局办理暂住证（Foreigner's Registration Cerficate，FRC）。未办理暂住证的外国人，缅甸政府将不予办理签证延期。所有暂住证有效期到每年的 11 月 30 日自然截止，持证人须在当年的 12 月重新办理。

7. 签证及居留许可延期

凡属在缅甸正式注册的中资企业人员或在缅甸注册的第三国外资企业中方员工或为缅企业工作的中国公民可向缅甸投资委员会申请协助办理中国劳务人员的签证以及居留许可延期，向缅甸投资委员会提交申请，需先在中国驻缅甸使馆经商参处取得办理签证以及居留许可延期的推荐函。中国劳务人员到经商参处申请办理签证及居留许可延期推荐函时须提供以下的证件及材料：

（1）填妥的《注册为缅甸公司的中资企业明细表》或《为缅甸企业工作的中国公民明细表》；

（2）本人护照及有效签证页复印件；

（3）国内工作单位或劳务派遣公司出具的有效派遣证明；

（4）国内工作单位或劳务派遣公司的有效营业执照复印件；

（5）缅甸雇主提供的证明本人在该企业工作的有效证明；

（6）缅甸雇主的有效营业执照及缅甸投资委员会批文及部分注册文件（1、6、26 号表）复印件；

（7）无国内派遣单位的企业人员需提供无犯罪记录证明。

8. 居留入籍

除旅游、过境、记者签证外，持商务、工作等其他种类签证入境人员，可在居留期到期前向缅甸移民部门申请居留延期。首次延期可居留 3 个月，第二次 6 个月，第三次 1 年。延期居留期间如需离境，可向移民部门申请办理一次或多次"再次入境签证"（Re-entry Visa）以便再次入境。如系首次申请延期，需同时办理"外国人登记证"（Foreigner Registration Certificate），FRC 需每年在移民部门进行年检注册。

根据缅甸移民部门 2014 年 11 月颁布的《外国人在缅永久居留权实施条例》规定，缅甸公民的外籍配偶及子女可申请在缅永久居留。申请人须具备非国际难民、非政治避难者、无国内外犯罪前科、身体健康等条件。获永久居留权者首次居留期限为 5 年，期满后可申请延期 5 年。

根据《缅甸公民法》规定，缅甸公民分为"正式公民"（Citizen）"客居公民"（Associate Citizen）和"归化公民"（Naturalized Citizen）三种。"正式公民"持粉色身份证，"客居公民"持蓝色身份证，"归化公民"持绿色身份证。"客居公民"和"归化公民"不具有参选国家或省邦议会议员资格，在出任政府部门或司法机构负责人时也受限制。加入缅甸国籍需向缅甸移民与人口部申请，审批较为严格，每年获批人数较少。缅政府不承认双重国籍，公民获得其他国家国籍后则自动丧失缅甸公民身份。

9. 中国驻缅使领馆信息

（1）中国驻缅甸联邦大使馆

地址：缅甸仰光联邦林荫路 53 号

电话：0095-1-222800，222803，215424

传真：0095-1-220386

电子邮件：mm@ mofcom. gov. cn

（2）中国驻缅甸联邦曼德勒总领事馆

地址：缅甸曼德勒市延吉昂路亚达娜巷（66 条街 34 与 35 条街中间）

电话：0095-2-34457，34458

传真：0095-2-35944

工作时间：星期一至星期五，上午 08：00—11：30，下午 14：00—16：30；休息日，星期六、星期天。

二 赴缅出入境手续的办理及海关规定

（一）出入境手续的办理

从航空来缅甸需经仰光国际机场或曼德勒国际机场，抵达时请将准备好的护照、入境签证、入境卡及相关文件交移民局官员，同时查找入境通道。在你入境时缅甸边检官员会在你的护照上盖上印章，取回护照时要看清楚印章上面标注的日期，那是你必须离开缅甸的最后期限。

（二）海关规定

根据缅甸海关规定，入境时需向海关提交申报单，如携带黄金、珠宝等贵重物品或 10000 美元以上现金，需如实申报。按照缅甸规定，访客入境时可免税携带香烟 400 支、酒 2 升。海关通常会检查来客的行李。

申请须提供资料有：申请人月收入（法定收入）；在缅甸外贸银行（MFTB）或缅甸投资商业银行（MICB）所开设的美元账户号码；法定完税证书（税率约为 15%）；单位批准文件；在缅甸中央银行外汇管理局（Foreign Exchange Control Dept.）领取的申请表；申请表中规定的其他资料。

离境时若有如电器、相机、珠宝和外币等需向海关申报的物品，请向海关柜如实申报所携带的外汇和需申报的物品。游客可免税携带 500 克瓶装酒和 200 支香烟。海关对客人携带的行李一般要开包检查，对违反规定未申报的物品会没收。携带外汇出关需附海关申报单，访客不能将规定以外的通信器材携带入境。

注意不可在缅甸购买玉石毛坯并带回国。近年来，少数中国公民来缅甸旅游时，因在市场上购买了未加工的玉石毛坯并试图带出境，被缅甸海关扣留。根据缅甸政府规定，玉石属于国家矿业资源，外国人来缅旅游可在缅甸正规市场上购买玉石制品（如手镯、挂件、工艺品等），并需要向卖方索要用美元支付的正规发票。如在黑市上购买玉石毛坯并带出境是违法行为。因此，赴缅甸旅游或经商的中国公民在购买玉石纪念品时，一定要去正规市场购买成品，不可在黑市购买玉石原石并带出境，以免触犯缅甸法律。

在缅期间应注意保存好个人的护照等证件，如护照遗失应立即报警并报告使领馆补办。在缅甸可使用美元或者缅币，一些酒店、餐馆、超市等也逐渐接受银联卡支付消费。在边境地区和仰光的一些旅游商品店也接受人民币，旅客购买珠宝、首饰要向店铺索要政府纳税发票，以供出关时备查。

三　如何办理货物进出口通关手续

（一）进口

根据现行法令法规，所有进口货物必须向海关报关以便通关。报关时，填写进口申报表格（CUSDEC-1）进行报关，并随附文件有：进口许可证；发票；提单或空运托运单；装箱单；其他有关部门颁发的进口所要求的许可证。

海关根据海关税率表缴纳进口税。缅甸进口税以到岸价（CIF）计价。进口商品不仅要交纳进口税还要交纳商业税，商业税根据商品的到岸成本计征，到岸成本为商品可估量价值及进口税之和。这些税在商品入关地点通关时征收。

缅甸口岸的所有进口都必须事先获得政府有关部门的批准，需要的手续如下：第一，商业发票3份。用于计征关税的发票必须按商业惯例用英语填写所有说明：详细商品名称、进口许可证号码及外汇许可证号码、数量、原产地，在提供折扣及其形式的情况下分别注明货物的单价和总价。对到岸价（CIF）必须标有：离岸价（FOB）、CIF费用、CIF价。第二，如进口商只要求按 FOB 价计算，则应在特别发票上列出 CIF 费用，特别发票和商业发票在结尾处必须由进口商提交以下按规定签字的声明："我们在此声明，此发票是真实正确的。"（英文："We hereby certify this invoice to be true and correct"），发票不需公证。第三，免原产地证明书。仅在个别情况下例外。第四，海运提单不需公证。海运提单上除了收货人的姓名和地址外，还必须有开出相应信用证及带有委托托收的缅甸银行的名称。如果另一地点的海运提单要作为缅甸银行的提单转交，则也应在海运提货单上注明其名称和地址。第五，出口药剂产品必须取得缅甸药品委员会的批准。第六，出口活的牲畜必须提供 1 份"兽医证明书"。第七，对初次进口的化学制品，缅甸海关有时将送样至仰光实用研究学院检验。第八，只有明确标明了不用于使用、消费或出售标记的样品，才予以免税。其他商品样品应纳税。

（二）出口

商品出口装运时，须向海关局进行申报，填写出口申报表（CUSDEC-2），并随附的文件是：出口许可证；发票；装箱单；销售合同；装运通知；信用证或普通汇款免税单；有关私人电汇汇入号码及有关政府电汇汇入号码付款通知；商品样本；林产品装船通行证；鲜活动物出口健康证书；野生动物出口林业许可；其他各政府机构要求的证书及许可。

海关根据税率表对出口商品缴纳关税，出口税以离岸价（FOB）为税基。

（三）转口贸易海关申报格式

所有进口的非本地用的出口贸易商品，即出口贸易商品装运时必须填写规定的表格，即 CUSDEC-3，并附上的文件是：提单或空运托运单或陆运托运单；由贸易部颁发的转口贸易许可证；商业发票；买卖双方签订的销售合同或出口商与授权代理签订的合同；与法规严格一致的保证合约，如不能出口，则根据现行法律予以处置。转口贸易税以进口货物的 CIF 价为计征基础，征收 2.5% 的从价税。

(四) 特殊货物的通关

易腐物品、政府和企业急需物品、鲜活动物、人类遗体等通过海运和空运的特殊进口货物将予以快速通关。

对于外国投资者，初到异国，面临语言不通的困难，如需要进行海关清关，可以咨询当地清关公司，办理有关事宜。据缅甸海关统计数据，缅甸全国共有合法的海关报关代理机构 400 个，从事代理业务的代表 1133 人。

(五) 贸易管理的相关规定

自 2006 年以来，在中缅边境地区的木材及矿产品贸易，需获得缅甸商务部、林业部木材公司出具的证明及中国驻缅甸使领馆经商参处的证明。缅甸已于 2014 年 4 月 1 日起停止原木出口，木材必须经加工后方可出口。2012~2016 年，缅甸将逐年递减 15% 的柚木和 20% 的硬木采伐量，并分别减少 75% 和 22% 勃固山脉的柚木和硬木采伐量。

2014 年 4 月，缅甸商务部宣布废除出口许可证取消罚金。缅甸以前规定产品出口要先申请出口许可证，若此笔出口交易最终没达成或出口金额不足许可证申请金额，要缴纳一笔出口许可证取消罚金，罚金约为不足差额的 5%。此笔费用的取消受到缅甸出口企业的欢迎。自 2015 年 1 月 1 日起，所有汽车进口商须在车辆发运前申请进口许可证。2015 年 3 月 23 日，缅甸商务部通知缅甸工商联，随着外国人进入缅甸增多，根据市场需要，各经营商可以从国外合法进口各类红酒。经营商在申请进口许可证时，需事先与国外供货商签订合同及向相关部门申办酒类销售执照，红酒销售时需每瓶粘贴完税标志。

缅甸商务部于 2015 年 7 月宣布对鲜花、豆类、水果、咖啡豆、胡椒、玉米、药品、畜牧水产与农村发展部允许出口的鱼类、服装、高价值水产品以及传统食品的出口无须再申请出口许可证。同时还将取消化工产业及其相关物资、医用手术器械 (需持卫生部证明) 教学用具、油墨、相关化妆品的物资、轮胎配件、丝绸等商品的进口许可证申请。

（六）中国企业到缅甸开展进出口贸易应该注意事项

中国公司应确认缅方公司是否在缅甸商务部登记注册、是否具备取得《进口商注册证》或《出口商注册证》的资格（双方签订贸易合同后，缅方才能申请《出口许可证》或《进口许可证》）。进出口许可证未经缅甸商务部批准不得转让。如遇贸易纠纷，须按缅甸现行《仲裁法（1994）》进行解决。

四 在缅甸看病和医疗

缅甸的疫情主要有登革热和疟疾，蚊虫传染为多，每年10月为流行病多发季节。另外，缅甸肝炎较为普遍，建议中国公民赴缅前接种预防疫苗。在缅甸所用药品，不少从中国、印度等国进口，也有国产药。如遇急病，可拨打紧急救护电话192。

缅甸全国共有医院约900家，农村卫生站约1500所，注册医生约3万人，但医疗水平和设施条件有限。医院分公立和私立两种：公立医院有专职医生坐诊，实行医药分离，看病免费，但需要自行在药店购买药物，环境较差，常常人满为患；私立医院环境较好，但门诊和药费普遍较高，且大多数医生系公立医院医生兼职，每天下午5时后才开始坐诊，需等候或提前预约。仰光条件较好的医院有：仰光总医院（Yangon General Hospital/公立）、亚洲皇家医院（Asia Royal Hospital/私立），曼德勒条件较好的医院是人民医院（People's Hospital/公立）、儿童医院（Children Hospital/公立）、城市医院（City Hospital/私立）等（详见表3-4）。

表3-4 缅甸主要医院信息

名称	地址	电话
仰光总医院（Yangon General Hospital）	No. 54, Maharbandoola Garden Street, Kyauktada Township, Yangon	01-252205
亚洲皇家医院（Asia Royal Hospital）	No. 14, Baho Street, Sanchaung Township, Yangon	01-538055

续表

名称	地址	电话
人民医院（People's Hospital）	30 Street，Between 76 Street & 77 Street，Mandalay	02-39007
儿童医院（Children Hospital）	66 Street，Between 27 Street & 28 Street，Mandalay	02-24915/6
城市医院（City Hospital）	Theik Pan Street，Between 65 Street & 66 Street，Mandalay	02-66852

资料来源：中国驻缅甸大使馆。

五 如何办理个人保险

在过去，缅甸保险公司是缅甸唯一的一家国营保险机构，提供人寿、航空、海上、火灾、工程、第三方责任险、综合汽车保险、石油天然气等八种保险。其任务是保护投保者和国内外企业主的社会及经济利益，受保人可以缅元参保，也可以以外币形式参保，但其中人寿保险只能以缅元参保。缅甸保险公司在全国各地均设有分支机构，约有 34 个。

如今，缅甸保险行业有些进步，但缅甸保险市场仍旧规模较小，长期由国有保险公司垄断，2014 年起允许缅资私营企业经营保险业务，目前主要有 IKBZ、Grand Guardian Insurance、First National Insurance 等公司，尚未放开外资进入保险业。

职工社会保险及福利方面，根据缅甸议会通过的《社会保险法（2012年）》，自 2014 年 4 月 1 日起，聘用 2 名员工以上的缅甸制造、娱乐、交通、港口、开采、金融等企业以及外国公司，须按照员工工资比例向社保理事会缴纳社会保险。社会保险的缴存比例和收益金额将根据企业所处行业不同而有所区别，在发生工伤事故时，社保有助于雇主降低赔偿风险。对于未被纳入社会保险及福利计划的劳动者，如劳动者因公受伤或患有职业病，雇主有责任向劳动者支付补偿金。

社会保险及福利基金主要有两大资金来源，一是企业和员工上缴部分，总额度为员工工资的 4%（其中企业负担 2.5%，员工负担 1.5%）；二是政府每年划拨 2 亿多缅元，用于支持该保险及福利计划。

六　如何办理个人金融业务

缅甸中央银行允许 19 家国内私有银行中的 11 家经营外汇账户业务。然而到目前为止，只有 4 家银行开始经营外币账户。在缅甸，法定货币是 Kyat（缅元），面额主要有 10000、5000、1000、500、200、100、50、20 和 10，可自由兑换。缅甸汇改以来，缅币一直呈现贬值趋势。2017 年 4 月 21 日缅甸外汇市场汇率为 1 美元现钞兑换约 1352 缅元。目前，缅元和人民币尚不能直接结算。

缅甸政府允许外国人或外国资本在缅甸建立外资银行或外国银行办事处。目前，共有 9 个国家的银行在缅开设外国银行办事处 17 家，分别是新加坡 4 家，日本 3 家，孟加拉国、马来西亚各 2 家，柬埔寨、泰国、文莱、越南、中国各 1 家等。

缅甸祐玛银行、Kanbawza 银行等私人银行曾发行过信用卡，但 2003 年政府叫停所有信用卡的使用。2012 年缅甸重启信用卡业务，但缅甸当地使用信用卡的人数还是很少。VISA、MasterCard 等国际信用卡在缅甸的使用场合十分有限，仅在个别高档酒店和珠宝店可以使用。从 2013 年 1 月 1 日起，中国银联卡可以在缅甸合作社银行的 ATM 机上取款，一天可提取 3 次，每次限额 30 万缅币（约合 2300 元人民币），每次取款手续费为 5000 缅币（约合 35 元人民币）。目前，除了中国银联支付卡（CUP）以外，万事达信用卡（Master Card）、维萨信用卡（VISA Card）、日本国际信用卡（JBC）3 家国际信用卡也与缅甸银行签约。

当地中资银行有：中国国家开发银行驻缅甸工作组，其国内联系电话为 0871 - 3634030；中国工商银行仰光代表处于 2011 年 6 月落地仰光，联系电话 0095 - 1 - 255045；中国银行驻缅甸工作组，其联系电话为 0095 - 9259269866。

七　子女入学接受教育

缅甸政府重视发展教育和扫盲工作，全民识字率约 89.5%，实行小学义务教育。教育分学前教育、基础教育和高等教育。学前教育包括日托幼儿园和学前学校，招收 3~5 岁儿童；基础教育学制为 10 年，1~4 年级为小学，5~8 年级为普通初级中学，9~10 年级为高级中学；高等教育学制 4~6 年不等。外侨在缅由于入籍比较困难，教育、就业等方面受到了一定限制。近年来，随着中缅经贸、文化交流逐步深入，华文教育正以多元化的态势发展。缅甸在仰光、曼德勒、腊戍等大中城市有很多华文学校，设置从幼儿园到中学的课程。

缅甸现共有基础教育学校 40876 所，大学与学院 108 所，师范学院 20 所，科技与技术大学 63 所，部属大学与学院 22 所。著名学府有仰光大学、曼德勒大学等。仰光大学、曼德勒大学、仰光经济大学可以招收硕士、博士研究生。由于从中学开始就有部分课程采用英语教学，因此缅甸大学师生的外语水平和文明素养普遍较高，可以用英语交流。

八 如何办理汽车驾驶证

持国内驾驶证或国际驾驶证的驻缅人员可以更换缅甸交通部核发的驾驶证，但需要有一家在当地注册的公司（包括已在缅甸注册的中国公司）做担保。凭借该公司的证明和中国驾驶证及本人照片到缅甸交通部办理手续，通过考核，换证需交纳 40 美元费用。

办理缅甸驾驶证需准备的材料是：在有效期内的国外驾驶证，复印件原本；护照或者签证复印件和原本；两张照片；外国公民所在国颁发的驾驶证许可；费用 5 万缅元，另外手续费 1 万缅元、工本费 1200 缅元；若国外驾驶证说明不是英文，需要英缅翻译或官方认证；视力检查，身体机能测试；理论测试（心理测试、酒精测试、交规笔试）；实际驾驶技能测试（驾驶轻型汽车弯道行驶与停车）。联合国组织成员和拥有国际驾驶资格（IDP）人员，免除理论和实际驾驶资格测试。

对于大使馆外交官及工作人员，如果需要办理缅甸驾驶证，需要准备的材料是：外国驻缅甸使馆的申请书；礼宾司的批准；护照复印件；使节审验复印本；国外驾驶证复印本；1200 缅元；两张照片。

如果你持有真实有效的中国驾照，可以通过两个途径取得缅甸驾照。

一是通过考试取得。需准备好公司在职证明、中国护照与驾照原件复印件，即可到当地交管局报名参加考试。考试分为交规考和场地考两部分。交规考可选择英文或缅文应考，50 道选择题答对 40 题及格，交管局有题库出售可供备考。场地考只需考入库，过程并不严格。如果考试均顺利通过，当天可拿到驾照，花费在 8 万缅元左右。二是通过中介办理。只需提供中国驾照原件、护照原件或复印件（不同中介要求不同）、照片数张即可，本人无须参加任何考试。价格约 45 万缅元，约两周至一个多月拿证。但需注意，采用此方法有办到假证的风险。

九 旅缅公民涉案时应对办法和处理程序

中国公民在赴缅甸之前及在缅甸期间，应尽可能多地了解缅甸的实际情况，严格遵守当地法律规定，尽量避免与缅甸执法人员、当地人发生矛盾，如发生矛盾尽量先通过协商的方式解决。中国驻缅甸大使馆经多方调查，从众多案例中整理出一套旅缅公民涉案时的应对办法和处理程序。

（一）遵循缅甸当地规则，了解缅甸司法程序

1. 大多涉案公民是在缅甸的经商人员，且多与缅甸人有生意往来且雇用当地雇员。在与缅甸人的交往过程中，许多中国商人会以国内的一些法律和经营规则来要求缅甸当地人，结果成为一些摩擦的导火索。例如，与缅甸人合作回报慢，不可急于求成，缅甸不少商人有赊账的习惯，而我国商人希望交货后立刻资金到位，便一再催促缅甸合作伙伴，有些便按国内习惯将货要回，造成对方不满。

2. 缅甸法律中有不少条款一经有人告发，警方就有权利将被告拘留，虽然规定拘留时间不超过 48 小时，但警方也可以调查案情需要为由，延长拘留时间。故而许多缅甸人在发生矛盾后采取报复行动，抓住一些中国商人的把柄，向警方告发。

因此，中国旅缅公民应适应缅甸社会的大环境，从思想上接受当地一

些规则和习惯，不可硬套用国内的做法，而且尽量避免与缅甸当地商人发生矛盾，即使发生矛盾须尽量通过相互协商解决。

（二）涉案后尽快寻找缅文翻译，与使领馆联系，请律师代理法律事务

如果被卷入案件中，或已经被警方拘押，因语言不通致使中国公民无法向警方解释案情，还会造成误解甚至冤情。当事人应在被拘押后在警局请求打电话给能懂得中缅文的朋友或熟人充当临时翻译。然后立刻同使领馆取得联系，作为使领馆将立刻派领事官员前往探视，协助解决当事人一些实际困难。

在向警方交代案情后，当事人应抓紧寻找代理律师，并委托其代理一切法律程序。律师在缅甸刑事案件中是十分重要的角色，他可以帮助相对外行的当事人解决许多法律问题，并在有可能保释时有替当事人寻找担保人的职责。

当事人聘请律师时可从律师等级，律师与警方、法院方关系，及是否懂得中文等方面考虑。缅甸律师等级从高到低分为一、二、三等，其中第一、二等律师才有上诉辩护权，而三等律师没有上诉辩护权。一般某地区的警局、法院都会有关系比较密切的律师，届时警方会予以推荐。语言交流存在困难的公民亦可考虑找一名华人律师，这样便能同律师直接交流。

（三）及时把握保释时间，尽量在开庭前结案

涉案中国公民被缅警方拘押后，如案情不是很重，警方有时会询问当事人是否愿意被保释，并提出保释金数额。经调查，在这种情况下，缅甸警方通常收下保释金后，将当事人释放，并不将此案向内政部汇报，也就意味着法院不必立案，当事人也就不必出庭。然而，有些中国公民由于认为是被缅甸人诬告，警方理应无条件立刻放人，所以起初不愿出保释金，导致错过保释机会。

如当事人不愿交纳保释金，警方便会将案情呈交内政部，同时法院立案，准备开庭审理。此时当事人若再想保释出狱就十分困难了，只有依靠

律师，找到缅甸当地两个担保人，担保人必须拥有如房产等不动产作担保，而且需要与警方高层、法院方交涉，无论从时间上，还是从金钱上，都是一笔不小的损失。因此，中国公民如卷入案件中，被警方拘押，须尽量争取时间保释，在开庭前结案。

（四）审理过程依靠律师，庭外有亲友负责日常事务

当事人在确定无法取得保释资格时，法庭将正式立案，开庭审理，此时当事人的关押场所通常也由拘留时的警察局转移至监狱。缅甸法院审理判决效率较低，通常整个审判过程会持续三个月以上。而在这段时间中，当事人庭内事务要尽量依靠律师，庭上发言须事先与律师商榷，以防言多必失。

除律师外，当事人最好找一名亲戚或朋友在庭外张罗一些日常琐事，如律师费用、疏通关系、购置和转送日用品、食品等。根据缅方规定，外国籍犯人亲友探监时，必须由使馆提前照会缅甸外交部，批准后再由领事官员陪同前往方可。因此，在审理过程中，亲友欲探监，应提前与使领馆取得联系，以便使领馆及时与缅方安排。

（五）判决后与使领馆保持联系，争取尽快遣返回国

如法庭认定当事人有罪，并判处徒刑后，当事人也应当维护自身的合法权益，如上诉权、狱内基本生活保障及争取遣返回国的权利。首先，当事人如对判决不服，应继续委托律师代理向更高一级法院提出上诉。其次，当事人可在使领馆领事官员探视时提出合理的狱内生活保障和申请遣返回国，使领馆将就当事人的这些合法要求向缅方进行交涉，并向缅外交部正式递交遣返申请，待缅方批准后便可执行。

十　其他注意事项

（一）不要被假黄金蒙骗

2004 年以来，在缅甸仰光、曼德勒等地连续发生数起假黄金诈骗案，诈骗犯多为江西省瑞金、赣州地区人，诈骗对象主要是旅缅华人华侨。诈

骗犯一般 3~4 人一个小团伙，声称自己在施工过程中偶然挖到金佛、金元宝、金条等物，并伪造遗嘱说明这些金子的来源，以假乱真，并以低于市场价数倍的价格出售，已有不少人受骗上当，造成巨大经济损失。这种假黄金制品制作工艺精细，肉眼难以辨认，但遇硝酸会被腐蚀，因此可用此方法鉴定真伪。

（二）避免从事被缅甸法律禁止的活动

中国公民在缅甸应洁身自好，从事符合缅甸法律的活动，以免触犯当地法律。近年来，有些中国公民未经许可擅自入缅伐木、淘金、捕鱼或赌博等，这些均属违法行为，受到缅甸法律的制裁。尤其是中缅边境地区缅境一侧多数地段在缅甸政府直接管辖能力之外，当地有些人为牟取暴利，开设缅甸政府明令禁止的赌场，不少中国公民从边境入缅前往参赌，近年来与赌场有关的绑架，勒索，甚至杀人案时有发生，经常有人因欠赌债被赌场扣押而遭遇生命危险。

（三）通信、网络服务及电源标准

缅甸互联网近年来发展迅速，但仍不够普及，大多数人家里没有电脑和网络，网速较慢且时常中断。移动通信服务异军突起，手机卡售价由过去数百美元大幅降至几千缅元，已实现基本普及并取代固定电话。移动通信运营商有 MPT、Ooredoo、Telenor 三家，网络制式以 GSM 为主，均已推出 4G 服务，游客可在机场和市内手机店购买手机卡并充值。中国联通和中国移动均已在缅甸开通手机国际漫游业务。缅甸电源插头以英式为主，酒店通常可以提供电源转换器。标准电压 230 伏特，国内电器可直接使用。

（四）费用方面

部分信用卡及带有银联标识的银行卡在缅都可使用，比较方便。但有些地方还是不能刷卡，因此需要备足现金，同时需要注意人身和财物安全。

在缅甸较通用的外币是美元和欧元，华人商店等也接受人民币。缅甸国内对兑换外币现钞要求高：不接受带有明显折痕、票面太旧太脏或盖章的钞票，不接受编号以 CB 或 AB 开头的美元钞票，不接受边缘裁切不齐的钞票。

在缅甸无法接收国外直接汇款。中国公民若在缅面临现金难题，可尽快咨询、求助中国驻缅甸使领馆或驻曼德勒总领馆，并通知国内家人。使领馆将协助国内家人转款。

（五）中国人常遇法律问题咨询和建议

1. 非法入境

因非法入境被关押，根据缅甸刑法 3（1）和 13（1）条款一般量刑 6 个月至 5 年。

2. 毒品

根据缅甸刑法 15、16（Ga）/19（Ka）/20（Ka）/22（Ka）/21、38 条款量刑 7 年至无期徒刑。

3. 非法持枪

根据武器管理法案 12（d）至少判一年以上徒刑。

4. 婚姻法

根据缅甸婚姻法和有关规定，不允许缅甸人与外国人通婚。涉外婚姻，需由缅甸律师公证、缅外交部认证后才视为合法。

（六）常用电话

缅甸常用电话详见表 3-5。

表 3-5　缅甸常用电话

单　位	电　话
火警	191
匪警	199
急救	192
中国国际航空公司	01-666112、01-655882
中国南方航空公司	01-548540、01-548496

续表

单 位	电 话
中国东方航空公司	01-657698、01-662973
仰光总医院	01-256112
红十字会	01-392028/30、383684
国际 SOS 诊疗	01-657922
国家血库	01-379871
中央消防站	01-252011、252022
交通事故调查	01-640668
交通管理	01-292854、298651
机场（安全）	01-533097
船运信息	01-382722
缅甸铁路	01-202176
列车信息咨询	01-374027
缅甸航空	01-225260
缅甸旅游观光	01-374281
旅游信息	01-252859

资料来源：中国驻缅甸大使馆。

第四章 投资缅甸的政策、案例与建议

第一节 中国（云南）鼓励企业
"走出去"政策

一 中国金融体系对企业"走出去"的支持政策

（一）国家开发银行对企业"走出去"的支持

国家开发银行（以下简称"国开行"）成立于1994年3月，是直属国务院领导的国家政策性银行。十多年来，国开行认真贯彻国家宏观经济政策，发挥宏观调控职能，支持经济发展和经济结构战略性调整，在关系国家经济发展命脉的基础设施、基础产业和支柱产业重大项目及配套工程建设中，发挥长期融资领域主力银行作用。作为政府的开发性金融机构和基础设施融资的主力银行，国开行在大力支持国家基础设施领域发展的同时，还积极推进国际合作业务，帮助中国企业"走出去"。通过与国外政府和金融机构的密切合作，不断地推广银行的国际合作业务，为中国企业"走出去"搭建平台，增强企业"走出去"融资贷款的能力，实现国际市场的开拓计划。为保证风险可控，参照国际评级机构做法，国开行对借款人所在国及项目借款人分别进行了信用评级并设定风险限额。

2016年国开行在老挝万象设立了代表处，进一步完善了境外服务网络，并重点支持了英国HPC核电站、哈萨克斯坦轻轨、秘鲁铜矿等项目。截至2016年末，国开行国际业务贷款余额折合2779亿美元，继续保持着中国对外投资的主力地位。为了保障高效安全的资金汇路，国开行已经与"一带一路"沿线国家的170多家银行建立了代理行关系。

除此之外，2017年9月17日国开行与埃及阿拉伯国际银行（SAIBANK）

在开罗签订 2.6 亿元人民币专项贷款及 4000 万美元非洲中小企业专项贷款合同，标志着国开行"一带一路"人民币专项贷款项目首次落地埃及。同日，国开行与埃及银行签署了《中埃"一带一路"人民币专项贷款合作谅解备忘录》，双方将积极推进人民币贷款合作。截至目前，国开行已向埃及提供超过 20 亿美元贷款，重点支持了中埃金融、电力、能源、交通等多个领域，同时有力支持了埃及中小企业和社会民生发展。高铁是我国高端装备制造业"走出去"的典型代表。作为我国最大的对外投融资合作银行，国开行集中资源、融资创新、精准发力，全力支持推动印尼雅万高铁项目实施，实现我国高铁境外建设首单突破。同时，国开行也在积极研究俄罗斯莫斯科—喀山高铁等重大高铁合作项目。

（二）中国进出口银行对企业"走出去"的支持

中国进出口银行成立于 1994 年，是直属国务院领导、政府全资拥有的国家政策性银行，也是中国外经贸支持体系的主要力量和金融体系的重要组成部分。经过 20 多年的发展，进出口银行已成为中国机电产品、高新技术产品出口和对外承包工程及各类境外投资的政策性融资主渠道，外国政府贷款的主要转贷行和中国政府对外优惠贷款的承贷行。银行的国际信用评级与国家主权评级一致。

1. 中国进出口银行支持企业"走出去"的措施

进出口银行从中国的现状和特点出发，对能够带动机电产品、成套设备、劳务与技术出口的境外加工贸易、资源开发和基础设施等海外投资项目和对外工程承包项目，从出口信贷、援外优惠贷款、对外担保等多方面提供了一定规模的政策性金融支持，采取了多种措施，初步形成了一整套工作机制。具体是：加强与国家有关主管部门的沟通和合作，在国家有关部门的支持和指导下开展工作，起到很好的政策导向和业务推介作用；在出口信贷业务项下专门设立境外投资贷款和对外承包工程贷款品种，按照项目的特点制定了《境外投资贷款管理办法》和《对外承包工程贷款管理办法》，加大境外投资贷款和对外承包工程贷款的支持力度，有力地促进了企业境外投资和对外承包工程工作的开展；整合出口信贷、优惠出口买方信贷、对外优惠贷款等各种贷款品种优势，整合国内外和总分行的机构及信息咨询方面的优势，为企业"走出去"提供了比较方便、快捷和优质的服务；坚持以"大企业、大项目"为主的"双大"经营策略，以大企业为依托，从大项目入手，重点支持实力强、有比较优势的大企业"走出去"，开拓国际市场，增强国际竞争力；大力开展全方位的宣传，加强与各地方政府和企业的信息沟通；成立"走出去"业务工作协调小组，由总行领导牵头，各主要业务部门和营业性分支机构主要领导参加，并下设办公室，负责协调和推动全行对外工程承包项目、境外投资项目的进展和政策研究，信息沟通，大力推动支持企业"走出去"；设立专门机构从事国别风险研究小组，进一步加强对国别风险的控制，同时创办《海外投资与出口信贷》杂志，为企业提供相关信息和咨询服务。

进出口银行不仅依托国家信用支持，积极发挥在稳增长、调结构、支持外贸发展、实施"走出去"战略等方面的重要作用，还加大对重点领域和薄弱环节的支持力度，促进经济社会持续健康发展。截至 2016 年末，进出口银行在国内设有 29 家营业性分支机构和香港代表处；在海外设有巴黎分行、东南非代表处、圣彼得堡代表处、西北非代表处。2017 年 11 月 28日，由进出口银行提供融资支持的匈塞铁路项目塞尔维亚贝尔格莱德至旧帕佐瓦段在塞尔维亚首都贝尔格莱德举行开工典礼仪式，它的开工标志着匈塞铁路进入正式实施阶段。此项目是"一带一路"倡议对接欧洲互联互通的旗舰项目，也是我国铁路走向欧洲的"第一单"。2018 年 1 月 1 日，进出口银行融资支持的埃塞俄比亚亚的斯亚贝巴至吉布提铁路项目（亚吉铁路）举行商业运营启动仪式，标志着该项目正式进入商业运营。进出口银行还是中国政府援外优惠贷款和优惠出口买方信贷（简称"两优"贷款）的唯一承办行。总之，进出口银行全面推进落实"一带一路"、非洲"三网一化"和国际产能合作等国家重大发展战略的融资工作，业务覆盖东盟、南亚、中亚、西亚、非洲、拉美、南太地区 90 多个国家和地区，主要支持电力、电信、交通、水利等基础设施建设和大型成套设备出口，重点帮助发展中国家改善投资环境，服务当地民生，加强互联互通，提高经济自主发展能力。

2.《境外投资贷款管理方法》和《对外承包工程贷款管理方法》的规定

（1）境外投资贷款

境外投资贷款指中国进出口银行对我国企业各类境外投资项目所需资金提供的本、外币贷款。贷款对象是凡在我国工商行政管理部门登记注册，具有独立法人资格的境内中资（或中资控股）企业，均可向进出口银行申请境外投资贷款。贷款申请条件包括借款人经营管理、财务和资信状况良好，具备偿还贷款本息的能力；境外投资项目预期经济效益良好；境外投资项目所在国投资环境良好，经济、政治状况基本稳定；提供中国进出口银行认可的还款担保（如涉及）；在中国进出口银行认为必要时投保海外投资保险；中国进出口银行认为必要的其他条件。贷款申请材料包括借款申请书；借款人及担保人的基本情况、经年检的营业执照副本，近三年（成立不足三年的，成立以来）经审计的财务报告及本年近期财务报表及附注，其他表明借款人及担保人资信和经营状况的材料；还款担保意向书（如涉及）；采取抵（质）押担保方式的，须提供有效的抵押物、质物权属证明，由中国进出口银行委托外部机构评估抵押物、质物价值的，还应提供价值评估报告；海外投资保险承保意向性文件（如涉及）；中国进出口银行认为必要的其他材料。

（2）对外承包工程贷款

对外承包工程贷款是指中国进出口银行对企业对外承包工程项目的勘察、咨询、设计、施工、设备及材料采购、安装调试和工程管理、技术转让、劳务使用、监理、审计和运保等经营活动所需资金提供的本、外币贷款。

贷款对象是指在我国工商行政管理部门登记注册、具有独立法人资格、获得符合国家相关规定的对外承包工程资格的企业，或者在境外注册的中资或中资控股且具有相应资质的企业，均可向中国进出口银行申请对外承包工程贷款。贷款申请条件有借款人经营管理、财务和资信状况良好，具备偿还贷款本息的能力；对外承包工程商务合同已签订，必要时需经国家规定的有权审批机关批准；项目具有良好的经济效益、社会效益；项目业主或付款人具有相应经济实力、信誉较好、五年内无不良信用记录；项目所在国的政治、经济状况相对稳定；必要时投保出口信用险；提供符合中国进出口银行相关规定的还款担保（符合免担保条件的除外）；中国进出口银行认为必要的其他条件。贷款申请材料包括借款申请书；境内总承包企业对外承包工程的资格证书或证明文件；项目实施企业具有实施对外承包工程项目所需的建设工程设计、建设工程勘察、工程项目建设等相应资质的证书或证明文件；与对外承包工程项目相关的商务合同；借款人实施项目的经济效益分析和项目现金流量表；如需投保出口信用险，应提供出口信用保险承保意向性文件；借款人及担保人（如有）的基本情况，近三年经审计的财务报告及本年近期财务报表，其他表明其资信和经营状况的资料，项目业主或付款人的相关资料；境内借款人应提供经年检的营业执照副本，境外借款人应提供表明公司持续合法运营的政府有权机构出具的证明文件；还款担保意向书，如采取抵（质）押担保方式须出具有效的抵押物、质物权属证明及价值评估报告及其他符合中国进出口银行相关规定的证明材料；我国驻项目所在国使馆（领馆）经商机构、有关商会出具的意见；如商务合同金额在 500 万美元（含）以上，应提供项目投标许可文件。中国进出口银行认为必要的其他资料。

（三）中国出口信用保险公司对企业"走出去"的支持

中国出口信用保险公司（以下简称"中信保"）是中国唯一承办出口信用保险业务的政策性保险公司。中信保承保国家风险和买方风险。国家风险包括买方国家收汇管制、政府征收、国有化和战争等；买方风险包括买方信用风险（拖欠货款、拒付货款及破产等）和买方银行风险（开证行或保兑行风险）。中信保的业务范围包括中长期出口信用保险业务；海外投资保险业务；短期出口信用保险业务；国内信用保险业务；与出口信用保险相关的信用担保业务和再保险业务；应收账款管理等出口信用保险服务及信息咨询业务；保险资金运用业务；经批准的其他业务。中信保还向市场推出了具有多重服务功能的"信保通"电子商务平台和小微企业投保平台，使广大客户享受到更加快捷高效的网上服务。

1. 中信保支持中国企业"走出去"的措施

（1）支持"一带一路"建设

近年来，中信保在"一带一路"沿线市场、国际产能合作框架下重大项目融资保险领域成果丰硕，为中资企业境外出口、工程承包建设及投资项目提供了各类信贷融资服务，在电力、交通、电信、船舶等重大基础设施和成套设备出口领域支持了一大批经济和社会效益显著的项目。目前，中信保支持"一带一路"沿线国家出口和投资超过 4400 亿美元，承保各类"走出去"项目 1097 个，累计向企业和银行支付赔款 16.7 亿美元，涉及"一带一路"沿线 60 个国家，基本覆盖了"一带一路"全线。仅 2017 年一年中信保就针对"一带一路"沿线国家的出口、投资、工程承包业务的企业，累计承保金额达 1298 亿美元，同比增长约 15%。其中，承保埃及国家电网升级改造、老挝南欧江二期水电站等国家重大项目 76 个，承保金额近 360 亿美元；2017 年全年对"一带一路"沿线国家业务支付赔款超过 4 亿美元。作为"一带一路"重要门户的云南省也是中信保的重要合作伙伴，多年来，中信保累计承保云南外经贸发展的风险规模 357.85 亿美元，累计向云南省企业支付赔款达 9.81 亿元，支持企业融资累计达 297 亿元，帮助企业调查海内外买家资信累计 2.32 万户，充分发挥了市场开拓、融资促进和风险保障的政策性作用。

（2）建立境外投资重点项目风险保障机制

为贯彻"走出去"战略的精神，落实中央有关"加大对境外投资的金融支持"的指示，鼓励和支持有比较优势的各种所有制企业开展对外投资，规避投资涉及的相关风险，国家发展改革委和中信保共同建立境外投资重点项目风险保障机制，向国家鼓励的境外投资重点项目提供投资咨询、风险评估、风险控制及投资保险等境外投资风险保障服务。

中信保主要支持的境外投资项目是能弥补国内资源相对不足的境外资源开发类项目；能带动国内技术、产品、设备等出口和劳务输出的境外生产型项目和基础设施项目；能利用国际先进技术、管理经验和专业人才的境外研发中心项目；能提高企业国际竞争力、加快开拓国际市场的境外企业收购和兼并项目。申请资格对象是指在中华人民共和国境内注册的企业法人（以下简称"境内投资主体"）均可申请为其提供境外投资项目风险保障服务。中信保提供的服务包括利用风险管理专业机构的资源优势，向境内投资主体提供境外经营环境、政策环境、项目合作机会、合作伙伴资质等信息咨询服务；研究分析境外投资具体项目的政治、经济、法律、资源、市场等综合因素，提供项目国别风险评估意见；根据境外投资项目的具体风险特点，研究制定专业、稳健、有针对性的项目风险控制方案；提供境外投资保险服务，承保境内投资主体因征收、战争、汇兑限制和政府违约等政治风险遭受的损失。

拟申请投保中国出口信用保险公司境外投资保险的项目，须按《国务院关于投资体制改革的决定》和《境外投资项目核准暂行管理办法》的规定获得核准或履行备案手续。国家发展改革委或省级发展改革部门将项目核准文件或备案证明文件抄送中信保。中信保根据上述核准或备案文件对项目的投保条件进行独立审核。对国别风险较大的项目，鼓励境内投资主体充分利用风险保障机制，积极投保境外投资保险，有效规避境外投资风险。对国家鼓励的境外投资重点项目，中信保将依照国家政策规定，并视项目具体情况给予一定的费率优惠，并适当规定简化承保手续，加快承保速度。中信保也可为境外投资重点项目提供融资的境内（外）金融机构提供风险保障服务，还可视具体情况对国家鼓励的境外投资重点项目提供与项目相关的出口信用保险及担保服务。

2. 中信保海外投资保险的相关规定

服务资格对象是针对在中华人民共和国境内（不包括香港、澳门、台湾除外）注册成立的金融机构和企业，但由在香港、澳门、台湾的企业、机构、公民或外国的企业、机构、公民控股的除外；在香港、澳门、台湾和其他在中华人民共和国境外注册成立的企业、金融机构，如果其95%以上的股份在中华人民共和国境内的企业、机构控制之下，可由该境内的企业、机构投保；其他经批准的企业、社团、机构和自然人。享受投保的投资项目是指符合中国国家政策和经济、战略利益的投资项目。享受投保的投资形式有直接投资，包括股权投资、股东贷款、股东担保等；金融机构贷款；其他经批准的投资形式。这些形式的境外投资，不论是否已经完成，都可进行海外投资保险。承保投资者的权益是指海外投资保险承保投资者的投资和已赚取的收益因承保风险而遭受的损失。投资者需提供的资料有投资者情况介绍，包括营业执照复印件、有资格进行海外投资的证明文件、最近 3 年的年报和财务会计报表、与投资项目相关的经验以及能够证明投资者有能力经营投资项目的其他资料；投资项目背景情况及简要介绍，包括投资金额、方式、期限，出资方式及来源，目前的进度、对中国和投资所在国的影响；融资情况介绍，包括融资银行、融资金额、还款期限等；项目建议书和可行性报告；与投资项目相关的协议、担保、保证和投资所在国和中国政府的批准文件；其他资料。

如果投资者打算投保海外投资保险，最好在有关项目进行初期谈判的时候与中信保联系，便于其了解项目的大致情况，确定投资者是否可以享受海外投资保险的保障，并且帮助投资者控制风险。如果需要中信保出具《海外投资保险意向书》以办理贷款等事宜，投资者应填写一份《海外投资保险意向申请书》；投资条件确定之后，投资者应填写一份《海外投资保险投保申请书》；然后，中信保将根据投资者提供的资料出具保险单。

（四）中国对国内企业境外投资活动的外汇管理规定

关于中国企业境外投资活动的外汇管理，国家外汇管理局有明文规定。1989 年 3 月 6 日国家外汇管理局就发布《境外投资外汇管理办法》，并于 1990 年 6 月 26 日发布《境外投资外汇管理办法细则》。此后，为了贯彻实施企业"走出去"战略，国家外汇管理局逐步实行简化境外投资外汇资金来源审查，退还境外投资汇回利润保证金，扩大境外投资外汇管理改革试点，不断深化境外投资外汇管理改革。2006 年 6 月国家外汇管理局又公布《关于调整部分境外投资外汇管理政策的通知》，对部分外汇管理政策进行调整，以进一步完善鼓励境外投资的配套政策，便利境内投资者开展跨国经营，促进企业境外投资便利化。

经调整的外汇管理政策规定，境内投资者到境外投资所需外汇，可使用自有外汇、人民币购汇及国内外汇贷款。自 2006 年 7 月 1 日起，国家外汇管理局不再对各分局（外汇管理部）核定境外投资购汇额度。境内投资者的境外投资项目经有关主管部门核准后，按照现行外汇管理有关规定办理外汇资金购付汇核准手续。境内投资者向有关主管部门提交境外投资项目核准申请或投资意向后，在获得正式批准前，经所在地国家外汇管理局分支局、外汇管理部核准，可以自有外汇、人民币购汇或国内外汇贷款向境外支付与境外投资项目相关的前期费用。

境内投资者汇出用于境外投资项目的前期费用，要求符合的用途有：收购境外企业股权或境外资产权益，按项目所在地法律规定或出让方要求需缴纳的保证金；在境外项目招投标过程中，需支付的投标保证金；进行境外投资前，需进行市场调查、租用办公场地和设备、聘用人员，以及聘请境外中介机构提供服务所需的费用；其他与境外投资有关的前期费用。境内投资者申请办理前期费用汇出的核准手续应准备的材料有：书面申请（包括境外投资项目总投资额、各方出资额、出资方式、用汇金额，以及所需前期费用金额、用途和资金来源说明等）；境内投资者的营业执照或注册登记证明；境内投资者参与投标、并购或合资合作项目的相关文件（如中外方签署的意向书、备忘录或框架协议等）；境内投资者向所在地外汇局出具的书面承诺函（承诺所汇出的前期费用只用于经批准的境外投资项目，如有违反，由境内投资者承担相关法律责任）；前期费用汇往境外账户的国别（地区）、境外账户开户行、开户人名称、账号的说明；外汇局要求的其他相关材料。境内投资者向所在地外汇局申请汇出的前期费用，一般不超过其向境内有关主管部门申请境外投资总额的15%；确因业务需要超过15%，由所在地外汇分局（外汇管理部）核准。境内投资者自汇出前期费用之日起6个月内仍未完成境外投资项目核准程序的，应将境外账户剩余资金调回境内原汇出的外汇账户。所汇回的外汇资金如属人民币购汇的，持原购汇核准文件，到外汇指定银行办理结汇。

为进一步深化外汇管理体制改革，促进和便利企业跨境投资资金运作，规范直接投资外汇管理业务，国家外汇管理局于2015年2月发布了《关于进一步简化和改进直接投资外汇管理政策的通知》。该通知规定，取消境外再投资外汇备案，境内投资主体设立或控制的境外企业在境外再投资设立或控制新的境外企业无须办理外汇备案手续，取消直接投资外汇年检，改为实行存量权益登记。

二　中国—东盟自由贸易区框架下的投资优惠政策

2002 年 11 月，中国和东盟 10 国签署了《中国与东盟全面经济合作框架协议》，这一协议的签署标志着中国—东盟自贸区的正式启动。

（一）《中国—东盟全面经济合作框架协议》

《中国—东盟全面经济合作框架协议》（以下简称《协议》）是中国参与中国—东盟自贸区建设的指导性文件。《协议》的主要内容是，双方将在经济、贸易和投资上加强合作，逐步实现货物和服务贸易自由化，创造透明、自由和便利的投资环境，为区内各国之间更紧密的经济合作创造条件。《协议》规定到 2010 年，中国将与东盟老成员国（新、马、菲、文、泰、印尼）建成中国—东盟自由贸易区，到 2015 年与东盟新成员国（越、老、缅、柬）建成中国—东盟自由贸易区。

为了实现这一目标，《协议》对以下方面做了具体规定：逐步取消关税与非关税壁垒；逐步实现服务贸易自由化；建立开放和竞争的投资机制，便利自贸区内的投资；对东盟的新成员国提供特殊和差别待遇；建立有效的贸易与投资便利化措施（不仅仅限于简化海关程序和制定相互认证安排）；在缔约各方的敏感领域提供相应的灵活性；对各缔约方有补充作用的领域加强联系。同时，确定了以农业、信息与通信技术、人力资源开发、投资和湄公河盆地的开发为优先开展合作的领域，并同意在今后逐步展开各国金融、旅游、工业等领域的合作。

（二）早期收获计划

早期收获计划是根据《中国—东盟全面经济合作框架协议》实施的第一个计划，同时也是自贸区框架下最先实施的降税计划。

1. 早期收获计划的产品范围

早期收获计划所涵盖的产品主要是《海关税则》前 8 章的产品，主要有：活动物、肉及可食用杂碎、鱼、乳品、蛋、蜜、蔬菜、水果和其他动物产品等食品以及活树及其他活植物等。

2. 早期收获计划的降税方式

虽然早期收获计划中规定的产品税率各不相同，但最终所有的产品税率都将降为零。早期收获计划产品按各国 2003 年 7 月 1 日的具体实施税率分成三类（即税率≥15%、5%≤税率<15%、税率<5%），根据不同的时间表进行削减和取消。6 个东盟老成员国于 2006 年 1 月 1 日前将三类产品的税率降为零；柬埔寨、老挝、缅甸和越南 4 个东盟新成员国则允许以较慢的速度降税，可于 2010 年 1 月 1 日前将三类产品的税率降为零。

（三）货物贸易

2004 年 11 月中国与东盟各国签署了《中国—东盟自由贸易区全面经济合作框架协议货物贸易协议》，该协议对中国—东盟自贸区内的降税产品的类别做出了具体的规定。除了早期收获计划的降税产品外，其余的所有产品被分为正常产品和敏感产品两大类。

1. 正常产品的降税模式

正常产品被进一步细分为一轨正常产品和二轨正常产品，两者最终税率都需降为零，但一轨正常产品要严格按时间表执行，而二轨正常产品则可享有一定的灵活性。

根据规定，中国和东盟六国（东盟老成员国，即文莱、印度尼西亚、马来西亚、菲律宾、新加坡和泰国）的正常产品自 2005 年 7 月起开始降税，2007 年 1 月 1 日和 2009 年 1 月 1 日各进行一次关税削减，2010 年 1 月 1 日将关税最终削减为零；东盟新成员国（柬埔寨、老挝、缅甸和越南），则从 2005 年 7 月起开始降税，2006~2009 年每年 1 月 1 日均要进行一次关税削减，2010 年不削减关税，2011 年起每两年削减一次关税，至 2015 年将关税降为零。一轨正常产品与二轨正常产品降税模式相同，但后者的关税在降到 5% 以下时，可保持不超过 5%，在比前者更晚的时间降为零。

对中国和东盟 6 个老成员国，应在 2012 年 1 月 1 日取消二轨正常产品的关税，对东盟新成员国，应在 2018 年 1 月 1 日取消二轨正常产品的关税。但是，二轨正常产品的数目有一定限制，中国和东盟六国不得超过

150 个 6 位税目，东盟新成员国不得超过 250 个 6 位税目。

2. 敏感产品的降税

敏感产品被划分为一般敏感产品和高度敏感产品两类。两者的最终税率都可不为零，区别是一般敏感产品要在一段时间后把关税降到相对较低的水平，而高度敏感产品最终可保留相对较高的关税。在中国—东盟自贸区中，各方按照各自情况，分别提出了不同的敏感产品。我国提出的敏感产品主要包括大米、天然橡胶、棕榈油、部分化工品、数字电视、板材和纸制品等；东盟国家则提出了橡胶制品、塑料制品、陶瓷制品、部分纺织品和服装、钢材、部分家电、汽车、摩托车等敏感产品。

（1）《货物贸易协议》规定，敏感产品要受到税目数量和进口金额的限制，但协议同时也对东盟的新成员国做出了特殊安排，给予一定的灵活性。

各国的敏感产品上限如下：中国与东盟六国：数目不超过 400 个（6位税目），进口额不超过进口总额的 10%；柬埔寨、老挝和缅甸：数目不超过 500 个（6 位税目），不设进口额上限；越南：数目不超过 500 个（6位税目），不设进口额上限，但越南应对敏感产品的关税在规定时间内进行一定幅度的削减。

（2）一般敏感产品和高度敏感产品的降税模式。一般敏感产品的降税模式：中国与东盟六国于 2012 年 1 月 1 日削减至 20%，2018 年 1 月 1 日进一步削减至 5% 以下。柬埔寨、老挝、缅甸、越南：2015 年 1 月 1 日削减至 20%，2020 年 1 月 1 日进一步削减至 5% 以下。

高度敏感产品的降税模式：中国与东盟六国应在 2015 年 1 月 1 日将高度敏感产品的关税削减至 50% 以下，但高度敏感产品的数量不应超过 100个 6 位税目。东盟新成员国则应在 2018 年 1 月 1 日将高度敏感产品的关税削减至 50% 以下，但越南的高度敏感产品的数量不应超过 150 个 6 位税目，柬埔寨、老挝和缅甸不应超过 150 个 6 位税目。

3. 其他条款

除了具体的降税程序外，《货物贸易协议》还对原产地规则、保障措施、数量限制、非关税壁垒、协调、仲裁以及履行的时间做出了规定。此外，在这份协议中，东盟各国还承认了中国完全市场经济地位。

（四）服务贸易

2007 年 1 月中国与东盟签署了《中国—东盟自贸区全面经济合作框架协议服务贸易协议》，该协议是中国在自贸区框架下签署的第一个服务贸易协议，是规范我国与东盟服务贸易市场开放和处理相关问题的法律文件。

1. 服务贸易协议的内容

《服务贸易协议》在参照 WTO《服务贸易总协定》的基础上分成了 4 个部分，共 33 个条款和 1 个附件。附件中列出了中国和东盟十国的具体的承诺减让表。其主要涉及的方面有：与服务贸易相关的定义和协议的管辖范围，指出协议适用于所有影响商业性服务贸易的措施；强调了透明度、国内规则、相互承认、保障措施、补贴、一般例外和安全例外等义务和纪律，对各方开展服务贸易所应遵循的行为准则以及权利和义务做出了规定；对包括市场准入、国民待遇、具体承诺减让表、减让表适用方式和渐进式自由化等具体问题做出了承诺，并且在附件中加入了中国和东盟的具体的承诺减让表；对争端的解决、协议的生效等做出了规定。

2. 中国与东盟承诺减让的具体领域

中国与东盟承诺减让分别规定了水平承诺（一般承诺）部分和具体承诺部分，对承诺减让的领域做出了详细的条款规定。

（1）中国承诺减让表

中国将在 WTO 承诺的基础上，在建筑、环保、运输、体育和商务服务等 5 个大的部门，计算机、房地产、管理咨询等 26 个分部门内，向东盟国家做出进一步开放服务市场的承诺。其举措主要是，进一步开放上述服务领域、允许对方设立独资或合作公司、放宽设立公司的股比限制等内容。

（2）东盟承诺减让表

东盟各国也在 WTO 承诺的基础上做出了新的开放承诺。新加坡的承诺主要包括商务服务、分销、教育、金融、医疗、娱乐和体育休闲、运输等部门；马来西亚的承诺主要包括商务服务、建筑、医疗、电信、金融、旅游和运输等部门；泰国的承诺主要包括专业服务、建筑及工程、教育、旅游和运输等部门；文莱的承诺主要包括旅游和运输部门；印尼的承诺主要包括建筑及工程、旅游和能源服务等。此外，东盟新成员国柬、老、缅、越也在电信、商务服务、建筑、金融、旅游和运输服务等领域做出了开放承诺，在不同程度上减少了对市场准入的限制。

3. 后续工作

《服务贸易协议》规定，开放的方式为渐进式。因此当前《服务贸易协议》所涵盖的领域仅仅是第一批承诺开放的领域，而根据协议，中国与东盟将在《服务贸易协议》生效一年以内开始第二批服务市场开放部门的谈判，以达到逐步实现自贸区内服务贸易的自由化。

（五）投资

2009 年 8 月中国与东盟签署了《中国—东盟全面经济合作框架协议投资协议》（以下简称《投资协议》），《投资协议》是中国与东盟全面经济合作框架下最晚签署的一项协议，经过长时间艰苦谈判最终才在中国—东盟自贸区正式启动前夕签署。

《投资协议》作为一项多边协议，其缔约方并不是中国与东盟，而是中国和东盟的 10 个成员国。因此，该协议是一个拥有 11 个缔约方的多边协议。该协议目的是建立一个自由、便利、透明及竞争的投资体制，各缔约方的地位平等，但也注意到缔约方之间不同的发展阶段和速度，因此同意对柬埔寨、老挝、缅甸和越南等东盟新成员国实行特殊和差别待遇。缔约成员国的保留多，这也是《投资协议》的一大特色。

《投资协议》给予了中国投资者进入东盟国家以国别待遇、公平公正待遇和最惠国待遇，在投资保护和投资争端解决方面从协议层面保障了中国在东盟国家投资的安全，有力地推动了双边投资便利化。《投资协议》的签署把中国—东盟战略伙伴关系提升到一个新的水平，并为后金融危机时代协议各参与方的经济复苏和区域经济一体化做出了积极贡献。

(六) 中国—东盟自贸区升级版

中国—东盟自贸协定实施 10 年为地区繁荣与稳定做出了重要贡献，但 2003 年签署的自贸协定所涵盖范围和内容已逐渐不适应全球化和区域经济一体化发展的新趋势新要求。中国—东盟自贸区升级版呼之欲出，2013 年 10 月李克强总理在出席第 16 次中国—东盟 (10+1) 会议期间宣布将启动中国—东盟自贸区升级谈判，2014 年 8 月，中国—东盟自贸区升级谈判正式启动。2015 年 11 月 23 日，经过多轮磋商和谈判，中国与东盟签订了《关于修订〈中国—东盟全面经济合作框架协议〉及项下部分协议的议定书》(以下简称《议定书》)，中国东盟自贸区升级版正式启动，《议定书》是我国在现有自贸区基础上完成的第一个升级协议，涵盖货物贸易、服务贸易、投资、经济技术合作等领域，是对原有协议的丰富、完善、补充和提升，体现了双方深化和拓展经贸合作关系的共同愿望和现实需求。如在服务贸易方面，我国在集中工程、建筑工程、证券、旅行社和旅游经营者等部门做出改进承诺。东盟各国在商业、通信、建筑、教育、环境、金融、旅游、运输等 8 个部门的约 70 个分部门向我国做出更高水平的开放承诺。双方的具体改进措施包括扩大服务开放领域，允许对方设立独资或合资企业，放宽设立公司的股比限制，扩大经营范围，减少地域限制等。

三 大湄公河次区域框架下的投资优惠政策

大湄公河次区域经济合作 (GMS) 始于 1992 年，目前的合作领域主要有交通、能源、电信、农业合作、环境、人力资源开发、卫生、旅游、贸易和投资合作等九个方面。截至 2010 年底，GMS 贷款 (赠款) 项目共 55 个，总投资约为 138 亿美元，其中亚行自身提供贷款 50 亿美元，GMS 国家政府配套资金 43 亿美元，联合融资 45 亿美元；技术援助项目 172 个，总额约为 2.3 亿美元，其中亚行自身提供贷款 1 亿美元，GMS 国家政府提供配套资金 2000 万美元，联合融资 1.1 亿美元。2013 年 12 月，GMS 第 19 次部长级会议上通过 GMS 区域投资框架 (2012~2022 年)。2014 年 12 月

19 日至 20 日，GMS 第五次领导人会议在泰国曼谷举行，主题是"致力于实现大湄公河次区域包容、可持续发展"。会议发表领导人宣言，通过 2014~2018 年区域投资框架执行计划，为次区域进一步加强互联互通描绘出蓝图。2017 年 9 月为了促进区域内的经济增长和可持续发展，大湄公河次区域的六国部长共同在越南河内发起了一项 640 亿美元的五年行动计划。中国的云南省和广西壮族自治区在此计划中扮演着重要的角色。

（一）基础设施建设和交通便利化

1. 基础设施建设

基础设施建设是 GMS 区域内投资的重点领域，各国都投入了大量的人力、物力和财力，并且已经取得了相当的成果。交通领域，次区域内的东西、南北以及南部交通走廊建设已经基本完成，整个区域的联通性得到了极大的提升；能源领域，次区域内各国正在新建和扩建一些发电和输电设施，为次区域开展电力贸易和建设电力市场奠定基础；电信领域，电信骨干网络已经建成，次区域的信息高速公路建设将进入崭新的阶段。

2. 交通便利化

《大湄公河次区域便利客货跨境运输协定》（以下简称《跨境运输协定》）的实施为大湄公河次区域国家全面交通便利化提供了强有力的支持。该协定是所有大湄公河次区域成员采用的多边法律文件，它的作用是专为便利客货跨境运输设计。协定本着灵活的原则提出了许多实际措施，以期在中短期内简化规章制度，提高效率，在次区域范围内减少无形壁垒。该协定包括前言和十个部分，分为总则、跨境便利措施、人员跨境流动、货物跨境运输、公路机动车辆的准入条件、商业通行权的交换、基础设施介绍、机构框架以及其他规定等。《跨境运输协定》的措施涵盖了有关跨境运输便利化的各个方面，主要包括：一站式通关；人员的跨境流动（如营运人员的签证）；运输通行制度，包括免除海关检验、保证金抵押、护送、动植物检疫；公路车辆将必须具备跨境通行的先决条件；商业通行权利的交换；基础设施，包括公路和桥梁设计标准、公路标识与信号。此外，《附件》和《议定书》都是《跨境运输协定》的重要组成部分，前者包含了技术细节，后者包含时间或地点细节等可变因素，它们都与协定具有同等约束力。

（二）贸易投资

《大湄公河次区域贸易投资便利化战略行动框架》（以下简称《行动框架》）是贸易投资领域的重要指导文件。它规定将通过和各国工商界的积极对话，鼓励私营部门的参与，提高 GMS 的贸易便利化水平。《行动框架》实施的目标年限初步定在 2010 年，与中国—东盟自由贸易区的建设进程一致。GMS 各国可以根据本国特殊情况和需要，在整体进程下制定各自的日程表。由于各国起始时间不同，并主要考虑到柬埔寨、老挝、缅甸、越南正致力于在 2015 年以前完成万象行动计划确定的诸多活动，部分 2005~2010 年启动的活动可将实施年限延长到 2010 年之后。《行动框架》主体部分是 GMS 各国确定的必须采取行动的优先领域，要求在 2010 年以前推动次区域的贸易投资便利化。其主要的优先领域涉及四方面。海关制度，通过简化海关制度、加强一致性和提高透明度，以此减少贸易壁垒，最大限度地降低交易成本，并提高贸易数据收集的效率和质量；检验检疫措施，通过实施 WTO 的《贸易技术壁垒协议》（TBT）和《实施卫生和植物卫生措施协议》（SPS）两个协议，减少不必要的边境检验检疫措施，以实现更高程度的贸易便利化；贸易物流，简化协调 GMS 跨境交通规章/手续、促进贸易物流及相关设施的发展，从而提高经济走廊的货物运输效率并减少贸易交易成本；商务人员流动，通过简化签证和居留手续，同时考虑建立商务签证制度，加强从事商务活动的 GMS 成员公民的流动。此外，《行动框架》还对贸易便利化的实施和监督、争议和仲裁、审议和更新等做出了具体的规定。

（三）农业领域

农业是 GMS 经济合作另一个优先领域，对解决地区成员国农村的贫困问题起着十分重要的作用。区域各国在 2002 年联合成立了 GMS 农业工作组，通过加强与亚洲开发银行和其他发展伙伴的协调，加大对区域的技术援助和资金支持，推动次区域的农业发展和减贫。

2007 年 4 月在北京召开的首届 GMS 农业部长会议通过的《GMS 农业

合作战略框架与农业支持核心计划》（以下简称《核心计划》）是未来次区域农业合作的指导性文件。《核心计划》明确了未来 GMS 农业合作的七大领域：加快和加强次区域农业合作速度和力度；为次区域的粮食安全和减贫工作做出贡献；促进跨境农业贸易和投资；促进农业新技术的转让和应用；确保环境受到保护并持续利用共享的自然资源；确保对跨境动物疫病的监控，以减少对社会和经济的影响；开发人力资源，加强能力建设，解决跨境关注的问题。

此外，《核心计划》还提出，建立成员国农业相关危机事件的应急反应机制，推动公共和私营部门开展农业信息分享的合作，提升农业科技能力等具体的实施内容。同时，在该次会议发表的《GMS 农业部长会议联合声明》中，各国农业部长还号召农业工作组调动各方面资源，扩大与发展伙伴、国际农业科研学术机构、私营部门和民间团体的配合、合作。

（四）电力合作

GMS 各国已达成共识，一致认为应加强次区域各国的电力合作，实现电网互联，为区域内各国提供可靠、低廉和稳定的电力供应。迄今为止，大湄公河次区域的电力贸易一直在双边基础上开展，主要方式是签署政府间备忘录或长期电力采购协议。2002 年 11 月，在柬埔寨金边召开的 GMS 经济合作第一次领导人会议上，六国领导人签署了《大湄公河次区域电力贸易政府间协议》（IGA），该协议是次区域六国政府促进地区电力贸易的承诺，是指导次区域电力贸易的重要政策性文件。2005 年 7 月，在昆明召开的 GMS 经济合作第二次领导人会议上，各国签署 GMS 电力贸易运营协议（PTOA）第一阶段实施原则谅解备忘录。该备忘录从联络沟通机制、跨境联网的运行协调、争端的解决、交易的结算等方面进行规范，为PTOA 第一阶段范围内的电力贸易提供指导。2006 年 4 月，在万象召开的GMS 电力贸易协调委员会第三次会议上，各国审议了 PTOA 最终研究报告和《拟由各国签署的区域电力贸易运营协议》（第一阶段）实施导则的谅解备忘录（MOU），并对将在 GMS 峰会上签署基本协议提出了较为具体的实施方案。上述电力合作协议为促进跨境电网互联的发展，并在大湄公河次区域国家之间建立起一个高效、可靠的电力贸易框架，同时为中国公司对外投资与合作提供了机遇。

（五）其他

除了上述提到的协议之外，GMS 各国还在贸易、旅游、境外毒品替代种植、人力资源合作、环境和卫生领域提出了一些计划和措施，以此来促进该领域在 GMS 区域内的发展。

四　澜湄合作机制下的投资优惠政策

2015 年 11 月 12 日中国、柬埔寨、老挝、缅甸、泰国、越南 6 国外长会议正式宣布建立澜湄合作机制。2016 年 3 月 23 日，澜湄合作第一次领导人会议在海南三亚召开，中国与泰、柬、老、缅、越 5 国领导人宣告澜沧江—湄公河合作机制正式启动，确立了"3+5"的合作框架，即以政治安全、经济可持续发展、社会人文为三大支柱和以互联互通、产能合作、跨境经济、水资源、农业和减贫为 5 个优先发展方向的全面合作框架。2018 年 1 月 10 日，澜湄合作第二次领导人会议在柬埔寨首都金边召开，发布了《澜沧江—湄公河合作五年行动计划（2018—2022）》，其中 2018 年至 2019 年为奠定基础阶段，重在加强各领域合作规划，推动落实中小型合作项目；2020 年至 2022 年为巩固和深化推广阶段，重在加强五大优先领域合作，拓展新的合作领域，以呼应成员国发展需求，完善合作模式，逐步探讨大项目合作。在澜湄合作机制成立的两年多时间里，最初设立的 45 个项目和 13 个倡议的绝大部分都已完成，在澜湄六国中均已设立水资源合作中心、澜沧江—湄公河环境合作中心及湄公河全球研究中心。

在政治安全方面，该行动计划提出保持高层交往，加强政治、政党的对话、交流与合作，深化恐怖主义等非传统安全的合作。要求每两年召开一次领导人会议，规划澜湄合作未来发展。如有必要，在协商一致基础上召开临时领导人会议。每年举行一次外长会，落实领导人会议共识，评估合作进展，提出合作建议。六国领导人通过双边访问或其他国际合作平台保持经常性接触。

在经济与可持续发展方面，该行动计划提出在互联互通、产能、经贸、金融、水资源、农业、减贫、林业、环保、海关、质检等领域加强合作，编制"澜湄国家互联互通规划"，对接《东盟互联互通总体规划2025》和其他次区域规划，促进澜湄国家全面互联互通，探索建立澜湄合作走廊；根据《澜湄国家产能合作联合声明》，制定"澜湄国家产能合作行动计划"；通过建设跨境经济合作区的试点，推进跨境经济合作，完善合作框架、工作机制和制度性安排；基于包括《"一带一路"融资指导原则》在内的各类区域合作融资原则，共同建立澜湄国家间长期、稳定、可持续的多元融资体系，加强与亚洲开发银行、亚洲基础设施投资银行、亚洲金融合作协会和世界银行等机构合作，鼓励金融机构为商业经营提供便利，支持地区贸易投资；制定"水资源合作五年行动计划"，以协商解决共同关心的问题；加强政策协调，确保粮食、营养安全和食品安全，创造投资机会，加强农业可持续发展合作；制定"澜湄可持续减贫合作五年计划"，推动澜湄国家减贫经验交流和知识分享；加强森林资源保护和利用，推动澜湄流域森林生态系统综合治理；推进澜湄环保合作中心建设，制定并实施"绿色澜湄计划"等。

在社会人文合作方面，该行动计划提出在文化、旅游、教育、卫生、媒体、民间交流等领域，要加强文化政策信息共享，促进文化对话，努力落实《澜湄文化合作宁波宣言》，发挥澜湄各国设立的文化中心的作用；探讨成立澜湄旅游城市合作联盟，探讨建立澜湄合作中长期旅游发展愿景，加强促进旅游发展的软硬件基础设施建设；加强职业教育培训，支持在中国设立澜湄职业教育基地，在湄公河国家设立澜湄职业教育培训中心，鼓励高校间开展联合培养、联合研究和学术交流，探索建立学分互认互换制度；创办澜湄合作杂志或新闻手册，建立澜湄合作数据库；通过举办各种民间活动，加强澜湄合作品牌建设，提升六国民众的澜湄意识等。

该行动计划提出要用好中方设立的澜湄合作专项基金，优先支持澜湄合作领导人会议和外长会确定并符合《三亚宣言》等重要文件所设立目标的项目；鼓励各国加大资金资源投入；积极争取亚洲基础设施投资银行、丝路基金、亚洲开发银行等金融机构支持；发挥社会市场资源作用，打造立体化、全方位的金融支撑体系。

五　中国对境外经贸合作区、开发开放试验区和边境合作区的支持政策

（一）国家对境外经贸合作区的支持政策

境外经贸合作区是我国"走出去"战略在我国对外开放新阶段的一种崭新形式。我国境外经贸合作区建设的具体做法是由国家商务部牵头，与政治稳定且同我国关系较好的国家政府达成一致，然后以国内审批通过的企业为建设经营主体，并由该企业与国外政府协议和签约，在国外建设经济贸易合作区。再由企业开展对外招商，吸引国内外相关企业入驻，形成产业集群，相当于我国企业以集群和抱团的方式集体对外直接投资与合作。我国不断推进境外经贸合作区建设，鼓励和支持有比较优势的各类大中小企业积极地参与国际经济技术合作与竞争，更加深入地实施中国自主品牌战略。

2005 年底商务部提出鼓励我国企业在境外建立境外经贸合作区的新举措，以进一步促进对外投资合作。2006 年 6 月，商务部公布《境外中国经济贸易合作区的基本要求和申办程序》，正式启动了境外经贸合作区的建设工作。2008 年初，国务院发布了《关于同意推进境外经济贸易合作区建设意见的批复》，全面推进境外经济贸易合作区建设，确立了"政府引导、企业为主、市场化运作"的原则。我国商务部在确定了基本扶持政策后，向国内企业发出招标信息并负责评标工作，对境外经贸合作区进行一些非经营性风险以及金融、保险、出入境、税收政策等支持，并设立专项资金。另外政府也会出面，根据投资环境、市场容量及贸易安排等，选定一些地区设立合作区，并与相关国家进行协商。各省市政府部门、企业根据商务部的要求，推选当地有竞争力的大型企业、行业骨干企业和重点名牌产品企业来投标。商务部经过严格的考评后确定境外经贸区的名单，合作区必须通过每年一度的考核，若超过三次未能通过，则会跌出名单，需要经过下一次申请并通过考核后才能重新进入名单。国家对经过确认并考核的境外经贸合作区给予 2 亿元到 3 亿元人民币的财政支持和不超过 20 亿元

人民币的中长期贷款，并由牵头企业全力打造境外经贸区，负责园区的规划与建设及与东道国政府签订园区建设协议，随之通过市场化的方式对国内相关企业进行招商并进行生产经营活动。

从 2014 年起，商务部开始执行新的管理办法，不再通过中标确定园区，建区企业可据此自查申报，通过年度考核，即可被确认为"国家级境外经贸合作区"。当前，我国政府对境外经贸合作区的优惠政策包括：国家开发银行为经贸合作区企业提供优惠利率的开发贷款；对于经贸合作区投资、建设的资金，给予外汇便利政策；经贸合作区公司开发建设和区内企业生产运营所需的机器设备、建材、产品零部件等是在我国采购的，实行增值税和关税减免征收优惠；对我国援外、投资人员的个人所得税实行减免政策等。经贸合作区投资东道国的优惠政策一般包括对开发企业及入区企业的税收优惠和工作许可办理等政府便利措施。例如，按照赞比亚法律规定，在经贸合作区内的获批项目首次实现盈利的前五年，免交公司所得税；第六年至第八年，按适用税率的 50% 缴纳公司所得税；第九年和第十年，按适用税率的 75% 缴纳公司所得税。对于所有优先行业的原材料、资本性货物和设备，五年内免征进口关税。

2018 年 3 月，中国商务部部长钟山在十三届全国人大一次会议记者会上透露，中国将以重大投资合作项目、援外工程为重点，培育一批"丝路明珠"示范项目。① 境外经贸合作区综合效益高、带动作用大，必将是我国未来打造"丝路明珠"示范项目的发展重点，入选丝路明珠示范项目的境外经贸合作区也或将获得国家的更大支持。

（二）国家对瑞丽开发开放试验区的投资优惠政策

瑞丽国家重点开发开放试验区位于云南省德宏傣族景颇族自治州，试验区以瑞丽市全境（面积 1040 平方公里）为核心，两翼包含芒市和陇川县。区内有瑞丽、畹町 2 个国家一类口岸和陇川章凤国家二类口岸，瑞丽、畹町 2 个国家级边境经济合作区，以及与上海自由贸易试验区相近的实行

---

① 《钟山谈"一带一路"：将打造"丝路明珠" 发展丝路电商》，中国新闻网，2018 年 3 月 11 日，http://www.chinanews.com/gn/2018/03-11/8465055.shtml。

"境内关外"海关特殊监管模式的姐告边境贸易区。

瑞丽试验区可享受国家新一轮西部大开发、沿边、少数民族等多重政策，特别是国家赋予试验区的财政税收、投融资、产业与贸易、土地资源、对外开放等特殊优惠政策的实施。2016 年 12 月，瑞丽市入列第三批国家新型城镇化综合试点地区，标志着瑞丽试验区城乡统筹示范区建设迈出新步伐。《中共中央国务院关于深入实施西部大开发战略的若干意见》、《国务院关于支持云南省加快建设面向西南开放重要桥头堡的意见》以及《国务院关于支持沿边重点地区开发开放若干政策措施的意见》都明确了国家对作为西南贸易重镇瑞丽的政策支持。瑞丽试验区可以叠加享受国家新一轮西部大开发、支持沿边重点地区开发开放、云南辐射中心建设、沿边金融综合改革试验区、边境经济合作区、民族区域自治等一系列优惠政策。

（三）国家关于姐告边境贸易区的特殊政策

2000 年 8 月以来，与缅甸北部城市木姐相连、面积为 240 公顷的云南省德宏州姐告边境贸易区正式开始执行"境内关外"政策，这一模式的实施使姐告得以成为中国最开放的陆路口岸之一，也是中国第一个对外资金融、保险机构亮"绿灯"的国家级陆路口岸。在姐告边境贸易区实施的"境内关外"特殊政策主要包括投资贸易、税收、出入境管理、工商管理等几个方面。

在投资贸易方面，外商投资企业可以在姐告边境贸易区用人民币投资；中国国内自然人与外商可成立合资或合作企业；企业在姐告边境贸易区可以开展一般贸易、加工贸易、转口贸易、过境贸易、边境贸易、国际经济技术合作等业务；除国家明令禁止的商品外，各国商品均可以在姐告边境贸易区内展示、销售；姐告边境贸易区管理委员会具有并履行省级外商投资、进出口贸易、国际经济技术合作和加工贸易审批和管理权限。在税收方面，在姐告边境贸易区内兴办企业，自投资建厂生产之日起企业所得税免征 3 年，减半征收 2 年，中央企业所得税比照云南省政府制定的地方企业所得税政策执行；对从事生产、销售的企业应征收的增值税、消费税及金融保险业营业税暂不征收；2003 年底前免征企业所得税、房产税、土地使用税及一切行政事业性收费；在上述税收优惠政策期满后，实行国家级开发区的税收优惠政策。在出入境管理方面，中国海关对由缅甸进入云南省姐告边境贸易区的货物与物品，不再实行监管；海关、检疫等机构对从国家级陆路口岸姐告进口的和由中国国内运至姐告的货物与物品执行国家出入境管理规定和税收政策；允许外资金融、保险机构入驻，经营外币、外汇、人民币和保险业务；对从境外进入姐告的第三国外国人实行 72 小时内免签证，中国公民可凭居民身份证自由进出姐告边境贸易区，缅甸公民可凭缅方木姐市通行证出入姐告边境贸易区，外国公民可持国外身份证和中国公安部门居住证申请在姐告开展经营活动等。在工商管理方面，2004 年 12 月 31 日前免征工商行政管理的各项规费；生产性外商投资企业外销本企业的产品，可不办理边境贸易营业执照；对在姐告边境贸易区投资和兴办企业实行直接登记制，对需要审批的项目实行"一站式"审批；对投资项目申请用地或开工建设实行"一厅式办公"；国家规定需要办理前置审批的，企业设立时持姐告边境贸易区管理委员会批准的文件即可以办理注册登记，确有特别规定的，前置批文可在 3 个月内补交；在姐告边境贸易区设立有限责任公司的注册资本最低不低于 5 万元；设立非公司法人的，注册资本最低不低于 1 万元；放开姐告边境贸易区企业和个人的经营范围和经营方式，除国家明令禁止生产经营的以外，均可核准经营。

为进一步密切中缅边境地区合作，中方已向缅方提出建议，建设中国瑞丽—缅甸木姐跨境经济合作区，尽快合作开展跨境经济合作区的可行性研究，编制跨境经济合作区的实施方案和建设规划，并进一步加强边境贸易区的物流、通关、边贸货币结算及边贸转大贸等方面的合作。2017 年 5 月，在中国政府总理李克强和缅甸国务资政昂山素季的见证下，中国商务部部长钟山与缅甸授权代表缅甸交通与通信部部长吴丹辛貌正式签署《中国商务部与缅甸商务部关于建设中缅边境经济合作区的谅解备忘录》（以下简称《备忘录》）。按照《备忘录》安排，抓紧磋商，双方将积极推动后续各项工作，尽快确定中缅边境经济合作区的位置和范围。

六 云南省对企业"走出去"的投资鼓励政策

(一)一般政策

为服务国家"一带一路"建设,提升对外开放格局,云南加大了对企业"走出去"的扶持力度,特别是鼓励企业到缅甸、老挝、越南等大湄公河次区域国家进行投资的支持力度。

早在 2001 年,中央就成立了西部地区外经贸发展促进资金。该资金是由中央和地方两级财政共同出资,旨在支持西部地区各个企业的对外贸易和投资工作,其具体的评审权力属于各省级政府。从 2005 年起,云南省设立省级"走出去"财政专项资金,主要用于鼓励和支持省内各种所有制企业的境外投资活动。该专项资金主要采取无偿资助和贷款贴息两种方式,支持相关领域的投资活动,如到境外投资办厂,设立以带动出口为目的的境外加工贸易或设立贸易企业;到境外从事资源矿产勘探开发和林业合作开发;到境外开展对外承包工程和劳务合作;到境外从事农业合作开发;到境外建立和投资工业园区或建立境外云南商品专业市场;到境外开拓国际市场,进行项目市场调研等前期研发费用和开展人才培训;建立境外投资咨询服务机构,为云南企业"走出去"提供政策咨询、项目论证等服务;云南省委、省政府决定的重大境外扶持项目以及其他有利于推动促进云南省实施"走出去"战略发展的事项。

云南省为了支持本省企业和重点产业"走出去"还加强融资担保体系建设,完善了风险分担机制。积极运用保险工具和推进保险资金运用发展重点产业,继续推进小额贷款保证保险试点,建立政策性出口信用保险机构参与的产业与金融协作发展机制。支持各级政府在风险可控、监管到位的前提下设立有政府参股的平台公司,以股债结合方式支持企业发展。鼓励知识产权质押融资,大力发展融资租赁。

为助力企业"走出去",云南国税局提出了"打好基础、制定措施、健全机制、优化服务、规范管理、加强合作"的企业境外投资税收服务与管理工作目标,积极开展服务与管理工作,已在全省国税局系统 10 个市州局建立了专门的国际税收管理机构，制定了对企业境外投资税收服务与管理工作联席会议制度。不定期编印《云南省企业境外投资税收服务指南》，并在门户网站开设企业境外投资税收服务窗口，公开相关业务咨询电话，为企业提供快捷、方便和专业的税务咨询业务。根据境外投资企业在税收服务方面的需要，通过全面落实相关税收优惠政策，充分发挥税收协定的作用，为全省"走出去"企业提供了有力的政策支持。此外，云南省国税局广泛收集并为"走出去"企业提供海外税收信息和外国税制，深入了解企业境外投资关注的涉税热点问题及需求，及时为企业提供"量身订制"的税收政策解答和境外投资税收服务与指导，帮助全省企业及时了解和掌握境外投资税收法律法规和征管措施。

（二）替代种植优惠政策

缅甸是云南省企业开展替代种植的重点地区。2006 年 4 月，国务院就云南省政府关于支持企业到缅甸、老挝北部开展罂粟替代种植、发展替代产业问题的请示作了批复，云南省公安、商务等有关部门根据《国务院关于在缅甸老挝北部开展罂粟替代种植发展替代产业问题的批复》（国函〔2006〕22 号）的精神，制定了《云南省境外罂粟替代企业（项目）管理暂行办法》和《云南省禁毒境外替代种植发展专项资金管理实施暂行办法》两个指导性文件。云南省的替代种植组织协调工作主要由云南省境外罂粟替代发展工作领导小组总体负责，日常事务和具体工作由省领导小组办公室（替代办）具体负责。云南省对替代种植项目（公司）的鼓励和优惠措施主要集中在以下几个方面。

1. 出入境便利化

边境地区与非边境地区居民是项目人员，都需依法办理相关手续方可出入境，但公安部门在办理替代项下人员出入境通行证时，注明实施替代项目人员的出入境口岸及通道名称，不再做入境口岸的一致性限定；边境各口岸和通道实行 24 小时备勤制度。在口岸和通道关闭后，对核准企业急需出入境的人员、货物和运输工具实行预约通关；企业组织车辆出境从事替代项目的运输任务，凭企业（项目）核准证书，到出境口岸公安边防检查机构办理《机动车辆出入境查验卡》后，从项目实施就近的口岸、通道出入境；对替代项下人员、物资、车辆出入境实行快速通关，简化办证和查验手续。

2. 专项资金扶持

禁毒境外替代种植发展专项资金是由中央财政预算专门安排给云南省，用于鼓励和支持国内有条件的企业在缅甸、老挝北部开展罂粟替代种植、发展替代产业的专项资金。云南省财政厅负责资金的预算管理和拨付，并会同商务厅和禁毒委办公室共同负责资金的审核。

资金的重点支持方向如下：支持国内企业到缅甸、老挝北部开展农业种植、农业合作开发、畜牧、水产养殖等农、畜产品深加工和替代种植示范区建设；支持国内企业进行带动缅甸、老挝北部劳动力就业的矿产资源勘查、采矿等以及其他资源性产品开发、加工和其他加工业的发展；支持国内企业到境外开展罂粟替代种植、发展替代产业的前期考察和可行性研究；支持国内企业开发带动缅甸、老挝北部劳动力就业的旅游业、商贸业；支持国内企业开展境外替代种植发展所必需的基础设施建设；支持国内企业开展禁毒境外替代种植项目时向境内保险或担保机构购买保险或设立担保等；国家以及云南省委、省政府决定的其他禁毒境外替代种植项目，以及其他有利于促进境外替代种植的事项。

资金的支持方式与标准主要为：对国内企业开展替代种植、发展替代产业所做的前期考察和可行性研究费用，视国内企业项目投入自有资金及经费申请补助情况，省财政厅可委托有资质的中介机构对国内企业项目进行评估后，给予一次性补助，资助金额不超过企业实际投入资金的80%；对企业开展替代种植及替代产业的重点项目，在全面评估风险的前提下，给予其向境内保险或担保机构购买保险或设立担保所支付的费用90%的资助；企业开展替代种植、发展替代产业向境内银行贷款给予全额贴息，但一个项目的累计贴息不超过3年；对企业到境外开展的替代种植项目，在农经作物收获前的生长期按实际种植面积给予每亩每年10~30元的一次性补助；对企业在境外从事的罂粟替代发展项下畜牧养殖和水产养殖项目，可视项目实际投入情况按实际养殖场地面积给予适当补助。

3. 税收优惠

对我国企业在缅甸、老挝北部从事农业替代种植的返销产品，可免征进口关税和进口环节增值税；对返销的以替代种植农作物为原料加工的产品，除敏感产品外，尽量将其纳入我国对缅甸、老挝的零关税特殊优惠安排范围。各个企业、各种替代产品每年的返销指标，由省商务厅等部门按程序报国务院审批。

4. 中缅替代种植行动方案

2007年11月20日，《中华人民共和国政府和缅甸联邦政府关于在〈中华人民共和国政府和缅甸联邦政府关于禁止非法贩运和滥用麻醉药品和精神药物合作协议〉框架内开展替代种植的行动方案》在缅甸首都内比都签署，中国驻缅甸大使管木和缅甸边境与少数民族地区发展部副部长丁威上校分别代表双方政府在行动方案上签字。根据行动方案，中缅两国将在平等互利、相互尊重、责任共担的原则下，主要通过支持有实力的企业以项目合作的方式加强在缅甸北部地区开展罂粟替代种植与发展方面的合作。随着中缅替代种植项目的长期合作开发，有效缓解了金三角地区毒品泛滥的状况，为当前世界各国人民如何解决毒品问题，提供了一种思路。因此，得到了国际社会的一致肯定和赞扬。

（三）云南省对缅口岸政策

缅甸各边境口岸由缅甸商务部边贸司负责管理，缅甸现正式对中国开放的边境口岸有木姐、雷基、拉咱、清水河和甘拜地等5个口岸。但从云南省的角度看，目前在滇缅之间开放了11个陆地口岸，即瑞丽、畹町、猴桥、清水河、打洛、孟连、沧源、南伞、章凤、盈江、片马，其中瑞丽、畹町、猴桥、清水河、打洛为国家一类口岸，其余为二类口岸。中国有关部门和云南省今后一个时期将加快对缅口岸的发展，现有二类口岸多数将升级为国家级口岸（见表4-1）。

表 4-1 滇缅之间现有口岸

	中方名称	缅方名称
一类口岸	瑞丽（姐告、弄岛）	木姐（包括南坎）
	畹町	九谷（棒赛）
	腾冲（猴桥）	甘拜地
	孟定（清水河）	清水河（滚弄）
	打洛	勐拉
二类口岸	孟连（勐阿、芒信）	邦康（邦桑）
	沧源（永和、芒卡）	班歪
	南伞	果敢（老街）
	章凤（拉影、拉勐）	雷基
	盈江（那邦）	拉咱
	片马	唐欣

资料来源：云南省商务厅。

（四）云南省对瑞丽开发开放试验区的支持政策

1. 财税政策

2013~2020 年，省财政继续每年给予瑞丽试验区 1 亿元综合财力补助。在安排各类一般性转移支付和专项转移支付时，省财政充分考虑试验区基础设施建设、沿边经济贸易发展、边境维稳、禁毒防艾、国际河流治理等特殊因素，给予试验区重点支持和倾斜。对入驻试验区的新办企业，除国家禁止和限制的产业外，应缴纳企业所得税地方分享部分实行"五免五减半"优惠，即自取得生产经营第一笔收入年度起，前 5 年免征、后 5 年减半征收企业所得税地方分享部分，具体免税范围由德宏州人民政府确定。争取通过试验区进口电力、石油、天然气的企业在试验区设置进口环节财务核算机构，在试验区缴纳输送环节增值税。允许试验区收取城市和集镇基础设施配套费，试验区内征收的散装水泥及新型墙体材料专项基金上缴省级部分，省财政以项目形式对试验区给予支持。

2. 投融资政策

鼓励类、允许类外商投资项目省级核准权下放试验区主管部门。州级权限内除国家限制类或国家有明确要求的行业、省属企业投资项目、涉重金属污染项目外，其他建设项目的环评审批权和"三同时"验收审批权下放试验区主管部门，征收占用林地申请由试验区主管部门直报省主管部门办理。对中央和省安排的公益性建设项目，在争取中央加大投资比例的同时，省直有关部门给予倾斜支持。试验区基础设施建设、社会事业发展、特色产业培育、民生改善等重大项目，统筹纳入有关规划，对具备条件的项目，优先审批、核准，优先安排资金。

支持各类金融机构到试验区设立分支机构。将富滇银行瑞丽支行升格为一级分行，并在瑞丽、芒市各增设 1 个二级支行；支持组建试验区农村商业银行；鼓励各类社会资本在试验区设立小额贷款公司；鼓励各银行业金融机构建立贷款审批快速通道，把试验区列为业务发展和信贷支持重点区域；争取政策性银行援外优惠贷款、优惠出口买方信贷、出口基地建设贷款、国际物流基础设施建设贷款等信贷资源向试验区倾斜。

支持保险资金以债权、股权等形式，投资试验区基础设施建设。以财税优惠鼓励扶持股权投资基金、风险投资基金入驻试验区，推动试验区符合条件的企业加入场外交易市场的扩容试点；鼓励运用银行间债券市场非金融企业债券融资工具，拓宽融资渠道，降低融资成本；支持试验区设立开发基金；鼓励试验区内与境外机构的经济往来使用人民币计价结算；推动试验区金融机构开展人民币现钞跨境调运业务；大力发展出口信用保险，开展边境贸易出口业务承保、跨境贸易人民币结算业务承保等试点；简化试验区内企业人民币跨境投资审批手续，适度放宽出入境人员携带的人民币额。

3. 产业政策

对部分主要依托国外资源、能源、市场等以"多头在外"模式发展的工业项目，实行差别化产业政策，在法定条件内按照低限执行项目准入门槛，允许其在试验区发展；支持试验区加快进出口加工区、国际物流仓储区等园区建设，积极承接产业转移；瑞丽、芒市、陇川3个工业园区统一纳入省级园区管理和扶持范围；省财政扶持工业发展的各类专项资金向试验区倾斜；鼓励符合条件的企业开展大用户直购电试点；支持开展区域电价改革。省直有关部门对试验区内的工业企业生产所需的煤、电、油、运等生产要素给予重点保障。

4. 土地政策

科学编制试验区土地利用总体规划。根据试验区建设情况，对土地利用总体规划进行评估和修编，加强与相邻县、市土地利用合作，拓展发展空间。

赋予试验区州级人民政府土地管理权限。土地利用年度计划实施单列管理，省级以上项目的建设用地预审由试验区主管部门初审后直报省主管部门预审；农用地征收转用报件由试验区主管部门审查后直报省主管部门审批。

多渠道保障建设用地。支持试验区对规划异地重建的原村庄、集镇以及其他废弃地开展城乡建设用地增减挂钩试点工作。鼓励试验区通过对山区、丘陵等15°以上的山地（非耕地、非林地）实施改造，拓展用地空间。创新低丘缓坡土地综合开发利用审批方式。

支持做好农用地管理。试验区内水利、水电、旅游等项目区中的绿化景观用地、生态涵养用地、水面用地，在农民补偿安置到位的前提下，可不办理农用地转用手续，不占建设用地指标；支持开展农村集体经济组织和村民利用集体建设用地按照规划自主开发旅游项目试点。耕地占补平衡指标向试验区倾斜，探索建立耕地保护基金，开展耕地保护货币直接补偿试点工作。

5. 公共服务政策

除涉及食品、药品、矿山、危险化学品、易制毒化学药品等安全生产行业国家规定需要办理前置审批外，内资企业凭招商引资批准文件可直接办理注册登记手续。对注册资本在500万元（含500万元）以上的内资企业，放宽经营许可范围，可核定为：从事国家法律法规和产业政策未明确禁止的生产经营活动（涉及专项审批的凭许可证经营）。

第二节　投资案例

一　中缅油气管道项目

中缅油气管道是由中、缅、韩、印四国六方共同出资建设的国际合作项目，包括原油管道和天然气管道双线并行。原油管道起点为缅甸马德岛，终点为中国重庆；天然气管道起点为缅甸皎漂港，终点为中国广西南宁。该项目不仅开辟了中国西南能源通道、实现油气进口多元化，还促进了缅甸工业化和电气化水平的提高，改善了当地居民的就业和生活水平，可谓"一带一路"沿线的示范工程。

（一）项目进展

2004 年 8 月，云南大学能源专家吴磊等人提出《关于修建从缅甸实兑到昆明输油管道的建议》的研究报告，该项目建设计划被提上议事日程。[①]经过多年的协商谈判，2009 年 3 月，中缅两国政府正式签订《关于建设中缅原油和天然气管道的政府协议》。2010 年 6 月，中国国务院总理温家宝和时任缅甸军政府总理的吴登盛共同触摸标志中缅油气管道开工的电子球，中缅石油天然气管道工程正式开工建设。[②] 2011 年 8 月，中缅油气管道工程（缅甸段）第一标 B 段主线路工程开工仪式在缅甸曼德勒市举行。2012 年 4 月，中缅油气管道成功完成"第一穿"——伊洛瓦底江岔河定向钻穿越的全部施工任务，2013 年 5 月底，中缅天然气管道缅甸段建成，并于 7 月底开始向中国输气。2015 年 1 月，中缅原油管道工程在缅甸皎漂马德岛举行试运行仪式，缅甸马德岛港同时正式开港。[③] 但由于多方面原因，

---

① 《缅甸问题将成中缅油气管道最大的不确定》，中国管道商务网，2007 年 10 月 31 日，http://www.chinapipe.net/national/2007/3310.html。

② 开颜：《中缅石油管道正式开工》，《石油工业技术监督》2010 年第 6 期。

③ 《中缅原油管道试运行，中东原油在印度洋上岸》，腾讯新闻网，2015 年 1 月 31 日，http://news.qq.com/a/20150131/006655.htm。

中缅油气管道项目石油管道在搁置了 2 年之后于 2017 年 3 月重启，4 月，运载 14 万吨原油的"联合动力号"油轮成功靠泊中缅原油管道的起点——缅甸皎漂的马德岛港，并开始卸油，标志着中缅原油管道工程正式拉开投运大幕。①

（二）争议问题

中缅油气管道是在缅甸军政府时期，缅甸与西方关系恶化、中缅关系紧密的背景下签订的项目，致使该项目从一开始就被蒙上了一层政治色彩，致使缅甸民众对其存在一定的偏见。其中引起争议的主要问题是田地与谷物赔偿问题、自然环境问题、社会影响问题、项目透明性问题、项目的主要管理权问题等。

第一，赔偿问题。当地很多农民的土地是通过传统的继承方式获得的，并没有在政府土地统计中备案，使得这部分土地的所有者没有获得相应的赔偿金。同时，原本一些已经承诺的赔偿金发放还不到位。

第二，环境和社会影响问题。除了土地赔偿，环境与社会的影响是当地人民最担心的一个问题。由于中缅油气管道的建设，不可避免地造成大量耕地和农田的损失。管道的建设不仅毁坏了森林，还破坏了野生动物的栖息地，包括自然水生物、珍贵的两栖动物，沿海地区珊瑚礁也遭到不同程度的破坏。在拆迁管道沿线的居民聚居区时，也不可避免地对当地居民的生活传统和宗教习俗带来冲击。

第三，透明性问题。透明度不足是缅甸民众质疑该项目的另一主要原因。他们要求政府和相关企业公开合同内容、管道安全制度、财政金融相关规则等，并要求尊重当地居民的知情权和参与权。

此外，部分民众质疑，把管道的所有权和经营权交给外国人会危害缅甸国家安全。

---

① 《中缅原油管道工程正式投运，首艘油轮开始卸油》，环球网，2017 年 4 月 11 日，http://mil.huanqiu.com/china/2017-04/10455276.html。

（三）经验教训

其一，加强企业社会责任。为了改善油气管道对当地的负面影响，中缅油气管道的投资公司重新修建了管道建设中破坏的村镇的基础设施，并新建了学校、诊所和电厂以改善当地居民的生活水平，企业社会责任得到很好的彰显。据统计，自中缅油气管道开始建设以来，中资企业累计投入2300多万美元在管道沿线开展社会经济援助178个，包括学校、医院、道路、桥梁、供水供电、通信等工程，并开展了50多项自然灾害捐赠。中国石油国际管道公司还计划，在2018年通过中缅油气管道向缅甸输送10亿立方米的天然气和200万吨的石油，来支持和帮助当地的工业发展和民生改善。

其二，积极公关，没有忽视反对者的质疑。中石油的公共关系部（Public Relation，PR）专门成立了中缅油气管道项目友好协会（Friendship Association for Myanmar-China Pipeline Project，FAMCPP）与当地居民进行了充分的沟通工作。即便中方不能对所有的疑问都提供令人满意问答，但至少跟当地人保持了一条畅通的沟通渠道。除了建立与当地群众的直接沟通外，中方的投资公司还与当地媒体保持了密切联系，改变了以前对公共质疑反应不及时而导致媒体单方面负面报道的情况发生。因此，中缅油气管道项目总体上为当地人所称赞。

二 密松电站项目

中缅密松水电站项目位于恩梅开江与迈立开江下游河交汇形成的伊洛瓦底江干流河段上，距云南腾冲县城227公里，距克钦邦首府密支那约30公里，是中国电力投资集团与缅甸第一电力部以及缅甸亚洲世界公司在缅甸钦邦合作开发的7个梯级电站中的第一座。该水电站项目规划装机容量600万千瓦，是缅甸境内规划装机容量最大的电站。

（一）项目进展

中缅密松水电站项目是典型的中缅两国政府之间的合作项目。早在

1952 年缅甸政府就提出开发密松大坝的计划。此后，缅甸政府通过与欧洲、日本、中国等多个国家的投资者进行协商谈判，预合作开发该项目。但是，因资金、电力市场不健全及西方制裁等问题，该项目最终未获得投资。2001 年，缅甸电力企业及缅甸农业与灌溉部制订了"伊洛瓦底江密松大坝多用途水利项目"。2003 年昆明水电勘测设计院对其进行了勘测，并提交了开发研究报告。2006 年 10 月，缅甸政府在第三届中国东盟投资峰会上邀请中国电力投资集团（简称中电投集团），拟通过利用中国的资金和技术投资开发缅甸的水电项目。同年 12 月，缅甸第一电力部与中国电力投资集团签订了相关的谅解备忘录，计划首期建设 600 万千瓦的密松水电站与 340 万千瓦的其培水电站。

2007 年由中国长江水利勘测设计院对该项目实施地质钻探、库区勘测、水电设计。2007 年 4 月，因当地严重缺乏电力，中电投集团为密松、其培电站建设施工供电的 9.9 万千瓦的小其培水电站开工建设，并于 2011 年 9 月建成。2009 年 6 月，中电投集团与缅甸电力部水电规划司签订了《伊江上游水电项目协议备忘录》，由中电投集团负责开发、运营、转交在密松上游的恩梅开江、迈立开江建设水电站。[①] 2009 年 12 月，密松水电站举行了盛大的前期工程开工庆典。2011 年 2 月，当时的缅甸总理吴登盛在视察该项目时，催促中电投要加快建设进度。2011 年 9 月，缅甸第一电力部部长吴佐敏在内比都举行的新闻发布会上就该项目对缅甸的意义和决策过程进行了说明，并对外界的一些质疑做了澄清，同时表示缅甸政府将按照中缅之间的协议，继续推进该电站的建设。[②]

2011 年 9 月 30 日，缅甸人民院议长吴瑞曼代表总统吴登盛宣布，在吴登盛的总统任期内，缅甸政府将搁置密松水电站项目。2014 年 3 月 25 日，以吴迪哈为首的一行 41 人自仰光开始徒步游行至密支那，要求永久停建密松电站，并要求签署保证书。[③] 2016 年 8 月，缅甸国务资政杜昂山素季与中国国家主席习近平及国务院总理李克强会见时，针对该项目，共同

发表了具有建设性的意见，明确强调了中缅双方要妥善推进密松水电站等项目的合作。[①] 2017 年 4 月，缅甸民盟总统吴廷觉访华时，中缅两国领导人谈及了密松水电站项目。中方表示，希望两国在该项目方面能积极互动，朝着有利于双边关系发展，实现双方互利共赢的方向来探讨一个妥善的解决方案。[②] 但是，从各方面资料来看，该项目能否重新启动还面临重重困难。

（二）存在问题

第一，缅甸内政问题。密松项目位于缅北克钦邦境内，虽然项目已经得到了缅甸中央政府的批准，但当地克钦邦独立组织对项目所在地区的影响力非常大。项目被搁置的背景之一就是 2011 年缅甸政府军与克钦独立军发生激烈的武装冲突。据克钦记者协会主席吴赛亭林接受澎湃新闻采访时称，具有地方民族主义思想的克钦族，一直希望独立。但是，如果密松水电站建设成功的话，密松库区水面将会抬升并有可能淹没相当于 300 多平方公里的土地面积。这样一来，克钦独立军的一部分辖区会被淹没，进而会压缩克钦与缅政府对抗的战略空间。另外，吴赛亭林还表示，建设大坝引发的风险将有可能对克钦地区民众的生命财产造成巨大损失。事实上，克钦族居住在高山地区，真正可能会受影响的掸族人民并没有提出反对意见。

第二，缅甸民众对项目造成环境与社会影响的担忧。伊洛瓦底江在缅甸人民心中有着崇高的地位，是缅甸整个民族的一条生命线，缅甸人民把它看成自己国家的母亲河。很多缅甸人担心在伊洛瓦底江上游建设大坝，会对下游地区带来很多不利影响。如果伊洛瓦底江的生态被破坏将会对整个流域内造成巨大灾难。国外的一些媒体也借此大肆渲染密松水电站对环境的破坏，并指责中国投资者的不负责任。虽然中方已经在环保方面做出了巨大努力，但是由于中国长期在缅甸从事资源开采工作确实对当地的环

---

① 《密松水电站问题始末，有望重启吗？》，凤凰财经网，2016 年 8 月 20 日，http：//paper. wenweipo. com/2017/04/11/CH1704110027. htm。

② 《密松水电站项目达共识》，《香港文汇报》2017 年 4 月 11 日，http：//paper. wenweipo. com/2017/04/11/CH1704110027. htm。

境产生了一定的冲击以及中国国内环境危机频发，缅甸人民对中国投资者在环保方面的承诺依然缺乏信心。

第三，缅甸国内外有些媒体和 NGO 组织不切实际的负面渲染。作为缅甸普通民众来说，他们显然并未能获得有关该项目的更真实、全面的信息，特别是对中国投资方履行社会责任、对当地社会的贡献等了解不够。部分非政府组织因对政府缺乏信任，又受西方媒体影响，以讹传讹，极少传递有关中国投资的正面信息，最终造成缅甸普通民众的不理解、不支持，使得项目推进难以进行。

第四，欧美等国借机炒作和宣扬"中国是资源掠夺者"言论。2010 年2 月，设在英国的缅甸克钦民族组织（Kachin National Organization）在英、日、澳、美等地的缅甸大使馆抗议兴建密松水电站。[①] 2011 年，英国《卫报》曾报道一份已解密的由美国驻缅大使馆发出的电报写道："克钦当地的 NGO 农村重建运动组织 RRMO（The Rural Reconstruction Movement Organization），在 2009 年 10 月举行了两次反对密松大坝的祷告会，在RRMO 的支持下，当地 50 个牧师收集了 4100 个反对密松项目者的签名。"[②]另外，缅甸政府宣布搁置密松水电站项目之后，美国国务院发言人纽兰说，欢迎缅甸政府暂停密松电站建设的决定。一些在美国的持不同政见者的缅甸非政府组织——美国缅甸运动（U. S. Campaign for Burma）更是狂热地宣称这是一场伟大的胜利。维基解密材料也证明了美国政府支持非政府组织在缅甸国内实施反对密松电站的行动计划。

第五，项目成为缅甸国内政治权力角逐的工具。2011 年 3 月缅甸民选政府上台执政，为了赢得民意支持，搁置了颇受缅甸民众争议的密松水电站项目，并表示在其民选政府任期内，该项目将不会重启。同时，该项目被搁置也成为缅甸民选政府与杜昂山素季和谈的政治资本。2015 年该项目又成为民盟政府赢得大选、赢得民意频频造势的一种政治资源。例如，2014 年 1 月，杜昂山素季在回答民众询问时说道："是前军人政权同意发

---

① 《密松水电站搁置四年，揭秘究竟谁在反对这个项目》，澎湃国际，2015 年 11 月 8 日，http://www.thepaper.cn/newsDetail_forward_1394261。

② 《密松水电站搁置四年，揭秘究竟谁在反对这个项目》，澎湃国际，2015 年 11 月 8 日，http://www.thepaper.cn/newsDetail_forward_1394261。

起密松项目，吴登盛总统也是前军人政权中的一员，他运用国家领导人的权力将项目暂停五年，因此这个问题只能去问总统，比如：他们是怎么同意这个项目的？怎样才能重启？中电投重启项目后会发生什么？"①

（三）经验教训

在密松项目上，中方企业一直是按照技术规范和环保领域的高标准来要求自己。中电投集团表示，公司是在基于中国的标准上又引用了世界银行的标准，故公司的标准是完全没有问题的。在移民方面，公司也是参照世行所有移民人数，在前期就对原住民进行逐户调查，充分了解了当地居民的生活需求和愿望。可以说，中方在社会责任方面包括安置移民、环境保护、基础设施建设等方面做得很到位。然而，问题并不是出在标准上，而主要是没有及时回应社会的质疑。同时，中国国有企业对公共危机应对方面的经验不足是造成密松项目搁浅的一个重要原因。由于语言、风俗习惯的不同，中国投资方缺少对当地文化和民意走向的了解。另外，由于该项目是中缅两国政府之间的合作项目，所以在出现问题时，中国企业过分依赖国家政府出面去处理或者协调，企业缺乏独立性、自主性和风险分担意识。缅甸自然环境保护专家协会执行董事吴温妙杜（Eco dev）就认为，中国企业在国外投资过程中存在"公共外交"方面的漏洞和缺陷造成密松项目被搁置。因此，保持项目的透明性、快速的公共危机反应以及正确的舆论导向是中国企业今后在对外投资过程中需要注意的事项。如今缅甸的社会是一个开放的社会，消除猜忌最有效的方法就是保持信息的公开透明与顺畅沟通。

三　莱比塘铜矿项目

莱比塘铜矿项目位于缅甸西北实皆省南部蒙育瓦镇，距离缅甸第二大城市曼德勒 120 公里。该项目是中国北方公司下属的万宝矿业公司与缅甸联邦经济控股公司的合资项目，设计单位为中国瑞林工程技术有限公司

---

① 尹鸿伟：《密松水坝复工之难》，《凤凰周刊》2014 年第 6 期。

（原南昌冶金有色设计院）。该项目分为基建期和生产期两个阶段，其中基建期 17 个月，主要工程包括约 2000 万方剥离量和 6.6 公里的道路建设，合同额约 6000 万美元；生产期总服务年限约 32 年，年采剥总量约 2760 万立方米，合同额约 8000 万美元/年。[①] 莱比塘铜矿是中缅矿业合作的一大项目，同样受到了当地人民的反对，项目虽然没有像密松电站招致缅甸全国性的抗议，但也应是值得中国企业深思和借鉴的一个案例。

（一）项目进展

莱比塘铜矿项目原本由加拿大艾芬豪矿业公司经营，但因西方对缅甸的持续经济制裁，艾芬豪矿业公司最终决定退出。2010 年 6 月，中缅两国正式签署《中缅莱比塘铜矿项目产品分成合同》。2011 年 7 月，中国水电顺利中标承建该项目，并由水电十局有限公司作为牵头方与水电三局有限公司组成联营体，具体实施该项目的前期基建及 10 年生产期的采剥工作。[②] 2012 年 3 月，该项目举行奠基仪式，标志着莱比塘铜矿项目的建设工作全面启动。

2012 年 6 月，该项目经过两个多月的建设后因当地民众的抗议而全面停工。2012 年 9 月，该项目在停工 3 个月后又全面复工。2012 年 11 月，当地居民再次针对该项目举行大规模抗议。2012 年 12 月，缅甸总统吴登盛任命以杜昂山素季为领导的议会独立调查委员会，对抗议活动及其相关社会和环境问题进行全面调查，并对中缅合资铜矿扩建计划是否应该继续执行提出建议。[③] 2013 年 3 月，项目调查委员会向总统提交了最终调查报告。报告认为，综合考虑经济、社会、环保、国际关系等因素，该项目应该继续实施，但需要采取建议的改进措施。[④] 2014 年，中国投资公司继续

---

① 《中国电建集团承建的缅甸莱比塘铜矿项目开工》，国务院国有资产监督管理委员会，2012 年 3 月 26 日，http://www.sasac.gov.cn/n1180/n1226/n2410/n314289/14366716.html。
② 《缅调查报告指出莱比塘铜矿项目"得"与"失"》，凤凰资讯网，2013 年 3 月 13 日，http://news.ifeng.com/gundong/detail_2013_03/13/23064567_0.shtml。
③ 昂山素季：《中缅铜矿项目早已签署 如果取消必须索赔》，《人民日报》2012 年 12 月 4 日，http://news.china.com/international/1000/20121204/17562573_1.html。
④ 《缅甸调查报告认为中资铜矿项目应继续实施》，环球国际新闻网，2013 年 3 月 12 日，http://world.huanqiu.com/regions/2013-03/3726520.html。

为 5 个村庄修路、9 个村庄通电、6 个村庄通水，受益村民人数超过 1 万人。[①] 2014 年 12 月，该项目施工现场又遭到村民的围攻与阻挠。随后缅甸莱比塘计划落实委员会经过仔细核查，于 2015 年 1 月 5 日发表公报，着重指出该项目既是缅甸国家重点项目之一，也是缅中经济合作的重点项目之一，对于缅甸国家经济利益、当地经济利益以及下一代民众的经济利益都有着深远而切实的意义。同月该项目全面复工。2016 年 5 月，项目正式进入商业化运营开采阶段。截至 2017 年 2 月，该项目已为缅甸创造了约 2000 万美元的收入。

莱比塘铜矿项目从 2012 年 3 月动工开建以来，可谓波折不断，被迫出现多次停工—复工—再停工—再复工的循环往复，自始至终面临着项目无法持续推进的困境。被迫停工的第一个时间节点是 2012 年 11 月 18 日，数百名当地农民、僧侣和维权人士进入莱比塘铜矿作业区抗议，在工地附近搭建了 6 个临时营地，投诉铜矿拆迁补偿不公、污染环境等，抗议者还占领了万宝公司在铜矿附近的营地，铜矿的建设工作被迫全部中断。第二个时间节点是 2014 年 12 月 22 日，项目进行围挡建设时，受少数激进分子的鼓动，约 100 多个村民围攻、阻挠施工的中方人员和执行警卫工作的警察，场面几度失控，并造成一名村民死亡、20 多人受伤的悲剧。虽然该项目于 2016 年 5 月正式商业化运营且取得了骄人的成绩，但是针对该项目小规模的示威游行还是时有发生。

（二）争议问题

莱比塘铜矿项目覆盖面积 7000 多英亩，建设用地上共有 4 个村庄 442 户村民，还涉及约 13 个村庄的耕地，项目对当地人民的生活影响深远。从该项目受到的一系列冲击来看，大致存在以下几个方面的问题。第一，莱比塘铜矿是缅甸前军政府留下的一个工程，当时没有征求群众的意愿和参与，合同系中国万宝矿业公司与缅甸前政府签署，缅方合作伙伴又是军方企业，项目存在补偿标准不透明，企业和民众信息不对称等问题。第二，

---

① 《莱比塘铜矿短时间内为缅甸创造大收益》，缅华网，2017 年 2 月 21 日，http：//www. mhwmm. com/Ch/NewsView. asp？ID＝21412。

项目本身属于资源采掘业，涉及大量金属冶炼程序，还需搬迁村庄、征用土地，牵涉的利益广泛。第三，当地人的抗议主要针对莱比塘铜矿破坏耕地、污染水源、亵渎佛教寺院等对社会与文化的不良影响。

（三）经验教训

虽然中国投资方万宝矿业有限公司在该项目初期就特别重视社会责任的履行，该项目也是中国在缅项目中为数不多的几个能够做得如此周全的一个项目。但是，为什么会出现这种"做了反而更有问题"的情况呢？这与中国企业在海外其他投资项目所遇到的困境一样，缺乏公开性和透明度，不注重与当地民众的沟通、不注重宣传等。

2013年3月22日调查委员会提交的调查报告的最终结论这样写道："莱比塘铜矿项目出现问题的根本原因是缺乏透明度。"项目实施者、当地村民、附近地区民众、地方政府各级机构之间信息沟通不足，相互交流太少；当地村民们没有拿到合适的土地赔偿金，也没有得到合适的就业机会，村民由此产生不满，开始进行示威活动。在土地征收时，相关部门工作人员没有透彻地解释，村民以为这只是对农作物的赔偿。在赔偿时，一些工作人员没能友好地与村民打交道，导致问题严重化。同时，该地区外部的多个组织介入，示威活动升级。①

该项目建设中，中方投资公司"只做不说"或"多做少说"，没有将中国企业的社会责任意识和切切实实在做的事情通过媒体等有利于宣传的工具进行及时、有效的宣传。事实上，莱比塘铜矿项目在处理赔偿和环境问题方面均做得很到位。例如，在征地补偿方面，莱比塘铜矿项目所在的区域自2001年便被缅甸政府划为国家矿业用地，已非村民私有地，且搬迁、用地的赔偿标准，均由缅甸各级政府、经控、当地民众共同议定。针对这种情况，万宝矿业公司还是按最高标准，即每英亩1500缅币土地税的20倍支付土地赔偿金，除此之外，还包括房屋补偿费、青苗赔偿费等。在处理污染和环保方面，万宝矿业公司为防治环境风险，在该项目堆浸池铺

---

① 《缅甸联邦共和国调查委员会最终调查报告》，缅华网，2013年3月23日，http：//www.mhwmm.com/Ch/NewsView.asp？ID＝8646。

设了 HDPE 防渗膜厚度达 1.5 毫米，远超普通标准。如遇特大暴雨后，堆浸池溢出铜溶液，有暴雨池专门收集。若临近的清敦江涨水，则有高 3.5 米长 7500 米的防水墙将其挡住。整个铜矿的工业废水都会纳入自身的循环利用系统，往外排放量为零。经处理之后的净水及矿区地下水，都将接受高频抽检。① 但是，由于宣传缺位，缅甸民众不知情，认为在项目实施过程中仍存在强拆、水资源污染、环境文化破坏以及征地补偿低于市场价格等问题，并以此为由抗议该项目。

此外，项目成为缅甸反对派利用的工具。2011 年 3 月民选政府上台后，开启民主化进程，开始大刀阔斧的政治和经济改革，缅甸民众长期以来的政治压迫获得了最好的发泄时机。缅甸国内反对派则利用民众这一心理来攻击军方和政府，莱比塘铜矿项目由此遭受抗议和示威游行也就不难理解了。缅甸恒泽集团副董事长、缅甸援助商业联盟（MBCA）主席马丁·潘曾指出，针对中国投资铜矿项目的抗议事件与经济无关，是一个纯粹的政治事件，仅是缅甸反对派用于攻击军方和政府的一个工具而已。

四 皎漂深水港与工业园区项目

皎漂深水港和工业园区项目是继中缅油气管道项目后又一惠及中缅人民的重大项目。2015 年 12 月 30 日，经内阁和议会审批，缅甸政府正式宣布中信联合体中标皎漂深水港和工业园项目。2017 年 4 月 10 日，中国国家主席习近平在人民大会堂同缅甸总统吴廷觉举行会谈，提出要推动以皎漂深水港为依托的缅甸皎漂特别经济区等重点合作项目早日实施。随后，在两国元首的共同见证下，中信集团董事长常振明与缅甸皎漂特别经济区管理委员会主席吴梭温签署了关于皎漂特别经济区深水港和工业园项目开发实施的换文。目前，该项目仍然在积极稳妥地推进的过程中。

（一）项目进展

西邻印度洋的皎漂港位于缅甸若开邦的皎漂县，拥有通向缅甸全国的

---

① 《民主转型伤及中国投资 缅甸中资铜矿争议真相调查》，环球网，2012 年 11 月 29 日，http://opinion.huanqiu.com/1152/2012-11/3324893.html。

公路、民用航空和民用船码头，是近代 150 年前英殖民地的英国皇家海军军港。皎漂半岛西北端至东部航道是优良的天然避风避浪港，自然水深 24 米左右，可航行、停泊 25 万~30 万吨级远洋客货轮船。随着近几年缅甸经济社会的发展，大批大宗物资出口急剧增长，缅甸急需一个大型港口来满足国内经济发展的需要。因此，缅甸交通部门计划在皎漂附近的马德岛上建设 30 万吨深水码头，建成后皎漂港将是缅甸最大的远洋深水港。由于中缅油气管道项目的港口终端就建在皎漂港内的马德岛，该港的投工建设与中缅油气管道建设其实是一个一体化工程。

早在 2007 年，缅甸军政府就曾提出在全国建设包括皎漂港在内的 6 个经济特区，并授权国内最大的民营公司与云南联合外经股份有限公司协商皎漂的非能源开发。① 2013 年 1 月皎漂经济特区建设完成起草概念规划。2013 年 9 月缅甸新政府宣布即将开始建设皎漂经济特区。② 根据缅甸民选政府关于皎漂经济特区建设计划，皎漂经济特区将分为 3 个阶段建设，第一阶段是 2014 年至 2016 年；第二阶段是 2017 年至 2020 年；第三阶段是 2021 年至 2025 年。2014 年 9 月，缅甸组织特区顾问工作组对该项目有兴趣的开发咨询公司进行招标筛选。2015 年 12 月 30 日，缅甸皎漂特别经济区项目评标及授标委员会宣布，由中国中信集团与泰国正大、中国港湾、中国招商局集团、中国天津泰达、中国云南建工组成的跨国企业集团联合体中标皎漂特区的工业园和深水港项目。皎漂特区工业园项目占地约 1000 公顷，计划分三期建设，总工期预计 23 年，2016 年 2 月开始动工，规划入园产业主要包括纺织服装、建材加工、食品加工等劳动密集型产业及电子电器、制药、信息科技、研发等技术和资本密集型产业；深水港项目包含马德岛和延白岛两个港区，共 10 个泊位，计划分四期建设，总工期约 20 年。③

① 《皎漂》，缅甸在线，http://www.myanmarol.com/Content/7e14028f - 44ea - e511 - 9417 - 005056ba6da1。

② 《缅甸即将建设皎漂经济特区 吸纳雇佣当地民众轻工业企业》，搜狐资讯，2013 年 9 月 23 日，http://roll.sohu.com/20130923/n387055786.shtml。

③ 《中企中标缅甸皎漂经济特区项目》，中国青年网，2016 年 1 月 1 日，http://news.youth.cn/gj/201601/t20160101_ 7483681.htm。

（二）潜在问题

首先，皎漂深水港和工业区项目占地约1000公顷，这必将涉及征地补偿和环境保护问题。根据国际人权组织的报告，该项目的实施可能致使20000多名当地居民被迫迁离。如何安置以及补偿这些居民就成为摆在缅甸政府面前的棘手问题。

其次，皎漂深水港是中缅油气管道的起点，也是中国"一带一路"在东南亚的一个重要支点，对于中国减少对马六甲海峡的依赖、维护国家能源安全起到关键作用。同时，皎漂深水港建成后将超越仰光港成为缅甸最大的远洋深水港，并成为缅甸对外经济联系的咽喉。如今，中缅已就皎漂深水港的股权分配达成共识，中企在该项目中占70%的股权。中方对该项目的绝对控股权是否会引起缅甸民族主义者的反对还有待观察。

最后，皎漂的工程建设于2018年开始。随着工期的临近，该工程的环境评估工作依然没有完成，这可能使工程进展出现变数。

（三）经验启示

皎漂深水港和工业园项目的推进经验可以归结为运营模式的创新。该项目采用设计—建造—融资—运营—移交（DBFOT）的一体化运作方式，其中港口的设计与建造联合了中国港湾，运营移交部分联合了中国招商局集团；工业园区部分与天津泰达和具有地理优势及资源优势的中国云南建工进行合作，同时联合了在东南亚具有较强影响力和资源优势的泰国正大集团。与传统工程总承包（EPC）不同，该联合体模式整合了各类优势资源，有助于提升项目整体运作能力，降低项目的全生命周期成本，提高项目运营效率。

同时，联合体在皎漂深水港和工业园项目中充分借鉴日本投资缅甸迪洛瓦经济合作区的经验，运用PPP模式（即政府和社会资本合作模式），统筹整合各方资源，促进官民商共建园区，是我国企业成功运用PPP模式支持"一带一路"倡议的典范。中国中信集团积极响应"一带一路"倡议，与中国港湾、招商局集团、天津泰达、云南建工及泰国正大集团分别组成工业园和深水港两个项目的跨国企业集团联合体，由新加坡裕廊和普华永道公司担任咨询顾问，参与了两个项目的投标。联合体成员抱团出海，充分发挥各自资源优势，最大限度实现项目的协同效应。

PPP 模式鼓励设计、融资、建设、运营一体化，不仅是一种投融资手段，更是一次综合性的公共服务供给市场化社会化改革，具有综合性牵引作用。皎漂深水港和工业园项目将深水港和工业园区结合，提供综合解决方案，有效提升品牌和附加值，实现当地人文环境的可持续发展，契合 PPP 的核心理念。另外，中信联合体与缅方政府出资代表合资设立特殊目的公司（SPV），形成利益共同体、责任共同体、命运共同体，根据项目性质、盈利水平等因素确定入股比例，积极控制应对海外投资风险，为项目可持续发展提供政治及经济支持。目前，尽管项目遇到一些波折和非议，但总体上仍然有序向前推进。

五　缅北桑蚕基地项目

缅甸北部桑蚕基地建设是中国私营企业投资缅甸的一个成功案例。通过引进蚕桑产业，缅北山区的贫困人群不仅得以脱贫致富，同时在罂粟替代种植、环境保护等方面也发挥了巨大的效益，从大山深处走出了一条"新丝绸之路"。

（一）项目进展

德宏正信实业股份有限公司是农工贸科一体化的大型企业集团公司，以丝绸为主要产业。为了响应国家"一带一路"和"走出去"战略，公司结合缅北的实际情况在当地大力投资建设桑蚕养殖基地。项目采取了"公司+基地+农户"的发展模式，即公司出资建设育苗、育种基地，基地负责发动农户种桑养蚕，提供技术服务，回购蚕茧；农户负责饲养大蚕，收获蚕茧。通过这种方式，农户可以最大限度地避免小蚕饲养中的风险，保证成功率。同时，通过工厂化、连续化养蚕，农户一年可以多批次养蚕，投入小、见效快。据公司负责人介绍，该项目已在阎丘、胶脉、班翁、腊戌等地建设了 16 个基地，合作农户逾千户，有效带动了当地农民脱贫，种桑较多的农户一年收入逾 600 万缅元，远超过原先种植甘蔗、水稻等其他农作物的收入。

（二）存在问题

因为语言、文化、社会组织模式等方面的差异，中国人在缅甸种桑养蚕从未有过成功的案例，甚至连一些发达国家的企业，也在这里吃了败仗而打道回府。由于基础设施的严重匮乏，公司最早的基地连牛棚都没有，员工们睡在路上和拖拉机上。基地没有电，就只能用小发动机发电，因为电压不稳，只能提供照明。此外，由于当地民众遭受过种植橡胶、木薯、咖啡等失败的伤害，经历过付出与所得不成正比、还破坏环境的遭遇。对于种桑养蚕，当地农户们没试过，也不敢尝试。加之公司技术人员与当地农户的语言障碍，项目最初推进缓慢。

（三）经验启示

为了赢得农户的信任，公司以赊销的方式先把桑苗、养蚕用的化肥和用具提供给他们。对于一些不够肥沃的土地，通过覆盖鸡粪，土壤的肥力也逐渐改善。一开始做一天发一天工资，信任建立起来之后，半个月一发，最后是一个月一发了，做得多的还能涨工资。为方便沟通，项目组的中方人员都在学习缅语，并培训缅方的技术骨干让其将养殖技术教授给当地农户。经过不懈的努力，德宏正信在缅甸的桑树已遍布 357 个自然村、惠及当地农民 2.39 万人，为当地的经济发展做出了突出贡献。

由此可见，中国企业对缅投资并不一定要集中于资源开发型项目，与民生相关的领域企业也可以发挥一技之长。此外，中国的小型私营企业在对外投资中更具有灵活性。中国企业在走出去的过程中应该把利润和社会责任结合起来。在如今缅甸这个开放和民主化的社会里，中资企业要生存壮大已经不能再以利润马首是瞻，社会的认可才是生存的关键。冰冻三尺非一日之寒。每一个在外投资的企业都代表了中国投资者的形象，以人为本应该是每个中国特色社会主义企业的行为准则。

第三节 投资建议

一 准确把握投资信息

1. 充分了解缅甸政府各部门的职能

缅甸总统为国家领导及政府首脑，政府设有国家投资委员会，有关国内外的投资项目须由主管部门投资委员会审批并报经内阁会议批准。政府管理机构共设 21 个部，其中经济主管部门主要有：计划与财政部、商务部、农业畜牧与灌溉部、电力与能源部、自然资源与环境保护部、工业部、建设部、交通与通信部等。国家计划与财政部为缅甸原国家计划与经济发展部、财政部合并组成，下设中央监察局、中央统计局、对外经济关系局、投资与公司管理局、国家档案局、计划局和项目发展评估工作局等。商务部负责制定和颁布关于进出口贸易的相关法令法规，批准颁发进出口营业执照以及进出口许可证，管理协调国内外展会，对进出口贸易活动进行统一管理。缅甸投资委员会负责外商投资企业的审批工作，并将有关项目上报内阁进行审批。投资项目经缅甸内阁批准后，缅甸投资委员会负责向投资者颁发"投资许可证"。

2. 准确理解缅甸政策法规

缅甸民选政府上台之后，不断修改和完善法律法规体系，陆续出台相关的经济政策和法律法规，缅甸国内政策法规变动多、变化快。中国企业一定要及时了解和掌握缅甸相关政策和法律法规的准确内涵、管理机构、执行程序等，尤其应密切跟踪缅甸最新出台的《公司法》《经济特区法》《投资法》《环境保护法》，以及行业规划的制定情况。中国企业可与驻缅使领馆、经济商务参赞处、驻缅媒体单位以及相关科研机构等加强沟通与合作，多方了解和收集相关信息，准确把握缅甸政策导向。

3. 重点关注鼓励投资领域

中国投资企业在仔细分析缅甸经济形势和政策导向的基础上，将投资尽量向缅甸政府鼓励的行业倾斜，以规避政策风险。根据缅甸新的投资法，农业及其相关服务和农产品生产、畜牧业与渔业、出口促进行业、进口替代行业、电力、物流、教育、医疗、经济适用房建设、工业地产等是缅甸吸引外资的重点，中国企业可在这些领域开展对缅投资合作。缅甸经济以农业为基础，缅甸尤其欢迎其他国家能加大与农业相关的民生领域的投资，中国未来对缅甸农业的投资有相当潜力。制造业在缅甸经济中占比重只有20%，比例低于其他东盟国家。中国可把握机会，给予缅甸制造业大力支持与投入。结合民盟政府的经济发展规划文件来看，中国企业可重点关注的制造业领域有制衣业、制鞋业、玩具组装、日用品生产、农产品加工等更有利于解决缅甸就业问题的领域。

4. 理性选择投资区域

缅甸国内政治态势并不平稳，缅北民地武问题、民族宗教问题都比较突出。这就要求中国在缅企业必须及时、有效地了解缅甸国内的最新动态，理性地选择缅甸比较稳定和安全的地区进行投资。就缅甸国内各地区政治最新动态而言，缅族聚居地区，投资面临的风险因素较单一，风险程度较小，最适合中国企业投资；克钦邦、掸邦、克伦邦、若开邦、孟邦等边境地区和少数民族地区面临的风险因素较复杂，风险程度也较高，尤其是克钦邦、若开邦至今战乱纷争不止，不利于中国企业投资。

二 规范投资行为

1. 优化与当地政府的关系

中国在缅投资企业应做到在缅法律和商业限制范围内进行操作，做到招投标程序公开透明，切实重视对外投资的自律管理和合规管理，主动提升与缅甸当地政府关系的透明度，积极优化与当地政府的关系。

2. 加强与当地社会的沟通

过去中国在缅投资行为，几乎清一色的都是中国政府与缅甸中央政府或地方政府之间进行谈判、签订协议等，使得中国在缅投资企业从项目落户、建设等主要是和缅甸的各级政府接触，而缅甸民众并不知情。随着缅甸政治经济转型的推进，企业除了需要继续和政府接触外，还要更加重视与普通民众以及社会团体的接触。积极建立利益相关方协商制度，主动与缅甸民间组织以及国际组织展开互动和沟通。建立正式的申诉渠道，通过主动的具有建设性的对话来化解民众的不满情绪，让民众及相关方可以向企业反映问题，以应对由不满引发的各种问题。

3. 提高决策的透明度

扩大缅甸民众的参与度、知情权，提高决策的透明度。企业可以通过公布公司年报、会议纪要等方式提高透明度。在做决策的时候给当地民众一定的决定权，对直接或者间接涉及民众日常生活、社会秩序以及环境影响的事情一定要尊重当地民众的看法，考虑他们的需求，让他们拥有一定的发言权和决定权。这样不仅能消除当地民众是项目的被动接受者的感受，也会促使项目更符合当地民众的利益并得到他们的认同。

4. 强化环保意识

中国在缅投资的一些重大项目，被缅方指责为企业缺乏环保意识、污染当地环境、破坏当地生态。针对这些指责，虽然存在"欲加之罪何患无辞"的情况，但是在部分项目中这些问题确实存在。中国企业要正视在缅投资合作中存在的问题，认真反思投资过程中存在的不足。项目开始之前一定要做好环境影响评估和社会影响评估，且向缅甸民众公开评估报告。事实证明项目开始之前做出环境影响评估和社会影响评估，并按照评估成果改进项目计划的投资平均回报率，要比那些没有进行环境评价与社会评价的投资回报率高。同时，在项目环境评估与社会评估等方面应多听取缅甸本土专家的意见，以最大限度地避免因环境问题可能引发的各种问题。

5. 提高项目的本土化程度

以往的中国在缅投资企业，以追逐经济利益为目标，没有合理地处理投资项目与缅甸当地企业、当地民众之间的利益关系，造成缅甸民众认为"利益分配"不公，从而引发种种矛盾。中国企业今后在缅投资时，可采取与缅甸当地企业合资的形式，这样不仅能在很大程度降低中国企业的投资风险，缓和投资可能引起的摩擦，还可利用本地企业熟悉缅甸情况的优势，更融入当地的投资环境。项目实施过程中使用的原材料也应适当增加当地采购比例，以促进和带动缅甸相关行业的发展，并使这些行业与企业利益联系在一起。同时，还可通过雇用当地百姓做基层工人、招聘当地人进入管理层，用当地人管理当地人，以减少交流中因文化、宗教信仰不同而产生不必要的麻烦。

6. 关注民生问题

缅甸自民主化开启以来，民生问题就成为当政者老生常谈的一个话题。中国在缅企业应该懂得迎其所好，多关注缅甸的社会民生问题。这样一来既可以与执政者保持良好的关系，也可以得到缅甸普通民众的支持。可在财力允许的情况下适当回馈当地社会，承担一定的教育和医疗等公益事业，促进当地农村和边远地区道路、桥梁、通信等基础设施的改善，以赢得更多缅甸民众的理解和支持。

7. 加强公共关系

要适当扩大宣传力度，充分运用当地媒体、NGO 及其他社会资源，促进公共关系的发展。可以联系一批缅甸主流媒体、西方媒体及较有影响的NGO，与其建立良好的工作联系，及时提供反映项目基本情况、当地民众关注的主要事项及企业在项目开展中积极履行社会责任、为当地社会及民众带来实惠的新闻素材，争取通过缅甸媒体和西方媒体及 NGO 传递到更广泛的人群中。通过影响缅甸社会舆论，为项目顺利推进营造良好氛围。同时，充分发挥 NGO 的民间身份、方式灵活、专业性强和直接面对普通民众的特点，运用我国 NGO 积极开展社会影响大、辐射广的惠及民生的公益活动，为我国投资缅甸打造民意基础。

三 树立危机意识

1. 建立企业内部风险管控网络

由于缅甸政治和安全等问题比较突出，中国在缅企业必须要有危机意识，特别是对若开民族宗教冲突及缅北局势，要时刻保持敏感性，切实加强风险防控能力。企业管理层或其聘请的专业服务团队，须全面深入地了解缅甸国内的政治、经济、外交形势及相关法律法规，及时掌握缅甸国内外形势。同时，企业须建立对缅投资风险预警机制，并健全投资风险管理组织，形成完备的对缅投资风险防控网络。风险管理宜采取"直线管理、集中领导"的模式，这种类型的组织形式的责任与权限相对集中，上下级之间实行单一的垂直领导，有利于保证风险管理计划、命令的传递执行能够迅速彻底，从而有效应对在缅企业的投资与经营风险。

2. 严谨评估各类风险

中国投资企业对即将进行的投资项目须进行全面、客观的风险评估。企业可跟踪分析从各类不同渠道获得的材料，了解缅甸各类风险的变化情况并预测其风险等级。涉及重大项目时，尽量采取多元融资方式，选择对缅甸具有较强影响力的国际或当地公司合作，通过风险分担、利益均沾的模式，降低股份单一化而导致的风险集聚，尽量避免沦为其当下"民主化""民族化"的无谓牺牲品。此外，还要积极借助驻外使领馆的组织协调作用，积极利用外交资源，在项目谈判和商业运营中争取获得双边政府的支持与关注，从而有效避免和减轻因政治、经济和安全风险给在缅企业造成的损失。

3. 警惕投资陷阱

第一，要警惕项目陷阱。中国企业可通过中国或缅甸政府部门查询项目是否存在和实施的可行性。如需要在当地选择合作伙伴共同投资，则要确定合作伙伴的可靠性。优先考虑熟悉的相关行业，尽量不要进入自己不熟悉的行业。确定投资项目后，投资方应该对当地的市场、经营、法律等投资的必要条件进行调查研究，不要盲目进入，避免出现不能及时收回投资成本的情况。第二，警惕技术和人才陷阱。在境外投资遇到的问题和困难会比在国内投资多。很多中国企业在缅甸进行制造业、矿业、建筑业、电力等方面的投资。这些领域投资的共同点就是具有较高的技术含量，部分仪器设备可能会在当地购买，并且会在当地雇用部分技术人员和劳动力。对当地技术人员、专家或顾问不能盲从，对于他们所做的判断要验证。第三，谨慎挑选翻译人员。由于语言不通，大量的沟通工作是由翻译作为中介来完成的。为避免损失，对进入新行业的投资者而言，应谨慎挑选翻译人员，判断翻译人员是否合适的标准是：一看其是否有相当的从业经验；二看其在该企业及行业内的口碑；三看其历史业绩；四看其个人秉性是否与本企业文化相融合。

4. 合同签订要谨慎

合同是双方利益和合作的书面保证。签订合同要格外严谨认真。签订一份高质量的合同，需要注意合同的基本条款，尤其要重视交易的内容、履行方式和期限、违约责任要约定清楚；查阅我国与缅甸对该交易有无特别规定，目的在于确定双方的权利义务是否合法有效；向律师事务所、公司法律顾问咨询相关业务的实际开展情况，了解业务发生纠纷的概率和纠纷的起因、种类，以便在订立合同时尽可能避免同样缺憾再次发生；可能的话，通过行政机关的公证、律师见证和公证，通过相关机构的中介作用，使合同的内容尽可能完备。

5. 当心外汇风险

民盟执政以来，缅币仍然处于贬值通道。美元兑缅币汇率从 2016/2017 财年初的 1 美元兑换 1216 缅元升至财年末的 1 美元兑换 1326 缅元，缅币一年贬值 14%，在该财年缅币汇率甚至达到 1 美元兑换 1444 缅元的新纪录。同时，2016/2017 财年高达 52.94 亿美元的贸易赤字和 32.88 亿美元的财政赤字对本已脆弱的汇率造成贬值压力。缅甸尚未完全解除外汇管制，但随着对外开放力度的加大，外汇汇进汇出与前几年相比自由度增加，外国企业可通过大华银行将美元汇进缅甸，中国工商银行也可协助企业与缅甸外贸银行协商，将投资资本金汇入。但是，缅甸新的投资法规定在发生严重收支失衡和外部金融困境时，依据《外汇管理法》和其他国际规范，政府可以采取或维持与投资有关的对境外付款和划转限制。因此，中国企业在投资时应密切关注缅甸的汇率状况，避免造成不必要的损失。

四　谨慎选择合作伙伴

在缅甸投资经常需要与当地公司合作经营。选择一家可信度高，实力较强的公司非常重要。建议中国企业可以从以下方面考察缅甸当地的合作伙伴。

第一，是否合法注册。对合作伙伴代表的企业公司是否在缅甸合法注册进行了解，必要时可通过我驻外机构调查，要谨防皮包公司或个人进行诈骗。只要是合法注册的公司，其办公地点都比较固定，有的还印有精致的公司宣传册、银行账号、联系电话等，可以通过这些方面进行识别。第二，是否能出具资信证明。一般有一定实力的公司企业，都可以通过专业银行开出资格证明。第三，合作意向是否明确。可以从合作伙伴对合作项目的熟悉程度、经济收益分析的可靠数据、是否具备令人可信的资料和有关证明、合作方案是否合理等方面判断其合作意向是否明确。如果反复变化合作意向的公司企业，在打交道时就应引起警觉。第四，是否具备签订合同协议的条件和诚意。应在与合作伙伴签订正式合同协议之前，对合作伙伴是否具备履行合同的条件和能力等进行考察和了解。第五，其他方面。在缅甸的大规模企业，一般拥有比较广泛的社会网络，与军方上层人物及地方帮派势力关系较好，考虑合作应该首先选择缅甸规模较大的企业。

五　尊重和保护当地习俗

对于中国投资者而言，充分了解缅甸当地社会风俗，有助于更好地融入当地社会，有利于赢得当地社会和民众的认同感。第一，要尊重当地社会习俗。缅甸人一般不说谎，也不全说实话；不大喊大叫，也不易怒；坐时腿不交叉，更不冲他人；来客人先喝茶，递茶用右手，喝茶也要用右手；和尚与军人的社会地位很高。第二，要注意相关禁忌。缅甸人一般避开星期二谈生意；星期天忌送礼物；忌在"安居期"结婚、宴请、迁居、娱乐、僧人亦不得外出；忌睡高床；吃饭时须按男右女左入座；进佛塔或寺庙，不论男女、高官或外国使节都必须脱鞋；座位一般不应高过和尚座位。

六　借鉴他国投资经验

鉴于中国在缅投资遭遇的各种问题，要求中国投资企业在寻找自身问题、改变自身做法、转变投资模式的同时，也应该积极地向其他国家对缅投资企业或国际社会上比较知名的对外投资企业学习，借鉴它们一些好的做法，提高中国在缅投资企业国际运营能力，提升企业国际化水平，改善企业在缅形象。

日本在缅投资的做法值得借鉴。日本通常以大量的政府发展援助为先导，注重交通、能源等"硬件"基础设施和医疗、教育等"软件"民生设施并举，并辅之以大量的 NGO 和媒体进行舆论宣传，为日本企业营造良好的舆论氛围；同时，在具体项目的操作上注重细节，使得日本企业的投资活动比较容易获得缅甸政府及民众的认可与支持。

法国道达尔公司在缅甸开展投资经营活动时，工作也做得十分细致到位。从公司名片和宣传册等的精心策划，到公司员工的言谈举止定位、进入社区时如何进行项目介绍、如何保持多方参与和咨询过程中的平衡等问题，公司都会进行相应的培训，并有专门的冲突管理指南提供指导。

附　录

一　中国的投资服务管理机构

1. 国家投资服务管理机构

具体职能部门	地址	电话
商务部办公厅	北京东长安街 2 号	010-65198318
商务部综合司	北京东长安街 2 号	010-65198403
商务部条法司	北京东长安街 2 号	010-65198723
商务部财务司	北京东长安街 2 号	010-65198616
商务部亚洲司	北京东长安街 2 号	010-65198862
商务部经贸关系司	北京东长安街 2 号	010-65197703
商务部对外贸易司	北京东长安街 2 号	010-65197435
商务部服务贸易司	北京东长安街 2 号	010-65197355
商务部外国投资管理司	北京东长安街 2 号	010-65197875
商务部对外投资和经济合作司	北京东长安街 2 号	010-65197163
商务部贸易救济调查局	北京东长安街 2 号	010-65198167
商务部外事司	北京东长安街 2 号	010-65198204
商务部投资促进事务局	北京东长安街 2 号	010-64515307
商务部国际经济合作事务局	北京市海淀区复兴路 17 号 国海广场 C 座 10-11 层	010-68108006
外交部	北京市朝阳区朝阳门南大街 2 号	010-65961114
公安部	北京市东长安街 14 号	010-66266833
教育部	北京市西城区西单大木仓胡同 37 号	010-66096114
海关总署	北京市东城区建国门内大街 6 号	010-65194114
工商行政管理总局	北京市西城区三里河东路 8 号	010-88650000
财政部	北京市西城区三里河南三巷 3 号	010-68551114
国家外汇管理局	北京市海淀区阜成路 18 号华融大厦	010-68401188

2. 云南省投资服务管理服务机构

政府部门	地址	电话	邮编
中共云南省委对外宣传办公室（云南省人民政府新闻办公室）	昆明市西山区广福路 8 号云南省委 2 号院	0871-64603502	650100
云南省委办公厅	昆明市西昌路 464 号	0871-64108731	650032
云南省人民政府办公厅	昆明市华山南路 78 号	0871-63619773	650021
国家外汇管理局云南省分局资本项目处	昆明市正义路 69 号金融大厦 15 楼	0871-63212721	650021
云南省发展和改革委员会	昆明市东风东路 84 号	0871-63113331	650041
云南省教育厅	昆明市学府路 2 号教育厅大楼	0871-65141098	650223
云南省公安厅	昆明市广福路 656 号	0871-63053110	650021
云南省工商局	昆明市西山区日新东路 376 号	0871-64568732	650000
云南省人民政府外事办公室	昆明市大观路 230 号	0871-64098099	650032
云南省人民政府侨务办公室	昆明市东风东路 154 号	0871-63323712	650041
云南省商务厅	昆明市北京路 175 号	0871-63173325	650011
国家税务总局云南省税务局	昆明市盘龙区白塔路 304 号	12366	650000
云南省地方税务局	昆明市人民中路 156 号	0871-12366	650031
中华人民共和国云南出入境检验检疫局	昆明市滇池路 429 号	0871-64645802	650228
云南省烟草专卖局（省烟草公司）	昆明市拓东路 263 号	12313	650011
昆明市公安局	昆明市北京路 411 号	0871-63017001	650011
德宏州出入境检验检疫局	芒市大街 103 号	0692-2131759	678400
玉溪外事办公室	玉溪市红塔路 31 号	0877-2022177	653100
红河州外事侨务办	蒙自市行政中心政府办公楼 B 区 2 楼	0873-3732102	661100
迪庆州外事办公室	香格里拉县长征路政府大院	0887-8288982	674400
西双版纳州外事口岸办公室	景洪市宣慰大道 69	0691-2122591	666100
勐海县外事口岸办公室	勐海县粮贸新区	0691-5122158	666200
普洱市外侨办公室	普洱市思茅区月光路 1 号	0879-2122030	665000
德宏州外事侨务办公室	潞西市芒市镇为民西路中段	0692-2121325	678400

续表

政府部门	地址	电话	邮编
昆明市工商局	昆明市滇池路 38 号	0871-64153456	650034
盘龙区工商局	昆明市桃园街 95 号	0871-65173210	650051
五华区工商局	昆明市滇缅大道 98	0871-65328411	650031
官渡区工商局	昆明市关上中路 308 号	0871-67173457	650200
西山区工商局	昆明市马街中路 105 号	0871-68109139	650100
普洱市工商局	南屏镇振兴大道 144 号	0879-2306615	665000
玉溪市对外经济贸易局	玉溪市人民路 2 号	0877-2024439	653100
红河州商务局	蒙自市天马路 67 号	0873-37322660	661100
西双版纳州商务局	景洪市勐混路 17 号	0691-2134049	666100
勐海县经济和商务局	勐海县勐海镇东纳路 73 号	0691-5122149	666200
普洱市商务局	普洱市振兴大道 28 号	0879-2120190	665000
德宏州商务局	芒市镇瑙纵歌路 2 号	0692-2121710	678400
怒江州商务局	泸水市穿城路 162 号	0886-3888772	673100
临沧市商务局	临沧市临翔区世纪路 350 号市政府大楼 2019 室	0883-2143128	677000
昆明公路管理总段	昆明市官渡区关上金汁路 779 号云路花园 9 楼	0871-67186948	650200
昆明市审计局	昆明市呈贡新区行政中心 8 号楼 4 层	0871-63128692	650500
昆明市文化广播电视体育局	昆明市呈贡新区行政中心 8 号楼 4 层	0871-65311101	650011
昆明市国税局大企业和国际税务管理处	昆明市西园路 346 号	0871-64122985	650000
昆明市侨务办公室	昆明市呈贡新区锦绣大街 1 号市级行政中心 3 号楼	0871-63124271	650500
昆明市中级人民法院	昆明市滇池路 485	0871-64096501	650238
国家外汇管理局云南省分局	昆明市正义路 69 号金融大厦 15 楼	0871-63636714	650021

3. 民间服务机构

部门	地址	电话
中国国际经济技术交流中心	北京市东城区安定门东大街 28 号雍和大厦 C 座 11 层	010-84000588
中国食品土畜进出口商会	北京市东城区广渠门内大街 80 号通正国际大厦 4 层	010-87109819
中国机电产品进出口商会	北京市朝阳区潘家园南里 12 号楼 9 层	010-58280808
中国五矿化工进出口商会	北京朝阳区朝外大街 22 号泛利大厦 17 层	010-65882808
中国国际投资促进会	北京市朝阳区呼家楼京广中心商务 4 楼（北京 8806 信箱）中国国际投资促进会	010-65978801
中国国际贸易促进会云南省分会	昆明市北京路 175 号外贸大楼 8 楼	0871-63130723
昆明市尚朋会计师事务所	昆明市五一路 221 号社会主义学院 701 室	0871-63624953
云南华昆会计事务所	昆明市东风西路 123 号三合商利 16 楼	0871-63623030
中和正信（云南）会计师事务所	昆明市人民中路 36 号如意大厦 9-10 楼	0871-63645939
昆明勤天会计师事务所	昆明市南屏街 4 号华域大厦 A 座 1801 号	0871-63164822
云南云元律师事务所	昆明市云瑞东路 22 号	0871-63610828
云南凌云律师事务所	云南省昆明市西山区前福路 229 号凌云大厦 17 楼	0871-64174077
云南照耀律师事务所	云南省昆明市白云路 548 号丹彤大厦 11 层	0871-65732611
云南经纬咨询服务有限公司	昆明市南屏街 88 号世纪广场 C2 栋 7 楼 E、F 座	0871-63632099

续表

部门	地址	电话
云南名仕因私出入境服务有限公司	云南省昆明市北京路广场金色年华B座B1903号	0871-65665653
昆明大家乐出入境交流有限公司	云南省昆明市东风东路延长线209号省经委综合楼4楼	0871-63331386

二　缅甸投资服务管理机构

部门	具体职能部门	电话
外国投资委员会	办公室	0095-01-272009，067-272855
计划与财政部	对外经济关系局 （Foreign Economic Relation Department）	
	投资与公司管理局 （Directorate of Investment and Company Administration）	01-658103
	策划局 （Planning Department）	067-407085
	国家档案局 （National Archives Department）	067-418386，01-370778
	中央统计局 （Central Statistical Organization）	067-406328，067-406325
	中央设备统计检验局 （Central Equipment Statistic & Inspection Department）	067-406076，067-406116
	项目评估与进度报告局 （Project Appraisal & Progress Reporting Department）	067-406224，067-406068，067-406340
	预算局 （Budget Department）	

部门	具体职能部门	电话
计划与财政部	出纳局 (Treasury Department)	067-410161，067-410162
	国内税务局 (Internal Revenue Department)	
	税务局 (Custom Department)	01-391435
	金融监管局 (Financial Regulatory Department)	067-410214，067-410254， 067-410150
	养老金局 (Pension Department)	067-3410418
	税务上诉法院 (Revenue Appellate Tribunal)	067-430171
	缅甸证券交易委员会 (Securities and Exchange Commission of Myanmar)	
种植、养殖 与水利部	计划局 (department of planning)	
	农业局 (department of agriculture)	
	农业土地管理和统计局 (department of agriculture land management and statistics)	
	灌溉和用水管理局 (irrigation and water utilization management department)	
	农机化局 (agricultural mechanization department)	
	农业研究局 (department of agricultural research)	

部门	具体职能部门	电话
种植、养殖与水利部	生产合作社 （cooperative department）	
	小型工业局 （small-scale industries department）	
	畜牧兽医局 （livestock breeding and veterinary department）	
	渔业局 （department of fisheries）	
	农村发展局 （department of rural development）	
工业部	部长办公室 （ministerial office）	067-405325
	工业合作局 （directorate of industrial collaboration）	067-405061
	工业监督检查局 （directorate of industrial supervision and inspection）	067-408378
	第一重工业 （No. 1 heavy industrial enterprise）	067-405059，067-405349
	第二重工业 （No. 2 heavy industrial enterprise）	067-408372，067-408361，
	第三重工业 （No. 3 heavy industrial enterprise）	067-408156，067-408364，067-408356
	缅甸医药工业企业 （myanmar pharmaceutical industrial enterprise）	067-408140，067-408142，067-408380

部门	具体职能部门	电话
电力与能源部	部长办公室	067-3410487，067-3410483
	电力规划局（DEPP）	
	石油和天然气规划局（OGPD）	
	电力运输与管理局（DPTSC）	
	水电执行局（DHPI）	
	发电公司（EPGE）	
	国家电网公司（ESE）	
	石油和天然气公司（MOGE）	
	石化公司（MPE）	
	石油供应公司（MPPE）	
	仰光电力供应公司（YESC）	
	曼德勒电力供应公司（MESC）	
商务部	部长办公室	067-3410487，067-3410483
	贸易局	
	贸易促进局	
	消费者事务局	
资源与环保部	部长办公室	067-405003，067-405074
	林业局	067-405477，067-405407
	热带地区绿化局	02-57032，02-57981
	环境保护局	067-431343，067-431493
	土地测量局	067-413576，067-413072
	缅甸林业公司	01-528833，01-528797
劳工、移民与人口事务部		067-406458
交通与通信部		
建设部		0949201878，098601906
边境事务部		
宗教与文化部		
酒店与旅游部		01-282013
工商总会	办公室	01-282208

三　中国驻缅甸公司、办事处机构

企业名称	主管单位	电话
中成集团公司	商务部	0095-1-548881
中基集团公司	商务部	0095-1-240094
中远公司	商务部	0095-1-245167，245168
中国路桥公司	交通部	0095-1-565086
中信公司	交通部	0095-1-548145
中航技术公司	航天部	0095-1-527480，511980
中港公司	交通部	0095-1-578548，544504
中国民航	民航局	0095-1-665187
中农工程公司	机械部	0095-1-211817
海贸公司	商务部	0095-1-540975
云南机械公司	云南省	0095-1-527720
云南机设公司	云南省	0095-1-221258
云南成套公司	云南省	0095-1-570708
云南化工公司	云南省	0095-1-524038
南亚仰光公司	云南省	0095-1-566668
强盛国际公司	云南省	0095-1-525617
云南国际公司	云南省	0095-1-244435
昆明国际公司	云南省	0095-1-511627
德光公司	云南省	0095-1-577139
一心公司	云南省	0095-1-510271
天成公司	云南省	0095-1-244028
云南五矿公司	云南省	0095-1-526803
昆明技术公司	云南省	0095-1-548640
宏福实业公司	云南省	0095-1-531255
云岭公司	云南省	0095-1-247676
德和公司	海南省	0095-1-577249

企业名称	主管单位	电话
云光公司	云南省	0095-1-527194
上海商厦	上海市	0095-1-565847
山东轻骑	山东省	0095-1-226625
山东潍柴	山东省	0095-1-228019
达玛环宇公司	山东省	0095-1-527145
山东物产公司	山东省	0095-1-510160
长春一汽	吉林省	0095-1-246626
东风二汽	湖北省	0095-1-244352
吉林国际公司	吉林省	0095-1-291567
珠光公司	广东省	0095-1-533199
燕山石蜡公司	北京市	0095-1-664144
北京水产	北京市	0095-1-641467
浙江科仪公司	浙江省	0095-1-545421
熊猫电子公司	江苏省	0095-1-577022
福建长乐中水公司	福建省	0095-1-229001
贵州医保公司	贵州省	0095-1-682160
湛江南海公司	广东省	0095-1-246921
东方国际公司	福建省	0095-1-223495
中冶公司	冶金部	0095-1-570238
云南包装公司	云南省	0095-1-548876
云南医药公司	云南省	0095-1-225569
上海家具厂	上海市	0095-1-578646
云南恒丰公司	云南省	0095-1-661588
海南国际投资公司	海南省	0095-1-285095
缅甸新兴公司	云南省	0095-1-662227
河南国际公司	河南省	0095-1-227896
中运公司	交通部	0095-1-228452
福建福光公司	福建省	0095-1-243646

四 缅甸主要商业协会名录

具体职能部门	地址	电话
缅甸工商总会	No. 504/506，Merchant Street，Kyauktada Tsp.，Yangon	0095-1-246495，243151，282208 Fax：0095-1-248177 E-mail：umcci@ mptmail. net. mm
缅甸华商商会	No. 1-5，Shwe Dagon Pagoda Road，Latha Tsp.，Yangon	0095-1-371549，246076 http：//mccoc. com. mm
缅甸银行协会	189/191，（Bet. 51st & 52nd Street），Botahtaung Tsp.，Yangon	0095-1-292714， Fax：0095-1-248177
缅甸畜牧养殖协会	Insein Road，Insein Tsp.，Yangon	0095-1-643126，640820， Fax：0095-1-248177
缅甸计算机工业协会	University of Computer Studies，Hlaing Tsp.，Yangon	0095-1-664250，549531， Fax：0095-1-245758
缅甸建筑企业家协会	Corner of Waizayanta Rd. & Thanthumar Rd.，Thuwunna，Thingankyun，Yangon	0095-1-579547
缅甸清关代理协会	447，Merchant St.，Kyauktada Tsp.，Yangon	0095-1-295387，281003，276319 Fax：0095-1-201277
缅甸食用油经销商协会	2nd Fl.，Nyaung Pin Lay Plaza，Lanmadaw Tsp.，Yangon	0095-1-212141，210793，210794 Fax：0095-1-248177
缅甸渔业联盟	Bldg.（1），Rm.（1），Botahtaung Pagoda St.，Pazundaung Tsp.	0095-1-293146，202989 Fax：0095-1-248177
缅甸林产品和木材商人协会	504/506，Merchant St.，Kyauktada Tsp.，Yangon	0095-1-241920 Fax：0095-1-241920
缅甸服装加工协会	J. V（2）Bldg.，Bet. Lanthit St. & Wadan St.，Seikkan Tsp.	0095-1-220879，705333 Fax：0095-1-222706
缅甸工业协会	504/506，Merchant St.，Kyauktada Tsp.，Yangon	0095-1-241919 Fax：0095-1-241919

续表

具体职能部门	地址	电话
缅甸商船发展协会	243, 39th St., Kyauktada Tsp., Yangon	0095-1-245607, Fax: 0095-1-26673, 240115
缅甸医药设备 企业家协会	44, Theinbyu Rd., Pazundaung Tsp., Yangon	0095-1-245674, Fax: 0095-1-278253
缅甸印刷出版商 协会	152, 37th Street, Kyauktada Tsp., Yangon	0095-1-252638, Fax: 0095-1-248177
缅甸蚕豆、豆类和 芝麻商人协会	504/506, Merchant St., Kyauktada Tsp., Yangon	0095-1-241920 Fax: 0095-1-248177
缅甸碾米商协会	69, Theinbyu Rd., Botahtaung Tsp., Yangon	0095-1-296248, 296265, 296284 Fax: 0095-1-248177
缅甸稻米批发商 协会	504/506, Merchant St., Kyauktada Tsp., Yangon	0095-1-241920 Fax: 0095-1-248177
缅甸妇女企业家 协会	288/290, Shwedagon Pagoda Rd., Dagon Tsp., Yangon	0095-1-254400, 254566, 254488, Fax: 0095-1-254477
缅甸信息通讯 技术园 MICT Park	Universities Hlaing Campus, Hlaing Tsp., Yangon	0095-1-652272-74, 652282-83 Fax: 0095-1-652275

五 缅甸主要宾馆

（一）仰光

1. 仰光香格里拉大酒店（Sule Shangri-La, Yangon）

电话：0095-1-242828

地址：223 Sule Pagoda Road, G. P. O. Box 888, Kyauktada

酒店介绍：1996 年开业，2014 年装修，共有 474 间房，坐落于仰光市中心，比邻澳大利亚大使馆，与昂山市场、仰光夜市等热门景点仅咫尺之遥。

2. 仰光玫瑰花园酒店（Rose Garden Hotel Rangoon）

电话：0095-1-371192

地址：171，upper pansodan road，Mingala Taungnyunt

酒店介绍：2013 年开业，2014 年装修，共有 184 间房，从酒店到国家博物馆游览很方便，木斯米亚约书亚犹太会堂和班都拉公园也均在附近。

3. 仰光皇家假日酒店（Royal Holiday Hotel Yangon）

电话：0095-9961417888

地址：NO.166 Lay Daungkan Road，tarmwe galay，tarmwe township

酒店介绍：2016 年开业，共有 72 间房，酒店到仰光国际机场约 10 公里，到大金塔 4 公里，到昂山将军市场约 5 公里。

4. 仰光复古豪华游艇酒店（Vintage Luxury Yacht Hotel Yangon）

电话：0095-1-9010555

地址：No.6，Botahtaung Jetty，Botahtaung Township

酒店介绍：2013 年开业，2015 年装修，共有 104 间房。

5. 仰光宾乐雅酒店（Parkroyal Yangon Hotel）

电话：0095-1-250388

地址：No.33，Alan Pya Phaya Road，Dagon Township

酒店介绍：1997 年开业，2003 年装修，共有 342 间房。

6. 仰光萨米特园景大酒店（Summit Parkview Hotel Yangon）

电话：0095-1-211888

地址：350，Ahlone Road，Dagon Township

酒店介绍：1994 年开业，2012 年装修，共有 251 间房，酒店距离仰光国际机场 25 分钟，距市中心 5 分钟的路程，政府办公室、使馆区、商业区均在饭店附近。

7. 仰光茵雅酒店（Hotel Innya Yangon）

电话：0095-1-502506

地址：Inya Road 24A，Kamayut Township，Kamayut

酒店介绍：2017 年开业，共有 27 间房。

8. **仰光和谐酒店**（Hotel Accord Yangon）

电话：0095-1-501670

地址：69 Damar Yone Street，Myay Ni Gone，Sanchaung Township

酒店介绍：2015 年装修，共有 64 间房 。

9. **茉莉花宫酒店**（Jasmine Palace）

电话：0095-1-2304402，2306398

地址：341Pyay Road ，Sanchaung Township

酒店介绍：距离大金塔 2 公里，酒店还可安排会议活动和宴会设施。

10. **仰光酒店**（Hotel Yangon）

电话：0095-1-9667708，9667688，9667752

地址：No. 91/93，Corner of Pyay Road and Kabaraye Pagoda Road，8th Miles Junction，Mayangone Township，Mayangone Township

酒店介绍：距离大金塔 7.5 公里，距离市中心 20 分钟车程，距离仰光国际机场 10 分钟车程。

11. **喜多拉酒店**（Sedona Hotel）

电话：0095-1-8605377，8605353，8605355

地址：No. 1 Kaba Aye Pagoda Road，Yankin Township

酒店介绍：位于大金塔路附近，是一座占地 3.2 公顷、具有民族风格的花园式酒店，距仰光国际机场 15 分钟车程，交通便利，酒店设有 366 间不同标准的客房，可以同时满足商务、会议等大型活动的需求。

12. **仰光商贸饭店**（Traders Hotel）

电话：0095-1-242828，242800

地址：223 Sule Pagoda Road，G. P. O. Box 888，Yangon，Myanmar

酒店介绍：地处缅甸商业首府的黄金地段，到国际机场仅约 30 分钟车程。

13. **仰光乐天酒店**（Lotte Hotel Yangon）

电话：0095-1-9351000

地址：No. 82，Sin Phy Shin Avenue，Pyay Road，61/2 Mile，Ward 11，Hlaing Township，Yangon

酒店介绍：2017 年开业，距离大金塔不到 5 公里，提供室外泳池、健身中心、花园、商务设施、内部餐厅、酒吧以及热水浴池。

14. 泛太平洋酒店（Pan Pacific Hotel）

电话：0095-1-9253810

地址：Corner of Bogyoke Aung San Road and Dagon Pagoda Road Pabeda Township

酒店介绍：2017 年开业，2018 年装修，共有 256 间房，Gallery 65、仰光圣三一教堂和 Trisha Gallery 都在酒店附近，服务语言有中文、英语、德语等 7 种语言。

（二）曼德勒

1. 曼德勒黄金大酒店（Golden Hotel Mandalay）

电话：0095-9788345678

地址：Corner of 53rd and 33rd Street，Chan Aye Thar San Township Mandalay，Chanayethazan

酒店介绍：2017 年开业，共有 131 间房。

2. 希尔顿曼德勒酒店（Hilton Mandalay）

电话：0095-9426618175

地址：Corner 26&66th St，Chan Aye Tharzan，Chanayethazan

酒店介绍：2017 年开业，共有 231 间房，面向曼德勒山和雄伟的皇宫，位于黄金地段。

3. 钻石宾馆（Diamonds INN）

电话：0095-9798200022

地址：No. E，SY Building，78th Street Between 29th Street x 30th Street，Hay Mar Za Latt Quarter，Chan Aye Thar Zan Township

酒店介绍：距离 Sri Ganesh Temple 寺 700 米，距离文化博物馆及图书馆 1 公里。

4. 翡翠绿洲宾馆（Emerald Land Hotel）

电话：0095-95133801

地址：No. 9，14th Street，Between 87th and 88th Street，Pyi Gyi Yan Lone Quarter

酒店介绍：距离 Shwe Kyi Myint Pagoda1. 7 公里，距离 Zegyo Market 市场以及文化图书馆（Cultural Museum & Library）均 2 公里，距离曼德勒国际机场 34 公里。

5. 曼德勒大湖宾馆（Mandalay Kandawgyi Inn）

电话：0095-9797377906

地址：No. 174（B），East Lakeside Of Kandawgyi，Chanmya Tharsi Township

酒店介绍：靠近 The Kandawgyi Gardens 公园和湖泊，距离曼德勒国际机场 27 公里。

6. 亚丹奈尔山脉酒店（Yadanar Yoma Inn）

电话：0095-276612

地址：119/24 KA，41st street，Between 78 & 79 street，Mahar Aung Myae Township

酒店介绍：酒店距离 Mahamuni Pagoda 有 10 分钟的车程，距离 Kyae Sel Kan 巴士总站有 15 分钟的车程，距离曼德勒国际机场 31 公里。

7. 曼德勒山美居度假酒店（Mercure Mandalay Hill Resort）

电话：0095-24035638

地址：No.（9）Kwin（416-b）10st，at the foot of Mandalay Hill

酒店介绍：酒店坐落于曼德勒山脚，于 1996 年开业，设有游泳池、Spa 浴场、健身中心、网球场等设施。

（三）内比都

1. 内比都希尔顿酒店（Hilton Nay Pyi Taw）

电话：0095-67-8105001

地址：No JV‑001 Taw Win Thiri Road，National Guest House Zone，

Dekhina Thiri

酒店介绍：2014 年开业，共有 202 间房，距离内比都国际机场仅 30 分钟车程，靠近政府部门区和国际区，从酒店出发仅 6 公里即可到达缅甸贸易委员会。

2. 皇家内比都酒店（Royal Nay Pyi Taw Hotel）

电话：0095-67-8106170

地址：No. 5，Yazathingaha Road，Hotel Zone

酒店介绍：一家三星级酒店，所有房间设有免费无线网络，24 小时客房服务，无线网络（公共区域）代客泊车。

3. 内比都凯宾斯基酒店（Kempinski Hotel Nay Pyi Taw）

电话：0095-67-8106061，8106065

地址：11-12 National Guest House Project，Shwe Pyi Taw Win Road，Dekkhina Thiri Township

酒店介绍：2014 年开业，共有 141 间房，毗邻缅甸国际会议中心。

4. 内比都湖滨花园-美憬阁（The Lake Garden Nay Pyi Taw-MGallery）

电话：0095-67-8105059

地址：National Guest House，Dekkhina Thiri road，East Nay Pyi Taw 15011

酒店介绍：2014 年开业，共有 165 间房，最多可容纳 300 名客人，非常适合休闲及商务游客。

六　缅甸主要报纸

《缅甸日报》（*Burma Daily*），http：//www. burmadaily. com。

《缅甸民主之声》（*Democratic Voice of Burma*），http：//www. communique. no/dvb。

（缅甸新闻）（*Myanmar News*），http：//www. myanmarnews. net。

《缅甸时报》（*Myanmar Times*），http：//www. myanmar. gov. mm/ myanmartimes。

《缅甸全球星光报》（*The Global New Light of Myanmar*），http：// www. moi. gov. mm/npe/nlm。

《镜报》（*Mirror*），http：//www. moi. gov. mm/npe/km。

《七日新闻》（*7 day news journal*），http：//www. 7daynewsjournal. com 或者 http：//www. 7daydaily. com。

《缅甸新闻地带》（*Myanmar news zone*），http：//www. myanmarnewszone. com。

《缅甸之声》（*The Voice of Myanmar*），http：//www. thevoicemyanmar. com。

《伊洛瓦底》（*Irrawaddy*），http：//burma. irrawaddy. com。

《缅甸人民报》（*Myanmar People*），http：//www. people. com. mm。

《十一新闻》（*Eleven News*），http：//news-eleven. com。

《今日民主报》（*Democracy Today*），http：//www. dailydemocracytoday. com。

七　中国公民出境旅游文明行为指南

中国公民，出境旅游；注重礼仪，保持尊严。

讲究卫生，爱护环境；衣着得体，请勿喧哗。

尊老爱幼，助人为乐；女士优先，礼貌谦让。

出行办事，遵守时间；排队有序，不越黄线。

文明住宿，不损用品；安静用餐，请勿浪费。

健康娱乐，有益身心；赌博色情，坚决拒绝。

参观游览，遵守规定；习俗禁忌，切勿冒犯。

参考文献

一 研究报告

1. 《对外投资合作国别（地区）指南：缅甸》（2016），中国商务部。

2. 《对外投资合作国别（地区）指南：缅甸》（2017），中国商务部。

3. 国家发展和改革委员会、外交部和财政部：《中国参与大湄公河次区域经济合作国家报告》，2008。

4. 云南大学发展研究院，云南省政府办公厅五处：《中国东盟自由贸易区建设与云南外向经济发展研究》，2004。

5. 云南力量生物制品集团：《力量集团缅甸色勒糖厂相关材料》，2008。

6. 云南省国际商会对外经济合作分会编《缅甸投资贸易指南》，2006。

7. 云南机械进出口有限公司：《依托国家政策支持，提升企业国际竞争力，实施"走出去"战略》，2008。

8. 云南省德宏州人民政府经济研究所：《缅甸政治经济动态》，1999。

9. 云南省境外罂粟替代发展工作领导小组办公室：《云南省境外罂粟替代发展工作 2006 年度报告》，2007。

10. 中国信保：《缅甸投资与经贸风险分析报告》，《国家风险分析报告》，2006。

11. The Economist Intelligence Unit, *Country Report-Myanmar*, 2007.

10. The Economist Intelligence Unit, *Country Report-Myanmar*, 2008.

11. *Myanmar：Agriculture Sector Review and Investment Strategy*, Volume 1-Sector Review, Food and Agriculture Organization of the United Nations, Rome：FAO, 2004.

12. The Asia Foundation, *Supporting the Transition：Understanding Aid to Myanmar Since 2011*, 2018.

13. Survey Report 2017, *Cost of Doing Business in Myanmar*, DICA, Myanmar, 2017.

14. *Myanmar Business Guide*, 2014, www. pwc. com/mm.

15. *Myanmar Investment Guide 2018*, 2018, https: //dica. gov. mm/en/publications.

二 著作

1. 陈明华:《当代缅甸经济》,云南大学出版社,1997。

2. 邓洪波:《中国企业"走出去"的产业分析》,人民出版社,2004。

3. 郭宽:《走进缅甸》,云南美术出版社,2004。

4. 姜永仁:《对缅甸投资贸易研究与指南》,德宏民族出版社,2000。

5. 姜永仁等:《缅甸联邦经济法律法规汇编》,德宏民族出版社,2003。

6. 贺圣达、李晨阳:《列国志·缅甸》,社会科学文献出版社,2010。

7. 刘仁伍:《东南亚经济发展地图(2007)》,社会科学文献出版社,2008。

8. 李玫:《大湄公河次区域经济合作法律问题研究》,对外经济贸易大学出版社,2006。

9. 李晨阳:《军人政权与缅甸现代化进程研究(1962—2006)》,香港社会科学出版社有限公司,2009。

10. 李晨阳、祝湘辉、邹春萌:《缅甸国情报告(2011~2012)》,社会科学文献出版社,2013。

11. 李晨阳、祝湘辉、邹春萌:《缅甸国情报告(2012~2013)》,社会科学文献出版社,2014。

12. 廖亚辉等编著《缅甸经济社会地理》,广州世界图书出版广东有限公司,2014。

13. 瞿健文、梁晨:《投资东盟:缅甸》,云南教育出版社,2008。

14. 瞿健文:《GMS 研究(2007)》,云南大学出版社,2008。

15. 沈安波:《缅甸联邦经济贸易法律选编》,中国法制出版社 2006

年版。

16. 许家康、古小松：《中国—东盟年鉴》（2004～2007 卷），线装书局，2004、2005、2006、2007。

17. 赵丽婷：《克钦发展网络组织与缅甸反密松大坝运动》，外交学院出版社，2015。

18. "走出去"的开放战略课题组：《中国如何"走出去"》，中共中央党校出版社，2003。

19. J. Russell Andrus, *Burmese Economic Life*, Stanford University Press, 1947.

三 论文、报刊

1. 贺圣达：《缅甸：谜一样的国度》，《中国国家地理》2006 年第 4 期。

2. 贺圣达：《新军人集团执政以来缅甸的经济改革与经济发展（1988—2008）》，《南洋问题研究》2009 年第 3 期。

3. 蒋姮：《中国在缅甸的投资风险评估——中缅蒙育瓦铜矿调研报告》，《中国经济报告》2013 年第 6 期。

4. 蒋姮：《高冲突地区投资风险再认识——中国投资缅甸案例调研》，《国际经济合作》2011 年第 11 期。

5. 贾秀飞、叶鸿蔚：《中国海外投资水电项目的政治风险》，《水利经济》2015 年第 2 期。

6. 开颜：《中缅石油管道正式开工》，《石油工业技术监督》2010 年第 6 期。

7. 李晨阳：《缅甸政府为何搁置密松水电站建设》，《世界知识》2011 年第 21 期。

8. 卢光盛、金珍：《缅甸政治经济转型背景下的中国对缅投资》，《南亚研究》2013 年第 3 期。

9. 卢光盛、李晨阳、金珍：《中国对缅甸的投资与援助：基于调查问卷结果的分析》，《南亚研究》2014 年第 1 期。

10. 戚凯：《变革背景下的中缅能源合作》，《中国能源报》2012 年 7 月 9 日。

11. 宋清润：《当前缅甸对华认知分析》，《国际研究参考》2013 年第 6 期。

12. 天工：《中缅油气管道中国境内段开工》，《天然气工业》2010 年第 9 期。

13. 尹鸿伟：《密松水坝复工之难》，《凤凰周刊》2014 年第 6 期。

14. 祝湘辉：《缅甸新政府的经济政策调整及对我国投资的影响》，《东南亚南亚研究》2013 年第 2 期。

15. 张金宝：《外资投资缅甸的经济和金融风险分析》，《前沿》2013 年第 17 期。

16. Sean Turnell, *Fiery Dragons：Banks, Moneylenders and Microfinance in Burma*, Malaysia：NIAS press, 2009.

四　网站

（一）国内网站：

大湄公河次区域农业信息网，http：//cn. gms-ain. org/h。

国家开发银行，http：//www. cdb. com. cn/web。

国家税务总局，http：//www. chinatax. gov. cn/n480462/index. html。

国家外汇管理局，http：//www. safe. gov. cn/model_ safe/index. html。

澜沧江-湄公河次区域国际合作信息网，http：//www. china-gms. com/home. htm。

澜沧江-湄公河次区域经济合作信息网，http：//www. lmsec. org。

澜沧江-湄公河区域经济合作信息网，http：//www. lmsec. org。

南博网，http：//www. caexpo. com。

慧聪网，http：//www. hc360. com。

新浪网，http：//www. sina. com. cn。

新华网，http：//news. xinhuanet. com。

新华网东盟频道，http：//www. gx. xinhuanet. com/dm。

亚洲开发银行，http：//www. adb. org。

云南省电子政务门户，http：//www. yn. gov. cn。

中国出口信用保险公司，http：//www. sinosure. com. cn/sinosure/index. html。

中国东盟网，http：//www. chinaasean. org。

中国新闻网，http：//www. chinanews. com。

中国管道商务网，http：//www. chinapipe. net。

中国进出口银行，http：//www. eximbank. gov. cn。

中国驻缅甸大使馆经济商务参赞处，http：//mm. mofcom. gov. cn/index. shtml。

中国驻缅甸大使馆，http：//mm. china-embassy. org/chn。

中国驻曼德勒总领馆，http：//mandalay. china-consulate. org/chn。

中国驻曼德勒总领馆经济商务室，http：//mandalay. mofcom. gov. cn。

中华人民共和国对外经济法律汇编，http：//www. people. com. cn/zixun/flfgk/item/dwjjf/falv/home. html。

中华人民共和国商务部，http：//www. mofcom. gov. cn。

中小企业促进网，http：//www. bjwto. org/smes。

玉石毛料网，http：//www. jadeyn. com. cn/news_ view. asp？id＝243&page＝2。

缅华网，http：//www. mhwmm. com。

一财网，http：//www. yicai. com。

人民网，http：//www. people. com. cn。

共识网，http：//www. 21ccom. net。

环球网，http：//finance. huanqiu. com。

搜狐新闻网，http：//news. sohu. com。

国际燃气网，http：//gas. in-en. com。

凤凰财经网，http：//finance. ifeng. com。

凤凰资讯网，http：//news. ifeng. com。

腾讯新闻网，http：//news. qq. com。

国际在线网，http：//www. cri. cn。

网易新闻网，http：//news. 163. com。

澎湃国际，https：//www. thepaper. cn。

中国青年网，http：//www. youth. cn。

中国网，http：//www. china. com. cn。

云南网，http：//www. yunnan. cn。

中国政府网，http：//www. gov. cn。

和讯新闻网，http：//news. hexun. com。

广西新闻网，http：//www. gxnews. com. cn。

农业资讯网，http：//nc. mofcom. gov. cn。

缅甸在线网，http：//www. myanmarol. com。

（二）缅甸网站

缅甸黄页，http：//www. myanmaryellowpages. biz。

缅甸贸易网，http：//www. etrademyanmar. com。

缅甸贸易联合会，http：//www. ftub. org。

缅甸商业在线，http：//www. business-in-asia. com/burma. htm。

缅甸银行信息网，http：//www. etrademyanmar. com/Bank/index. htm # Banking_ and_ Finance。

缅甸邮电通信部，http：//www. mpt. net. mm。

缅甸文化部，http：//www. myanmar. com/Ministry/culture。

缅甸能源部，http：//www. energy. gov. mm。

缅甸财税部，http：//www. myanmar. com/Ministry/finance。

缅甸外交部，http：//www. myanmar. com/Ministry/mofa。

缅甸林业部，http：//www. myanmar. com/Ministry/Forest。

缅甸卫生部，http：//www. myanmar. com/Ministry/health。

缅甸民族事务部，http：//www. myanmar. com/Ministry/Moha/default. html。

缅甸饭店与旅游部，http：//www. myanmar. com/Ministry/Hotel_ Tour。

缅甸移民与人口部，http：//www. myanmar. com/Ministry/imm&popu。

缅甸矿业部，http：//www. myanmar. com/Ministry/Mines。

缅甸宗教事务部，http：//www. myanmar. com/Ministry/religious。

缅甸社会福利与就业安置部，http：//www. myanmar. com/Ministry/social-welfare。

缅甸交通部，http：//www. myanmar. com/Ministry/Transport。

缅甸信息化委员会，http：//www. myanmar-information. net。

国家和平与发展委员会，http：//www. myanmar. com。

缅甸贸易部，http：//www. myanmar. com/Ministry/commerce。

缅甸国家联盟，http：//www. myanmar. com/ACOCI/mmcoci. htm。

缅甸投资与公司管理局，http：//www. dica. gov. mm。

缅甸日报（Burma Daily），http：//www. burmadaily. com。

缅甸民主之声（Democratic Voice of Burma），http：//www. communique. no/dvb。

缅甸新闻（Myanmar News），http：//www. myanmarnews. net。

缅甸时报（Myanmar Times），http：//www. myanmar. gov. mm/myanmartimes。

金凤凰报（Myanmar Golden Phoenix），http：//www. mmgpmedia. com。

后 记

自民选政府上台以来，缅甸国内政治生态、经济环境和社会文化发生了显著变化，中国对缅投资出现了一些新情况和新问题，中缅关系包括经贸关系进入了新的历史发展阶段。在新形势下，为了进一步促进中国对缅投资可持续发展，深化双边合作关系，以更好地服务国家"一带一路"建设，云南大学缅甸研究院、云南大学周边外交研究中心组织编写了《新编对缅投资指南》，以便为中国企业投资缅甸提供指导。

《新编对缅投资指南》包括缅甸的投资环境与国情、缅甸的投资政策与法规、投资缅甸的准备与程序、投资缅甸的政策、案例与建议等四部分。云南大学周边外交研究中心的邹春萌负责多个章节的撰写及全书的统稿，云南民族大学的邹怀强、云南师范大学的王欢欢，以及云南大学的庞俊彩、宋少军、何青青、孙建华、马腾、赵亚洲等均参与了部分章节的撰写。

缅甸曼德勒孔子学堂李祖清博士和他带领的团队为本书提供了大量资料，尤其是李祖清博士写的《缅甸文化面面观》对于做好对缅投资有很重要的指导作用。本书吸收了李祖清《缅甸文化面面观》的精华部分，在此向李祖清博士以及他所率领的团队成员表示最崇高的敬意和衷心的感谢！

云南大学社科处处长兼缅甸研究院院长李晨阳研究员对本书的写作一直很关心，协助主编确定了写作提纲，帮助邀请了部分专家加入写作班子，并且多次敦促书稿的完成和出版，最后又协调解决了出版费用，在此对李晨阳研究员表示最诚挚的感谢！

还要感谢瞿健文副教授和梁晨女士，本书与 2008 年他们主持编写的《投资东盟：缅甸》是姊妹篇，本书吸收了《投资东盟：缅甸》的部分内容。此外，云南大学缅甸研究院的祝湘辉、孔鹏、杨祥章、孟姿君，云南大学周边外交研究中心卢光盛以及云南省商务厅研究院蒋昱等都为本书提出了宝贵修改意见，在此一并致谢！

在写作过程中，虽然编者跟踪缅甸最新情况，采用了最新资料，力求全面准确，突出指南的"实用性"、"指导性"和"工具性"；但是，由于缅甸处于政治、经济和社会的转型期，市场瞬息万变，本书既不可能囊括所有内容，也不可能解决投资者的所有疑问，还需要投资者在实践中具体问题具体分析。

欢迎各位投资者和读者指出本书的不足，并提出宝贵意见和建议！

编　者

2018 年 6 月

图书在版编目（CIP）数据

新编对缅投资指南／邹春萌等编著. -- 北京：社
会科学文献出版社，2018.12
　ISBN 978-7-5201-3914-4

　Ⅰ.①新⋯　Ⅱ.①邹⋯　Ⅲ.①投资环境-缅甸-指南
Ⅳ.①F133.7-62

　中国版本图书馆 CIP 数据核字（2018）第 257196 号

新编对缅投资指南

编　　著／邹春萌 等

出 版 人／谢寿光
项目统筹／郭白歌　宋月华
责任编辑／郭白歌

出　　版／社会科学文献出版社·人文分社（010）59367215
　　　　　地址：北京市北三环中路甲 29 号院华龙大厦　邮编：100029
　　　　　网址：www. ssap. com. cn
发　　行／市场营销中心（010）59367081　59367083
印　　装／三河市龙林印务有限公司

规　　格／开 本：787mm×1092mm　1/16
　　　　　印 张：19. 75　字 数：302 千字
版　　次／2018 年 12 月第 1 版　2018 年 12 月第 1 次印刷
书　　号／ISBN 978-7-5201-3914-4
定　　价／128. 00 元

本书如有印装质量问题，请与读者服务中心（010-59367028）联系